U0594746

李国英　主编

子科课程

纪整中医药文化

SPM 南方传媒
全国优秀出版社
全国百佳图书出版单位
广东教育出版社
·广州·

图书在版编目（CIP）数据

学科课程统整中医药文化 / 李国英主编 . — 广州：
广东教育出版社，2023.10
ISBN 978-7-5548-5340-5

Ⅰ.①学… Ⅱ.①李… Ⅲ.①中国医药学—小学—教
学参考资料 Ⅳ.①G624.93

中国版本图书馆CIP数据核字（2022）第251370号

学科课程统整中医药文化
XUEKE KECHENG TONGZHENG ZHONGYIYAO WENHUA

出 版 人：朱文清
责任编辑：王 婷 易 意
责任技编：佟长缨
装帧设计：邓君豪
责任校对：谭 曦
出版发行：广东教育出版社
　　　　　（广州市环市东路472号12-15楼　邮政编码：510075）
销售热线：020-87615809
网　　址：http://www.gjs.cn
E-mail：gjs-quality@nfcb.com.cn
经　　销：广东新华发行集团股份有限公司
印　　刷：广州小明数码印刷有限公司
　　　　　（广州市天河区高普路83号B栋C5号）
规　　格：787mm×1092mm　1/16
印　　张：20.75
字　　数：360千
版　　次：2023年10月第1版
　　　　　2023年10月第1次印刷
定　　价：89.00元

如发现因印装质量问题影响阅读，请与本社联系调换（电话：020-87613102）

编委会

主编

李国英

副主编

郭　艳　吴美玲

编委会成员

朱文维　杨　媚　陈钰玫　江　楠　朱美娇
胡君君　潘嘉明　陈秋任　黄倩妍

序

    中医药文化是中华优秀传统文化的重要组成部分，深深扎根于中国古代天人合一的哲学思想，体现了中华文化的价值内核，为中华民族的健康发展和繁荣昌盛做出了巨大贡献，对世界文明进步产生了积极影响。党和政府高度重视中医药文化发展，特别是党的十八大以来，以习近平同志为核心的党中央把宣传推广中医药文化摆在了更加突出的位置。

    2017年，教育部、国家中医药管理局等部门启动了"中医中药中国行——中医药健康文化推进行动"，将"中医药文化进校园"作为重要内容加以部署。2019年，《中共中央　国务院关于促进中医药传承创新发展的意见》进一步指出，实施中医药文化传播行动，将中医药文化贯穿国民教育始终。2022年10月，党的二十大再次强调促进中医药传承创新发展，对中医药发展提出了新的要求和更高的期望。

    教育最主要的功能是人格塑造和素质培育。近年来，中医药文化进校园已成为全社会的共同呼声。客观而言，中医药文化进校园既是学校教育的社会性功能担当，也是中医药发展现实的必然要求，更是素质教育的内涵创新。中医不仅是一门医学，更是哲学、解剖学、生理学、心理学等多门学科的综合体。中医学把人看作一个整体，认为人与自然环境、心理、社会因素密切相关，对中医整体观和辨证论治体系的把握，有助于未成年人的价值培育和人格塑造。在整体国民科学素养有待提高的现状下，中医药文化进校园有利于素质教育的扩容和提质。

    然而，在学校教育中开设一门中医药文化专业课程，既需要适应学生的年龄发展特点，又需要教研一体化的师资，更离不开教育实践的保障。任何一个环节出问题，课程都无法得到持续有序的推进。尤其是如何使中医药文化课程适应小学生的认知能力和学习规律，真正让小学生从中获益，是当前亟待解决的一个关键问题。此外，在现有的教育语境下，如何实现中医教育与既有体系的兼容，使之不被边缘化和虚置化，又让其发挥素质教育的功能，从而在教育改革中扮演先行者的角色，这需要教育者既有敢于尝鲜的勇气，也有精心的统筹，更要有执行的力度。

2020年，广州市教育局制订了中医药文化进校园活动方案，在全市遴选100所试点学校，开展"一花园、一课堂、一读物"中医药文化进校园系列活动，积极宣传推广中医药文化。黄埔区政府、区教育局也非常重视中医药文化进校园活动，并给予大力支持。

玉鸣小学在李国英校长的带领下，认真落实《关于实施中华优秀传统文化传承发展工程的意见》，积极响应国家"中华优秀传统文化——中医药文化进校园"的倡导，以中华优秀传统文化"玉文化"为载体，基于国家学科课程，研制中医药文化校本课程，以丰富多元的形式让学生们感受中医药文化、认识中医药文化、了解中医药文化，让中医药文化的种子在孩子们心中扎根，为学生终身发展奠定了坚实的基础。

行将付梓的《学科课程统整中医药文化》正是玉鸣小学全体师生传承发展中医药文化的心血凝结。该书将学科课程与中医药文化统合为一个整体，构成道德与法治、语文、数学、英语、科学、艺术、体育七大学科一至六年级的主题统整课程，引领学生从学科课程的学习出发，融入中医药文化的拓展性学习、探究性学习，让学生在六年小学生活里，传承与创新中医药文化，培养健康生活习惯，锻炼健康体魄，发展综合素养，增强中华文化自信。

玉鸣小学率先进行的中医药课程统整实践，是具有开创性的探索与尝试，为全国中小学解决中医药文化进校园课程化提供了范本，为落实国家课程育人要求拓展了实践的样态，对于坚定未成年人的文化自信、增强未成年人的民族自豪感有着深远的现实意义。

今天的中国，正处在一个宏伟壮阔的历史时代。党的二十大擘画了全面建设社会主义现代化国家、以中国式现代化全面推进中华民族伟大复兴的宏伟蓝图，明确了新时代新征程党和国家事业发展的目标任务。站在新的历史起点上，每一位教育者应如玉鸣小学的师生一样，矢志不渝地赓续中华传统文化与精神，为实现中华民族伟大复兴提供源源不断的精神动力。

李碧武
2023年3月作

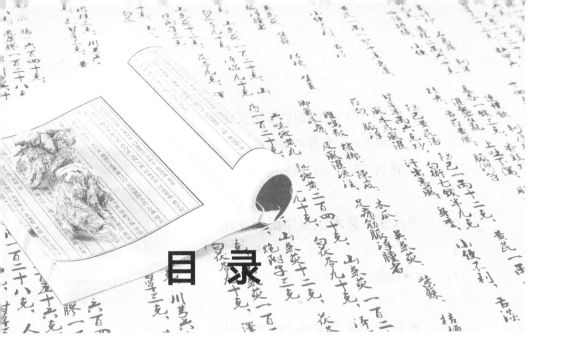

目 录

第一章

道德与法治统整中医药文化

统整设计	黄倩妍、罗琬丹、冯美玲、王宏霞、黄雅琪、马静静、李婉琳
统整理念	整合资源，联系生活，提升学习素养。教师和学生从道德与法治课程的学习出发，共同生发出联结生活情境的"统整问题"，并由此驱动对中医药文化的拓展性学习、探究性学习，进而在解决问题与展示成果的历程中发展道德与法治课程核心素养，同时传承乃至创造相应的中医药文化，获得综合素养的提升
统整资源	道德与法治课程与中医药文化。统编本小学道德与法治教科书的《健康过冬天》（一上）、《大自然，谢谢您》（一下）、《我们生活的地方》（二上）、《让我试试看》（二下）、《生活离不开规则》（三下）、《低碳生活每一天》（四上）、《我们的衣食之源》（四下）、《百年追梦　复兴中华》（五下）、《探访古代文明》（六下）共9例课程，及其相关的实地类、视听类、文本类中医药文化资源
统整性质	拓展性课程、探究性课程
统整对象	一至六年级学生
统整样态	基于课堂教学、活动展现、环境活化三大途径，以"问题求解—任务解答—成果展示—文化传创"为主要历程，展开多样态的统整性学习，并通过课堂化评价、活动化评价、环境化评价来判断、分析课程统整目标的达成

◇ 课程设计：中医济世尚自然

本设计是道德与法治教师和学生展开课程统整教学的行动指南，分三部分七方面展开，主要阐明道德与法治课程统整中医药文化的方向、路径、成效。

壹 课程统整方向

一、需求分析

（一）学生发展的需要

中医药文化是中华民族数千年来在与疾病做斗争的过程中积累的人类宝贵财富，是不断借鉴、吸收、融合中国古代丰富的哲学、文学、地理、天文以及诸子百家学说的精华。通过对中医药、民族医药文献和相关文物研究，可知中医药文化具体包括中华民族对生命健康的认知、中医药文化精神实质、历代名医、文物古迹的人文精神和文化素养、具有中国特色和时代气质的中医药核心价值体系。按照中国中医学家裘沛然的说法，中医药文化是指有关中医的思维方式、传统习俗、行为规范、生活方式、文学艺术等。2009年，国家中医药管理局制定和下发的《中医医院中医药文化建设指南》指出："中医药文化是中华民族优秀传统文化的重要组成部分，是中医药学发生发展过程中的精神财富和物质形态，是中华民族几千年来认识生命、维护健康、防治疾病的思想和方法体系，是中医药服务的内在精神和思想基础。"[①]

中医药文化整合于道德与法治学科课程，对学生的成长具有重要意义。具体体现在以下两个方面：

第一，德育价值。古往今来，中国出现了许多垂芳百世的名医，如华佗、张仲景等，他们不仅有高超的医术，还有高尚的医德和良好的医风。医德医风包括救死扶伤、尊重病人的人格和权利、为病人保守医密、互学互尊、严谨求实。小学阶段的德育主要是养成教育，旨在让小学生从小养成遵守纪律、关心他人、尊敬师长、爱护公物、勤俭节约、不怕困难、勇于向上的良好道德品质和行为习

---

① 国家中医药管理局. 中医医院中医药文化建设指南［R］. 2009-08-04.

惯。道德与法治学科教师可以基于教科书内容，结合中医药文化的医德医风内容，推进道德教育。如在学习二年级下册第一单元《让我试试看》时，教师可以介绍古代名医在推进中医药文化发展过程中的故事，引导学生树立严谨求实、不怕困难、迎难而上的求学精神。

第二，智育价值。"仁者必智"，一个有仁德的医者一定会不断地学习积累，重视临床实践。如李时珍编写《本草纲目》时，始终博览群书、钻研典籍，这些故事将会给学生带来思想的启迪。"不积跬步，无以至千里；不积小流，无以成江海。"小学阶段是人一生中的基石阶段，所形成的积累对中学、大学阶段，甚至对人的一生都有非同寻常的作用。教师可以整合道德与法治的课程内容，让学生了解李时珍撰写《本草纲目》的事迹，从中领悟"积跬步至千里，积小流成江海"的道理。同时，教师可以运用项目式学习的方法，针对不同的古代名医设立不同的项目，如指导学生从古代名医的成长背景、学习环境、机遇条件等各个方面去了解他们的故事，让学生从做中学，得到更好的感悟，并从中受益。

（二）教师发展的需要

中医药文化发展源远流长，在几千年的历史长河中形成了自己独特的传统，并不囿于地域，表现出向天下四方传播扩散的流动性，成为中华文化向外传播的有效载体，其发展、传播带有明显的中华文化烙印，并与之息息相通、血脉相连。中医药文化作为中华优秀传统文化的组成部分，是中华民族的基因之一，其在提高人们身体素质及生活质量方面均产生了长远的、积极的影响，其治病救人的功效也在久远的历史长河中得到证实，历经千年传承而不衰。中医药文化进校园也可以帮助教师了解相关的医药知识，助力自身的健康。同时，中医药文化作为中华优秀传统文化，是社会各界大力宣扬的传统文化，教师掌握相关的知识以及经验可以丰富自身的知识储备，提升自己的文化素养。

中医药文化整合于道德与法治课程，对教师的发展有不可忽视的重要影响。中医药文化校本课程的开发可以提高教师开发课程、实施课程和评价课程的能力。中医药文化博大精深，拥有丰富的内涵。课程中以中医药知识和问题为切入点，有利于教师和学生问题思维能力的培养。教师在进行课程开发时，基于学生的年龄特点和理解水平，从生活中的中医药文化入手去挖掘问题，更容易设计出激发学习兴趣的问题，培养学生的探究思维能力。而中医药文化作为生活中的教学资源，使教师教学不局限于课本，能在教学中将真实问题和真实事件融入探究活动中，使得教师处理课程内容更加灵活，也能为教师进行课程开发积累素材，进而有效地帮助教师进行跨学科整合。

校本课程的开发可以激发教师的专业态度和动机。教师在对道德与法治统整中医药文化进行开发的过程中，相应的教师培训、教师之间的合作和互相学习，以及专家的指导、教师根据实际情况开展的自学，都是由中医药文化校本课程直接引起的学习。这对道德与法治教师而言，除了学习到更多的中医药文化知识，还可以激发其对专业发展的动机，培养良好的专业态度。

中医药文化校本课程的开发可以促进教师专业信念的发展。教师专业发展要求教师成为学习者、研究者和合作者。中医药文化校本课程开发是一个在不断尝试与探究的基础上生成、发展课程的过程。这要求教师转变观念，树立课程的生成意识，把课程看作一个不断研究、实践、反思、创新的动态过程，而不是一蹴而就、一劳永逸的固定范本。在中医药文化校本课程的开发中，道德与法治教师正是在这样的动态过程中不断提升自己的专业能力，增强专业意识，提高对本学科的探究能力。

中医药文化校本课程的开发可以丰富教师的专业知识。这不仅能丰富教师的知识观，还能为教师提供更多样化的专业知识增长的途径和机会。在把中医药文化引进校园的过程中，教师能够从中汲取丰富的知识，感受文化的熏陶。作为道德与法治教师，对学生树立正确的世界观、价值观起着重要作用，而丰富的中医药文化知识可以让教师有更多事例、资源展示，对教学也有一定的促进作用。

（三）学校发展的需要

重视中医药文化是学校传承与创新中华优秀传统文化的必要任务，学校肩负着文化传承与创新的使命。2017年1月，中共中央办公厅、国务院办公厅《关于实施中华优秀传统文化传承发展工程的意见》指出："实施中华优秀传统文化传承发展工程，是建设社会主义文化强国的重大战略任务，对于传承中华文脉、全面提升人民群众文化素养、维护国家文化安全、增强国家文化软实力、推进国家治理体系和治理能力现代化，具有重要意义。"[①]这进一步明确了实施中华优秀

---

① 中共中央办公厅，国务院办公厅. 关于实施中华优秀传统文化传承发展工程的意见［R］. 新华社，2017-01-25.

传统文化传承与发展的国家战略要求，对各级各类学校提出了明确目标，因此在小学阶段让学生学习中医药文化，实际上是学校在履行文化传承与创新的使命。

中医药文化进校园能够丰富学校文化。玉鸣小学奉行"金玉和鸣，有志竟成"的校训，倡行"立德求真，百家争鸣"的校风、"如琢如磨，化璞为玉"的教风、"如切如磋，笃学共鸣"的学风。"和鸣""争鸣""共鸣"有和谐以及发展蓬勃的意味，而这正是中医药文化发展的方向之一。不论是"立德求真""如切如磋"，还是"如琢如磨"，都与中医的医德医风相似。中医药文化的引入会让校园文化得到更好的发展。道德与法治课程中也有许多与校园文化相关的内容。由此，中医药文化的引入可以丰富道德与法治课程。

道德与法治学科展开中医药文化统整性课程建设，对学校发展具有重要意义。首先，在课程建设方面，以中医药文化作为课程资源，有利于建设具有校本特色的课程。其次，在促进学生学习与发展方面，道德与法治教师可以利用地理优势与资源优势，举行相关的课程学习活动，以激发学生对道德与法治学科以及中医药文化的兴趣，进而对道德与法治课程统整中医药文化进行持续的探索。最后，道德与法治学科展开中医药文化统整性课程的建设，能够促进教师的专业发展。此课程的建设需要教师参与到制订课程目标、编订课程内容、实施教学过程和教学评价的过程中。在建设课程的探索中，教师必须不断提高自身的研究能力和教学实践能力，向着专家型教师的方向成长，从而为学校建设课程提供课程领导力强的师资队伍。

二、资源分析

（一）教科书资源

1. 一年级上册第四单元《健康过冬天》

（1）教材内容。

《健康过冬天》是统编教材《道德与法治》一年级上册第四单元的课文。本课侧重培养学生感受自然变化、加强自我保护的能力，重在引导学生体验冬季生活的乐趣，增强体质，锻炼身体的意志，了解冬季饮食知识，养成健康的生活方式，并体悟到自然变化对自己生活的影响，学会积极面对这种影响。

（2）关联中医药。

研究发现，冬天是肠胃疾病高发的一个季节，这主要是由于天气寒冷，很容易刺激身体，使得胃酸分泌过多，也就很容易出现肠胃疾病。另外，在中医的理念中，冬天是养胃的最佳时间点，可以适度喝滋补药膳汤。为了身体健康，在冬季的时候一定要特别注意胃部的保暖，少吃寒凉食物。想要达到暖胃的功效，可以在日常饮食中加入当归、茯苓、大枣等，这些都能够起到暖胃、保健脾胃的功效。

2. 一年级下册第二单元《大自然，谢谢您》

（1）教材内容。

《大自然，谢谢您》课文主要内容包括"大自然的礼物"和"大自然中的快乐"两大部分。"大自然的礼物"部分以图片形式呈现了大自然送给我们的礼物——青山绿水、丰富的物产，向学生展示了人类和大自然的依存关系——我们的衣食住行都离不开大自然。由于人类的积极活动，大自然更加充满生机与活力。课文内容从儿童视角出发，描绘儿童对自然的理解和感悟，让学生感受大自然给予人们的智慧和启迪。

（2）关联中医药。

大自然中的一草一木，皆有它的用途，中草药更是大自然馈赠给人类的宝物。如猴耳环，可以用来消炎、治风湿和跌打烫伤。据了解，随着社会的发展，中草药资源破坏严重，野生药材数量普遍下降，这些都成为制约我国中医药产业可持续发展的瓶颈，保护中草药也成了当下人们最为关注的问题。教师可以将中草药知识融入课堂，让孩子们认识中草药，了解中草药对我们日常生活的重要性。

3. 二年级上册第四单元《我们生活的地方》

（1）教材内容。

二年级上册第四单元《我们生活的地方》有四课，分别为《我爱家乡山和水》《家乡物产养育我》《可亲可敬的家乡人》《家乡新变化》。《我爱家乡山和水》一课让学生了解自己的家乡，感受家乡的美，并用文字或者图画叙述。《家乡物产养育我》一课引导学生通过调查，了解家乡的物产。通过"家乡物产博览会"这一活动，引导学生去发现自己家乡的物产，述说自己喜欢的家乡物产，调查物产的生产过程，对家乡物产产生自豪感与荣誉感。

（2）关联中医药。

广州与中医药文化有着悠久的历史联系。现代以来，开放兼容的岭南医学、名扬中外的岭南药材、防病养生的岭南饮食等，在中国乃至世界都具有重要影响。可以联系本地相关中药制药企业，开展研学活动，引导学生到中药企业进行实际探访，增强他们对中医药文化的理解。例如，通过"家乡物产博览会"这一活动，学生可以了解本地的药材与药品，能简单说出它们的功效，从而接触自然，了解人文，增强学生与社会之间的联系，提高对实际生活的理解与联结。

4. 二年级下册第一单元《让我试试看》

（1）教材内容。

二年级下册第一单元《让我试试看》有四课，分别为《挑战第一次》《学做"快乐鸟"》《做个"开心果"》《试种一粒籽》。《挑战第一次》讲述了在日常生活中有很多第一次，并让学生从第一次的尝试中去体会、感知由"第一次"和"尝试"带来的成长情绪。《试种一粒籽》则主要是建议学生在万物复苏的春天试着种下一颗种子，让种子和自己一同成长。课文中列举了种植计划，让学生联系生活实际，思考如何才能让种子发芽长大。

（2）关联中医药。

面对全新的领域，人们需要大胆创新地尝试，而探索与创新自古以来就是中华民族的优秀品质。二年级的学生对世界怀有极大的好奇，教师可以以中医药文化课程建设为契机，借助学校的场地，引导学生完成中草药种植的实践。学生尝试对中医药文化进行多样探索，做到理论结合实践，这样不仅能增强学生对药草及中医药文化的认识和兴趣，还能提升他们的综合素养。

5. 三年级下册第三单元《生活离不开规则》

（1）教材内容。

《生活离不开规则》这一课分为"生活处处有规则""守规则要自觉"两个部分。"生活处处有规则"讲述了游戏、学校生活以及社会生活中各有各的规则，并通过让学生思考"如果没有规则，会出现什么样的情况"这一问题引导学生明白规则的重要性。"守规则要自觉"通过列举例子讲述在日常生活中学生应该如何遵守规则，从而引导学生树立规则意识。

（2）关联中医药。

中医用药讲究配伍。七情配伍是中药配伍最基本的理论，是中医遣药组方的基础，七情是指单行、相须、相使、相杀、相恶、相反和相畏，相反、相畏历来被视为禁忌，中药配伍禁忌被归纳为"十八反""十九畏"。简言之，中药配伍需要遵循一定的规则。如果中药没有配伍规则，可能会出现药物相克等各种情况。学生可以联系规则意识，简单了解中医药相克相生的规则。

6. 四年级上册第四单元《低碳生活每一天》

（1）教材内容。

《低碳生活每一天》讲述地球"发烧"了，全球气候变暖，全球范围内的气候异常，从而对环境和人类生存造成了一系列的影响，由此引导学生树立危机意识和环保意识，并反思自己的生活，尝试改变不恰当的生活方式，减少碳排放，过绿色低碳的生活。

（2）关联中医药。

中医养生思想深受中国古代道家"道法自然，返璞归真"思想的影响。老子所言"人法地，地法天，天法道，道法自然"中的道，乃老子思想体系的核心。《妙真经》云："人常失道，非道失人；人常去生，非生去人。故养生者，慎勿失道；为道者，慎勿失生。使道与生相守，生与道相保。""道"相当于现代的自然规律，它告诉我们宇宙万物的演变有朴素而又深奥的辩证法思想，所以必须循道。人要养生则要遵循道，即遵循自然。遵循自然界气数的变化与规律，饮食有节制，作息有规律，不胡乱作为与耗费，形体与精神相协调。环境养生是中医养生学中的一个重要组成部分，它体现了"天人相应""形神合一"的中医养生学基本理论，强调人与自然的和谐相处，而不是"改造"环境。环境养生包括自然环境中的养生、居住环境中的养生和室内环境中的养生。人类生活在自然界中，受到自然的影响，人与自然界是一个不可分割的整体，即"天人相应"。所谓相应，是说自然界的运动变化，常常直接或间接地影响着人体，从而发生生理上的适应或病理上的反应。人的一生有一半以上的时间是在住宅中度过的，居住的环境也直接影响人类的身心健康。

7. 四年级下册第三单元《我们的衣食之源》

（1）教材内容。

《我们的衣食之源》讲述了大米的种植过程。"一粥一饭，当思来处不易；半丝半缕，恒念物力维艰"，通过了解大米的种植过程，让学生知道粮食来之不易，懂得珍惜粮食，并树立起珍惜粮食的意识。再借由大米阐述农业与人们生活的密切联系，从而对学生进行尊重农业劳动者的教育，使学生明白生活离不开粮食，离不开农业，这是我们美好生活的保证。

（2）关联中医药。

《黄帝内经》中说："安身之本，必资于食。不知食宜者，不足以存生。"中医饮食养生认为科学、合理饮食，能达到保养形体、保健强身、防老抗衰、延年益寿的效果。饮食养生讲究"三因制宜"，根据季节不同、地域差别、人体差异来合理地调配饮食，进行养生保健。食物中具有酸、苦、甘、辛、咸五味和寒、热、温、凉、平五性。人从食物中摄取的五味合理搭配，并注意冷热均衡，能养五脏之气，调和人体气机，津液化生，形神乃俱。孔子亦主张"不时不食""不多食"，即日常饮食应有节制，不可过饥或过饱，且应定时定量。饮食过饱，脾胃运化不及，易伤胃气，且过多的食物积滞于中，易蕴而化热，影响脾胃气机升降，易出现胃痛、反酸、痞满①等问题。饮食过饥，脾胃生化乏源，水谷之精难以充养全身，长此以往，正气亏虚，疾病乃生。孙思邈提倡人们"常宜轻清甜淡之物"。清淡饮食，既能最大限度地保持食物原有的营养成分，又能减少脾胃的负担，降低患心脑血管疾病的风险。中医饮食养生观能引导学生关注饮食，合理搭配饮食，注重饮食健康，从而预防疾病，提高身体免疫力，同时也让学生意识到饮食与生命生活的重要联系，从而产生珍惜粮食的意识。

8. 五年级下册第三单元《百年追梦　复兴中华》

（1）教材内容。

《百年追梦　复兴中华》单元分为6课，分别是《不甘屈辱　奋勇抗争》《推翻帝制　民族觉醒》《中国有了共产党》《夺取抗日战争和人民解放战争的胜利》《屹立在世界的东方》《富起来到强起来》。这一单元以时间为脉络，讲述中华民族创造了辉煌灿烂的文化，到了近代却开始衰落，饱受欺凌，但英勇的中华儿女奋勇抗战，在中国共产党的带领下，最终摆脱了任人宰割的命运，屹立在世界民族之林。

（2）关联中医药。

中国近代史是一部中华民族的屈辱史，也是中国人民的抗争史。这一时期，中国饱受列强侵略，中医在极其困难的条件下艰难发展。在这一时期，随着西方文化在中国的传播，西医的出现对中医产生了巨大影响和冲击。在民主进程的推进中，许多人主张医学现代化，中医药陷入存与废的争论中。受战争影响，大量医学典籍流失海外。抗战时期，在西药得不到有效供给的情况下，中医药在治疗

---

① 痞满：指因饮食不节、情志失调、脾胃虚弱等脾胃功能失调、胃气堵塞等。

疾病和挽救战士生命中发挥了重要作用，其中，柴胡注射液的首创就充分体现了中医药的传承与创新力量。中华人民共和国成立后，党中央提出"团结中西医"的方针，明确了中医药的地位和作用。现今，中医药的研究、开发和临床应用都取得了很大进展，但就影响力而言，仍然远远不如西方医学。但是随着中药疗效及其医疗保健作用的不断提高，中医药正在被纳入一些国家的医疗卫生保健体系，中医药的国际性交流与合作也在不断增加。这些改变都给中医药的发展提供了良好的环境，也带来了新的机遇与挑战。

9. 六年级下册第三单元《探访古代文明》

（1）教材内容。

《探访古代文明》主要介绍了"早期文明发祥地"和"闻名世界的文化遗产"两个部分。"早期文明发祥地"部分主要介绍了中华文明的发祥地黄河流域和长江流域，早期文明区域创造的灿烂文化有文字、医学、数学、建筑学等，对世界产生了重要影响。"闻名世界的文化遗产"部分介绍了世界上许多令人叹为观止的文化遗产。

（2）关联中医药。

近年来，随着"非物质文化遗产热"在全世界的流行，中医药文化作为非物质文化遗产进入了人们的视野。中医药文化是几千年来中华民族优秀传统文化和中国智慧的结晶，在维护人民健康和民族昌盛上发挥了重要作用。学生可通过各种文字史实或音视频资料，了解中医药名家的成长历程、中医药文化的发展历程等。

（二）中医药资源

1. 实地类

玉鸣小学的"百草园"、广州中医药企业、社区药店等。

学生走进"百草园"可以看到书本上、电视上出现过的中草药。学生可以通过闻一闻、看一看、摸一摸，甚至种一种中草药，形成更加深刻的印象，也可以拉近与中草药的距离。另外，学生可以模仿神农氏，去观察中草药，通过询问别人、查阅书籍以及上网搜索等方式去了解中草药。

道德与法治教师可以带领学生去广州一些中医药企业进行实地参观，完成相关的综合性学习活动。学生可以通过参观走近中医药文化，解决如何利用中草药制成多种口服药等问题，去传承与创新中医药文化。

2. 文本类

（1）《植物王国里的本草故事：舌尖上的本草》。

《植物王国里的本草故事：舌尖上的本草》是一本普及本草文化的儿童科普读物，也是一本儿童故事书，以《本草纲目》中的典故为基础，结合民间神话与传说，用生动的语言和图片展示了本草的多姿多彩；用拟人的手法讲述了生动有趣的本草故事；用奇思妙想构筑了本草成长与奉献的神秘画卷；用专业的中医药知识介绍了有关本草的性状、功能和特点；用本草逃亡的情景提醒人们重视生态，避免过度使用农药，给本草留条活路。

（2）《家门外的自然课系列：噢！中草药》。

《家门外的自然课系列：噢！中草药》是一本专为儿童打造的中医药科普图画书。翻开书，中草药科普知识跃然纸上：看似平凡的野花野草，其实是治病的良药；枝繁叶茂的树木不仅能净化空气，而且浑身都是宝；水边随风摇曳的蒲草、池中亭亭玉立的莲、海底绵绵飘动的海藻，都是可以治病的自然宝藏；我们每天都在吃的水果、蔬菜和粮食，竟然很多都是珍贵药材。我们的祖先是如何发现这些植物可以治病救人的呢？中草药是怎样被制作出来的呢？中草药在现代生活中又发挥着哪些重要作用呢？这本书给了孩子们一把打开中草药神奇世界的钥匙，既向孩子们展示了生活中常见、常用的中草药，又将科学之门留给孩子们，引导孩子们去探索和发现，感受身边的中医药文化，收获知识与快乐，向孩子们传达了热爱自然的人文精神。

（3）《中医启蒙绘本·穴位篇》。

这是一本中医启蒙绘本，讲述了《小鼻子的守门人》《小脚丫的秘密》《手臂上的小河》《小手腕与空军梦》《都是冰激凌惹的祸》5个故事，分别对应人体面部、足部、手臂、手腕、小腿的5个穴位。全书借助生活在"杏林城"中的十二生肖之间发生的有趣故事，教会儿童及家长借助穴位按摩，缓解儿童鼻塞、过度劳累引起的脚疼、感冒发烧、晕车以及肠胃不适等常见病症。

（4）《树洞里的小药童》。

这是一本向孩子讲解中草药常识的自然工具书，更是一部关于小药童的动人童话故事。我们日常生活中常见的蚊叮虫咬、跌打损伤等小问题，小药童都能从百草园中寻得对症的草药进行医治和护理。小药童的形象和树洞下庞大的中药铺子的灵感来自唐诗《寻隐者不遇》的"松下问童子，言师采药去"，中草药的童话秘境由此缓缓打开。

（5）《中华匠人精神传奇故事图画书·大药房》。

一段佳话造就一座中华医药的丰碑，一家药店谱写一篇济世救人的华章。本书作者生动地讲述了一间享誉中华的老字号中药铺诞生的故事。故事发生在清朝，一位皇帝得了怪病，御医无计可施。皇帝心中烦躁，微服出宫，逛到一家小药铺，跟药铺掌柜谈得十分投机。掌柜不但治好了皇帝的病，还分文不收。皇帝想让掌柜进宫当御医，没想到对方的一番话让他大出所料……本书题材独特，情节传奇，浓缩了"老字号"商业文化之精髓，读者能从书中获得文化的启迪和艺术的启蒙。

三、目标预设

（一）学科学习目标

1. 道德与法治初步学习

（1）感受生命的可贵，养成自尊自信、乐观向上、意志坚强的人生态度；体会生态环境与人类生存的关系，爱护环境，形成勤俭节约、珍惜资源的意识；养成孝敬父母、尊重他人、诚实守信、乐于助人、有责任心、追求公正的品质；形成热爱劳动、注重实践、崇尚科学、自立自主、敢于竞争、善于合作、勇于创新的个性品质；树立规则意识、法治观念，有公共精神，增强公民意识；热爱集体、热爱祖国、热爱人民、热爱社会主义，认同中华文化，继承革命传统，弘扬民族精神，有全球意识和国际视野，热爱和平。

（2）了解青少年身心发展的基本常识，掌握促进身心健康发展的途径和方法，理解个体成长与社会环境的关系；了解我与他人和集体关系的基本知识，认识处理我和他人与集体关系的基本社会规范和道德规范；理解人类生存与生态环境的相互依存关系，认识当今人类所面临的生态环境问题及其根源，掌握环境保护的基础知识；知道基本的法律知识，了解法律在个人、国家和社会生活中的基本作用和意义；知道我国的基本国情，初步了解当今世界发展的状况和趋势。

2. 道德与法治深入学习

（1）学会调控自己的情绪，能够自我调适、自我控制。

（2）掌握爱护环境的基本方法，形成爱护环境的能力。

（3）逐步掌握交往与沟通的技能，学习参与社会公共生活的方法。

（4）学习收集、处理、运用信息的方法，提高媒介素养，能够积极适应信息化社会。

（5）学会面对复杂的社会生活和多样的价值观念，以正确的价值观为标准，做出正确的道德判断和选择。

（6）学习运用法律维护自己、他人、国家和社会的合法权益。

3. 道德与法治拓展学习

（1）了解中华优秀传统文化，特别是中医药文化。

（2）传承先人的进取精神，学习并传承中医药文化，把中医药文化发扬光大。

（二）中医药学习目标

1. 一年级上册第四单元《健康过冬天》

（1）问题求解：能在学习《健康过冬天》的过程中，关联中医药文化，生发问题，并共同探讨"冬天饮食中中药材有哪些"等问题。

（2）任务解答：能带着问题展开拓展性学习与探究性学习——了解中药材对调理身体的作用；根据生活实际，列举生活中的例子（如家里冬天煲汤时常用的中药材）；通过观看相关的纪录片和书籍，深入了解适用于冬季饮食的中药材及其功效。

（3）成果展示：在家里与家长一同煲一道中医药膳汤，并拍成视频，在课堂上展示，进行成果分享。

（4）文化传创：能在统整中医药文化学习中，了解冬季保健的知识，煲药膳汤，激发起深入探索中医药文化的兴趣，提升对中医药文化展开拓展性学习与探究性学习的兴趣，用中医药文化的视角理解"健康过冬天"，进而养成健康的生活方式。

2. 一年级下册第二单元《大自然，谢谢您》

（1）问题求解：能在学习《大自然，谢谢您》的过程中，关联中医药文化，生发问题，并共同探讨"你观察了哪些中草药，其功效如何"等问题。

（2）任务解答：能带着问题展开拓展性学习与探究性学习——先到中医药馆参观学习，做好相关记录，再在课堂上与同学分享，说一说自己在生活中了解到的中草药，然后成立小组，分工搜集、整理中草药的相关资料。

（3）成果展示：能举办"我是小中医"的知识竞赛，并以小组合作方式参赛，派代表展示成果。

（4）文化传创：在课堂学习中融入中草药文化，认识中草药，了解环保种植以及中草药对人们日常生活的重要性，感受大自然给予人类的珍贵资源和智慧启迪，形成敬畏大自然、爱护大自然的情感和认知，并促进相关的行动。

3. 二年级上册第四单元《我爱家乡山和水》

（1）问题求解：能在《我爱家乡山和水》的学习过程中，关联中医药文化，生发问题，并共同探讨"你觉得你的家乡（广州）哪些地方与中医药文化相关"等问题。

（2）任务解答：能带着问题展开拓展性学习与探究性学习——在广州找出一个与中医药文化相关的地方；通过上网搜索、访谈、实地走访等方式，了解地方的文化背景；办一次中医药特色文化博览会，向同学介绍自己最喜欢的一种中药，并畅谈感悟。

（3）成果展示：能通过访谈、实地走访等方式，做一本该地的历史小手册；准备好中医药特色文化博览会所需图片与视频资料，以及介绍过程所需图片和视频资料。

（4）文化传创：能通过实地走访、办博览会、介绍物品等实践活动，了解中医药文化的形成、种类、成品，以及中医药的制作过程等，激发对中医药文化的探究兴趣，培养对家乡的热爱之情。

4. 二年级下册第一单元《试种一粒籽》

（1）问题求解：能在《试种一粒籽》的学习过程中，关联中医药文化，生发问题，并共同探讨"试种一粒中草药种子，你做得如何"等问题。

（2）任务解答：能带着问题展开拓展性学习与探究性学习——4~6人为一小组，选择喜欢的中草药种子，通过上网搜索、询问家人等方式做好种植计划，并以记日记或绘画方式记录植物的成长过程以及自己的收获。

（3）成果展示：通过多种方式展示种植过程，如种植计划表、图片、视频资料，以及种植日记和植物生长记录图等。

（4）文化传创：生发对中医药的兴趣后，结合课本知识，试着种植一些中草药种子，通过做种植计划、汇报种植成果、绘画生长图和写种植日记等活动，从实践中加深对中医药文化的理解与认同，成为中医药文化的传承者与创新者。

5. 三年级下册第三单元《生活离不开规则》

（1）问题求解：能在《生活离不开规则》的学习过程中，关联中医药文化，生发并共同探讨"你知道哪些关于中医药的规则"等问题。

（2）任务解答：能带着问题展开拓展性学习与探究性学习——通过上网搜索、询问家人等方式，了解中医药文化中的规则；互相交流中医药文化的规则，树立重视规则的意识；观看神农氏尝百草的视频，知道规则建立于实践中。

（3）成果展示：能用思维导图列举一种中草药的相克草药，并讲述一则与中药配伍有关的故事。

（4）文化传创：简单了解中药配伍，初步知晓《神农本草经》所提的中药配伍理论的总纲"七情"，传承中医药文化。

6. 四年级上册第四单元《低碳生活每一天》

（1）问题求解：能在《低碳生活每一天》的学习过程中，关联中医药文化，发现问题，并共同探讨"如何进行环境养生，让生活多一些绿色"等问题。

（2）任务解答：能带着问题展开拓展性学习与探究性学习——分小组开展中医药环境养生文化探寻行动；开展中医药环境养生交流会；制作中医药养生讲解视频，并制作宣传小报和宣传视频，在街头开展中医药环境养生宣传活动。

（3）成果展示：能以中医药环境养生生活小册、环境养生交流会、中医药宣传小报、宣传视频等形式，展示成果，增强学生对中医药环境养生文化的理解。

（4）文化传创：能对《低碳生活每一天》聚焦于环境污染和环境保护，与中医药文化倡导的环境养生不谋而合形成丰富的理解，学会从中医药角度了解环境保护，树立起正确的环境保护意识，并形成合理的环境养生理念，积极地参与保护环境的活动，积极地宣传中医药环境养生文化。

7. 四年级下册第三单元《我们的衣食之源》

（1）问题求解：能在《我们的衣食之源》的学习过程中，关联中医药文化，生发问题，并共同探讨"大米如何与其他食物'混搭'，更有益于饮食养生"等问题。

（2）任务解答：能带着问题展开拓展性学习与探究性学习——组成小组，开展中医药饮食养生文化探寻行动、中医药饮食养生交流会、中医药养生文化知识比赛或分享会、饮食养生大食会，展示各种美食做法，从而解决问题。

（3）成果展示：能通过饮食养生大食会等活动，展示成果，从而深入学习合理搭配饮食，深入理解中医药饮食养生文化。

（4）文化传创：能在《我们的衣食之源》统整中医药饮食养生文化的课程学习中，通过小组探寻、全班研讨、亲身体验等活动，了解中医药饮食文化，深化对中医药养生文化的了解，加强对中医药文化的认同感，并在生活中向身边人介绍、普及中医药饮食养生文化，成为传播中医药养生文化的小旗手。

8. 五年级下册第三单元《百年追梦　复兴中华》

（1）问题求解：能在《百年追梦　复兴中华》的学习过程中，关联中医药文化，生发问题，并共同探讨"中医药在近代有怎样的机遇与挑战"等问题。

（2）任务解答：能带着问题展开拓展性学习与探究性学习——采用分组形式，通过上网搜索、文献阅览、访谈、实地考察等方式，对近代中国中医药的发展过程进行探究。

（3）成果展示：能将探索作品（演示文稿、视频、文章、手抄报等）在班上进行展示，交流与分享成果，也可以将物质成果与精神成果以恰当的形式（开展微讲座、社区宣传等）进行宣扬。

（4）文化传创：能通过对中医药在近代发展的探索，探究中医药在21世纪焕发出的活力、中医药与现代医学的交融、中医药在现代发展的脉络，理解中医药文化只有经过传承和创新才能与新时代紧密结合，才能发展得更好，并形成新的观念——医学发展总是伴随着时代变革而实现创新和突破，没有一门技术可以止步不前而不被淘汰，进而坚定传承与创新中医药文化的信念与信心。

9. 六年级下册第三单元《探访古代文明》

（1）问题求解：能在《探访古代文明》的学习过程中，关联中医药文化，生发问题，并共同探讨"你了解多少中医药文化""怎样让中医药文化得到更好传承"等问题。

（2）任务解答：能带着问题展开拓展性学习与探究性学习——通过上网搜索、询问家人等方式了解中医药文化，在课堂上与同学交流自己最感兴趣的中医药文化，并说说如何更好地传承中医药文化。

（3）成果展示：能用手抄报或思维导图的形式，展示探索中医药文化的成果，分享博大精深的中医药文化为中国文化发展所做的贡献，对提高中国人的文化自信所起的作用。

（4）文化传创：能在《探访古代文明》统整中医药文化的学习过程中，对中医药文化作为非物质文化进入人们视野、进入校园生活的价值意义有充分的认识与理解，并在拓展性学习与探究性学习中体验中医药文化的特色，激发文化自信，进而乐做中医药文化的传承者与创新人。

贰 课程统整路径

一、内容预选

（一）一年级上册第四单元《健康过冬天》

1. 学科课程学习

（1）冬天不怕冷：唱着歌谣，快乐地玩耍。

（2）冬天的保健：怎么开窗通风才好？怎么穿衣服才合适？要不要抹点儿护肤品？冬天还有哪些要注意的保健问题呢？

（3）快快好起来：怎样应对冬季流行病？

（4）冬天有温暖：给他人添温暖，让这个冬天更温暖。

2. 中医药文化学习

（1）问题求解。

寒冷的冬天来了，为了增强身体的御寒能力，人们常常用中医食疗药膳来调理身体，你知道哪些适用于冬天饮食的中药材呢？

（2）任务解答。

找一找。了解中药材对调理身体的作用。

说一说。根据生活实际，列举生活中中药入食的例子（如冬天煲汤时常用的药材）。

看一看。搜查相关资料，深入了解适用于冬季饮食的中药材及其功效。

（3）成果展示。

在家里与家长一同煲一道中医药膳汤，并拍成视频，在课堂上展示。

（4）文化传创。

在学习中了解冬季保健的知识，养成良好健康的生活方式；在贴近生活的道德与法治课堂中，了解中医药文化，激发起深入探索中医药文化的兴趣，从而乐于进一步探索中药材饮食文化。

（二）一年级下册第二单元《大自然，谢谢您》

1. 学科课程学习

（1）大自然的礼物：认识大自然给我们的礼物，如地里长出的水稻、春蚕吐出的蚕丝。

（2）大自然的语言：天上的云朵、地上的蚂蚁都是大自然无声的语言，预示着天气的阴晴变化。

（3）大自然中的快乐：在大自然里，我们感受到很多快乐，如大地长出绿头发、小草痒得咯咯笑。

2. 中医药文化学习

（1）问题求解。

中草药是大自然馈赠人类的宝物。你们平时在生活中留心观察了哪些中草药？它们都有什么功效？

（2）任务解答。

看一看。参观中医药馆，并做记录。

说一说。课堂分享，说一说生活中你知道的中草药。

搜一搜。成立小组，分工搜集、整理中草药的相关资料。

（3）成果展示。

举办"我是小中医"知识竞赛等，小组派代表参加。

（4）文化传创。

将中草药知识融入课堂，学生可以从中认识中草药，了解环保种植及中草药对我们日常生活的重要性，感受大自然给予人类的珍贵资源和智慧启迪。

（三）二年级上册第四单元《我爱家乡山和水》

1. 学科课程学习

（1）我的家乡在这里：说说你的家乡在哪里。

（2）发现家乡的美：向大家介绍你的家乡。

（3）家乡的故事：讲讲关于家乡的故事传说。

2. 中医药文化学习

（1）问题求解。

你觉得你的家乡（广州）哪些地方与中医药文化相关？这个地方的背景故事有哪些？这个地方有什么物产？

（2）任务解答。

找一找。广州有许多与中医药文化相关的地方，请从中选择一个你最熟悉的。

探一探。通过上网搜索、访谈、实地走访等方式，了解地方的文化背景（建立时间、成立过程、特色等）。

办一办。办一个中医药特色文化博览会，对中药材或其模型进行现场讲解。其他同学听完介绍后，说说自己最喜欢的物品，并说明原因。

演一演。选择一种你认为最有特色的中药材，模拟演绎其制作过程，并在演绎后说说自己的感悟。

（3）成果展示。

通过访谈、实地走访等方式做一本当地的历史小手册；展示中医药文化博览会的图片与视频资料；拍摄演绎制作过程的图片和视频资料。

（4）文化传创。

结合《我爱家乡山和水》这一课的课文内容，通过实地走访、办博览会、演绎中药材的制作过程等方式，在实践中了解中医药文化的形成、种类、成品，以及制作过程等，激发进一步了解、传承中医药文化的兴趣。

（四）二年级下册第一单元《试种一粒籽》

1. 学科课程学习

（1）奇妙的生命：春天是万物生长的季节。试着种下一粒种子，让它和我们一起成长。

（2）我也来种一粒籽：做好种植的准备和计划。

（3）我们的收获：分享种植日记。

2. 中医药文化学习

（1）问题求解。

春天是万物生长的季节，试着种下一粒中药种子，观察种子的样子，做好种植计划，把种子的生长过程记录下来。

（2）任务解答。

种一种。分小组，选出要种植的中药种子，先观察种子的特点，再和同学们讨论自己的发现与心得。

查一查。通过上网搜索、询问家人等方式，讨论种植种子的准备工作。

做一做。做一个种植计划，包括种子的名称、需准备的物品、任务分工等。

说一说。分小组展示种植成果，在班上做汇报。小组成员说一说在种植过程中自己的收获。

写一写，画一画。小组成员每一周写一篇种植日记，或者画一画植物生长过程图，一个月后写一写自己的收获。

（3）成果展示。

活动过程中制作的种植计划表、种植日记和植物生长过程图，以及活动过程的图片和视频。

（4）文化传创。

结合课本知识，试着种植一粒中医药种子，仔细观察种子的生长变化过程，完成任务，通过不断实践加深对中医药文化的理解与认同。

（五）三年级下册第三单元《生活离不开规则》

1. 学科课程学习

（1）生活处处有规则：寻找学校生活以及社会生活中的规则，在实际生活中体会规则的无处不在。

（2）守规则要自觉：说说不守规则造成的危害，遵守规则的意义和作用，思考在生活中我们应该怎样遵守规则。

2. 中医药文化学习

（1）问题求解。

游戏伴随着我们的童年，而每一项游戏都有规则。其实中医药也有不同的规则，你知道哪些关于中医药的规则？

（2）任务解答。

查一查。课后通过上网搜索、询问家人等方式，了解中医药文化中需要注意的规则，如哪些中草药不能混着吃，哪些中草药用量多了会适得其反。

议一议。课堂上交流自己了解到的中医药文化规则。谈谈在中医药文化这个领域中，重视规则的重要性。

看一看。观看神农氏尝百草的相关视频，从中知道规则的建立需要人的实践，感受中医学家舍己为人的奉献精神。

（3）成果展示。

画一画。以一种中草药为例，用思维导图的方式列举与其相克的草药。

讲一讲。讲一则与中药配伍有关的故事。

（4）文化传创。

课后通过上网搜索、询问家人等方式学习中医药的相关规则，了解中医药文化的博大精深，提升对中医药的学习兴趣。

（六）四年级上册第四单元《低碳生活每一天》

1. 学科课程学习

地球"发烧"了：气候变暖导致全球范围内气候混乱异常，加剧了洪涝、干旱、高温等气象灾害，从而对环境和人类造成一系列的影响和伤害。

减少我们的碳排放：很多物品在生产的各个环节都会产生"碳排放"，我们要通过植树等方式把碳排放吸收掉，为地球降温，保护我们的环境。

2. 中医药文化学习

（1）问题求解。

绿水青山就是金山银山，如何进行环境养生，让生活多一些绿色？

（2）任务解答。

查一查。组成小组，开展中医药环境养生文化探寻行动，借助网络资源、书籍报刊、大众媒体等多种形式，了解中医药环境养生的相关资料。

说一说。开展中医药环境养生交流会，分享各小组在探寻行动中的收获，进行整合记录，形成成果。

拍一拍。制作中医药养生讲解视频，系统介绍环境养生知识，丰富对中医药养生文化的系统认识。

做一做。利用前三个环节中形成的各种成果，制作成宣传小报和宣传视频，在街头开展中医药环境养生宣传活动。

（3）成果展示。

制作中医药环境养生生活小册子；开展环境养生交流会；制作中医药宣传小报以及宣传视频，加强对中医药环境养生文化的理解。

（4）文化传创。

《低碳生活每一天》聚焦于环境污染和环境保护，与中医药文化倡导的环境养生不谋而合。通过查阅资料、拍摄视频、街头宣传等，从中医药文化的角度切入，了解环境保护的相关知识，可以从中树立正确的环境保护意识，形成合理的环境养生理念，并自觉加入保护环境的行列，宣传中医药环境养生文化。

（七）四年级下册第三单元《我们的衣食之源》

1. 学科课程学习

白白的大米哪里来：生活中，我们要知道"一粥一饭，当思来处不易；半丝半缕，恒念物力维艰"。

美好生活的保证：我们国家是一个农业大国，农业生产种类多样，有种植业、畜牧业、林业和渔业等。农业生产与人们的生活联系密切。

2. 中医药文化学习

（1）问题求解。

当你吃着香喷喷的米饭时，请思考一粒小小的大米如何与其他食物搭配更有益于饮食养生。

（2）任务解答。

查一查。组成小组，开展中医药饮食养生文化探寻行动，通过查找网络资料、阅读书籍报刊、走访中医药养生专家等多种形式，了解中医药饮食养生的系统资料。

说一说。开展中医药饮食养生交流会，分享各小组在探寻行动中的收获，并进行总结，互相交流成果。

比一比。开展中医药养生文化知识比赛或分享会，在交流分享中深化对中医药养生文化的认识。

做一做。开展饮食养生大食会，通过现场展示各种美食做法，深入学习如何合理地搭配饮食。

（3）成果展示。

制作中医药饮食小册子和环境养生生活小册子；开展饮食养生大食会；开展中医药养生文化知识比赛或分享会，加强对中医药饮食养生文化的理解。

（4）文化传创。

将中医药饮食养生文化与《我们的衣食之源》的课文内容相融合，通过小组探寻、全班研讨、亲身体验等方式，由浅入深地了解中医药饮食文化，加强对中医药文化的认同感，并自觉树立传播中医药养生文化的旗帜，在生活中向身边人介绍、普及中医药饮食养生文化。

（八）五年级下册第三单元《百年追梦 复兴中华》

1. 学科课程学习

（1）《不甘屈辱 奋勇抗争》：中华民族曾经创造了辉煌灿烂的历史和文化，然而到了近代，清政府腐败无能，闭关锁国，国家逐渐走向衰败，你了解中国近代的屈辱史吗？

（2）《推翻帝制 民族觉醒》：在民族危机空前严重的时刻，以孙中山先生等人为代表的革命先驱不断探求救国救民的道路，奋勇抗争。

（3）《中国有了共产党》：在马克思主义的引领下，中国共产党开展了哪些革命活动？

（4）《夺取抗日战争和人民解放战争的胜利》：中国人民是怎么取得抗战胜利的？

（5）《屹立在世界的东方》：中华人民共和国成立后获得了哪些成就？

（6）《富起来到强起来》：十一届三中全会召开后，中国开启了改革开放的时代，中国是怎么一步步从富起来到强起来的？

2. 中医药文化学习

（1）问题求解。

历史的车轮滚滚向前，中医药文化在近代面临着怎样的机遇与挑战？你知道中医药文化在近代是如何发展的吗？取得了哪些成就？中医药文化的发展与中国的发展又有哪些联系？

（2）任务解答。

找一找。在班级中，采用分组的形式，如分为中医药文化发展小组、中医药文化机遇小组、中医药文化挑战小组、中医药文化成就小组、中医药文化关联小组等，搜集相关资料。

说一说。分小组，根据小组主题对中医药文化发展进行探究，介绍中医药文化在发展过程中面临的机遇与挑战。

探一探。通过上网搜索、文献阅览、访谈、实地考察等方式，了解中医药文化在近代的发展。

（3）成果展示。

将在查阅和探究过程中搜集到的原始资料、过程性资料制作成演示文稿、视频、手抄报或写成文章等，在班级进行展示，互相交流分享，并互相点评，说说自己的感受。

（4）文化传创。

对于大部分人来说，一提到中医药文化，总会与中华传统文化联系起来，但是，没有一门技术可以止步不前而不遭到淘汰，医学的发展总是伴随着变革、创新和突破。深入探究中医药文化在近代中国的发展，寻找中医与现代医学的交融，让中医药在新时代焕发出新的活力。

（九）六年级下册第三单元《探访古代文明》

1. 学科课程学习

（1）早期文明发祥地：放眼世界，人类的很多文明成就都可以追本溯源，早期文明区域创造的灿烂文化有医学、数学、建筑学、文学、艺术等。

（2）闻名世界的文化遗产：世界上有许多令人叹为观止的文化遗产，比如河南省安阳市西北郊古代都城遗址殷墟、古埃及的金字塔等古代文明遗产，还有许多古代文明成就，如奥林匹亚遗址、古罗马大竞技场、古代波斯帝国的宫殿遗址等。

2. 中医药文化学习

（1）问题求解。

世界上有许多文化遗产，这些文化遗产是世界人民的骄傲，更是人类文明的瑰宝。中医药文化是我国极具特色的文化，你对中医药文化了解多少呢？

（2）任务解答。

查一查。课后通过上网搜索、询问家人等方式了解中医药文化，选择自己最感兴趣的一个方面详细了解。

说一说。课堂上与同学交流自己最感兴趣的中医药文化。

想一想。博大精深的中医药文化为中国的文化发展做出了什么贡献？对提高中国人的文化自信有什么作用？

（3）成果展示。

画一画。用手抄报或者思维导图的形式，介绍自己最感兴趣的中医药文化。

说一说。通过视频的形式，向同学介绍你最感兴趣的中医药文化。

议一议。通过角色扮演的形式，针对保护或传承中医药文化提出自己的建议。

（4）文化传创。

传统文化是一个民族的灵魂，它包含着一个民族发展所特有的历史背景与精神文化基因。近年来，随着"文化遗产热"在全世界的盛行，中医药文化作为中华传统文化非常重要的组成部分，日益受到重视，并被国家提到了中华传统文化传承与发展的重要地位。学生通过中医药文化实践活动，进一步了解中医养生知识，了解名医故事与治学态度，更能有效传承、弘扬中医药文化。

二、实施建议

（一）课堂教学

1. 设计方式

（1）第一种设计：延伸方式。

模块一：道德与法治初步学习。理解每课中各个活动主题的含义，按步骤完成各个活动。

任务一：厘清各个活动主题的含义，探究其内在逻辑关系。

任务二：通过自主学习、小组交流、生生互教、教师点拨学习课文内容，完成活动。

模块二：道德与法治深入学习。在小组合作学习和探究中，通过结合课文内容和生活实际，灵活运用已学知识，不断提高自己的探究能力。

模块三：道德与法治拓展学习。

环节一：问题求解。激发学生的好奇心和探究兴趣，引导学生自主提出探究问题和任务，围绕主题挖掘更多文化内涵。

环节二：任务解答。在创设的情境中引导学生发挥想象，联系所学过的知识和生活实践，分享相关知识；激励学生根据自己的兴趣选择主题，探究其文化内涵。

环节三：成果展示。在探究过程中，有意识地组织学生积累素材，分享收获，交流心得体会。以生动可视的方式展示成果，建立学生的文化自信。

环节四：文化传创。组织学生分小组进行课外拓展探究，自行确定好探究的方向和内容，探索更多未知的知识；作为中医药文化的传播者，探究以恰当、有效的方式传承和发扬中华优秀传统文化。

（2）第二种设计：融合方式。

模块一：初步统整。通过学习课文、课前查阅资料、使用学习任务单初步统整学习。朗读课文，整体感知。了解课文中涉及的植物的基本知识和文化内涵，了解其作为中药有哪些药用价值。

模块二：深入统整。通过阅读书籍、查阅资料、走访社区等方式，学习和掌握中药的药用价值，以及与此相关的文化典籍、经典故事等。

模块三：延展统整。通过课后分小组探究，研究与课文内容相关的中医药知识，深入研究中医药文化。

2. 设计要则

（1）第一大要则：目标明确。

课堂教学和探究活动的目标要符合学生的年龄特点、思维特点、基础积累等实际情况，明确制订每一课的学习任务和可达到的程度。同时，结合道德与法治学科的特点，遵循"跳一跳，摘得到"的原则，切实地创设相关的生活情境，让学生能够增加对中医药学习的兴趣。

（2）第二大要则：过程清晰。

课堂教学的主要任务、步骤、操作过程要清晰而有条理。道德与法治教科书内容编排有序，每个单元分为数课，每一课对应一个话题。教师要遵循教科书编排的规律，将中医药知识与课本内容进行有机结合。

（3）第三大要则：评价见效。

评价要有具体细则，以提高学生的核心素养为中心，发挥评价的引导作用，改进结果评价，强化过程性评价，探索增值评价。结果评价要全面关注学生对中医药知识的了解与运用，关注学生在课堂上、家庭中和社会上的日常行为表现。过程性评价要更加注重发挥评价的激励和改进功能。对于小学生而言，了解、传承中医药文化是一个比较艰巨的任务，需要教师不断鼓励。增值评价要关注学生的道德修养是否有提高，中医药文化知识储备是否有增加，对学生实行鼓励教育。

评价方式设计要具有可操作性，通过评价让学生能够清楚地知道自己的真实水平和应该努力的方向。同时要坚持学生自我评价、教师评价、同伴评价、家长评价和社区评价相结合，借助行为表现卡等评价方式，提升道德与法治课程评价的科学性、专业性和客观性。

3. 实施要领

（1）日常锤炼。

道德与法治课程统整中医药文化的课堂教学，在日常锤炼上要做到：瞄准学习目标，优化学习过程；强化生活联系，注重文化整合；变革学习方式，学会探究学习。

在统整性学习的教学阶段，教师要引领学生从四个方面展开中医药文化融入道德与法治课程的学习：①问题求解：设置真实的背景（创设真实的情境，根据情境提出问题），融入合理的条件。②任务解答：提出有层次的任务，融入适宜的策略。③成果展示：准备多样的成果，融入可能的展示（强化小组合作学习的意识）。④文化传创：选择文化的支点，融入化育的样态。

（2）定期研讨。

道德与法治科组每月集中研讨一次，针对在课堂实施中发现的问题，不断进行改进优化。

定期研讨中医药文化，整合学习的方式和课型，及时改进教学方式。

（二）活动展现

1. 设计方式

道德与法治学科旨在促进小学生以道德发展为核心的基本文明素质的全面发展，聚焦学生的生活与成长，因此在进行道德与法治的学习时，更多地要与实践相结合，让学生在生活中进行感受、实践与成长。科组方式是从宏观的角度对道德与法治学科与中医药文化融合提供方向指引，让学生将生活与知识相连接，提升其道德素养，使学生全面发展。班级方式则是针对本班学生的学习情况与学习特点进行不同探究方案的设计，从而使每名学生都能提高道德品质，在活动中得到成长。

（1）第一种设计：科组方式。

带领学生走进百草园，观察和认识各种中草药，结合所查阅的资料，写随笔，积累中医药常识。

开展与中医药文化相关的整本书阅读活动，通过拓展阅读拓宽学生的视野，以阅读单、思维导图、情景剧等方式收集学生的探究成果。

通过拓展学习名医故事与典故，开展名医故事会、中医药文化辩论赛等方式，传承与传播中医药文化。

（2）第二种设计：班级方式。

班级轮值参与百草园的劳动实践活动，体验和观察中草药的种植生长过程，写观察日记，并展览优秀作品。

班级内分小组探究与主题相关的不同内容，分组展示探究成果。

2. 设计要则

道德与法治学科注重道德品质形成过程中知、情、行的关系，凸显学科导行的特点，所以在设计要则上要遵循目标明确、过程清晰以及评价见效三大要则，通过学前、学中和学后三个过程的精心设计，让学生能够在中医药文化的学习活动中有所收获、有所思考。

（1）第一大要则：目标明确。

探究活动要制订明确的大方向，学生要根据目标以及自己的实际情况制订自己的小目标，目标要明确合理。

（2）第二大要则：过程清晰。

设计的活动要主题鲜明、内容丰富，能够展现小组的合作精神和探究风采，能够传播中医药文化的科学知识和精神内涵。探究活动的方案设计要有系统性和可操作性，清晰指引学生的探究方向。

（3）第三大要则：评价见效。

评价要有具体细则。评价方式设计要具有可操作性，通过评价学生能够清楚地知道自己的真实情况和应该努力的方向。

3. 实施要领

为了提升学生的素养，道德与法治学科通常以学生可思、可感、可实践的生活事件作为原材料，使学生在具体活动中学习道德与法治，通过学习到的知识去建构生活、感受生活。因此，在实施道德与法治和中医药文化融合的活动中，更主要的是长期进行，通过日常锤炼和定期研讨两种形式，让学生在活动中不断成长。

（1）日常锤炼。

探究活动以学生为主体，教师及时跟进，给予评价、指导和反馈。

活动从课堂延伸到课外，从校内拓宽到校外的广域学习与探究。

活动总结按照"小组—班级—年级"的方式循序渐进，根据活动方案定期收集活动成果，并举行活动展示与验收。

（2）定期研讨。

每月集中研讨一次，每个学期举办一次系列性的活动，每次活动开展前精心研讨计划，活动后进行总结。活动过程中及时发现问题，积累经验，调整计划。

（三）环境活化

1. 设计方式

（1）第一种设计：科组方式。

环境布置以学生为主体，收集学生在探究过程中的优秀作品，以布置展板、陈列小小博物馆、学校公众号媒体传播等方式，展示学生的探究成果。

（2）第二种设计：班级方式。

在班级群中交流展示，在班级板报中设置中医药文化专栏，定期展示全体学生的探究作品，使其成为班级文化的一部分。

2. 设计要则

（1）第一大要则：目标明确。

依托课程目标和活动性质，能够根据不同的探究主题和内容，完成探究成果，选择最优的活动场所和环境，设计科学的环境展示过程和方式，发挥环境的宣传教育作用。

（2）第二大要则：过程清晰。

制订展示方案要具体，比如展示的时间、地点、负责人员，设计合理的展示方式。

（3）第三大要则：评价见效。

制订具体的评价细则，设计合适的评价维度，把握作品的质量。评价作品是否符合中医药文化的主题，是否具有创新性。

3. 实施要领

（1）日常锤炼。

分学段、分年级、分小组，根据实际情况科学地开展环境布置和活动展示。环境和活动做到主题鲜明、内容清晰。发挥集体和个人的创新精神和创造性，展示出有个性、有特点的作品，显示出活动的成效和特色。

（2）定期研讨。

根据活动主题和特色收集前置性的学生成果作品。每学期组织两次科组集体研讨，商定合理的展示方式。部分展示应当具有可持续性和长久性，教师代表进行布展，分年级、分班级组织学生参观展览。

叁 课程统整成效评价

一、评价建议

（一）课堂教学

1. 课堂化评价的标准

以道德与法治课程的"初步学习、深入学习、拓展学习"和中医药文化统整的"问题求解、任务解答、成果展示、文化传创"为评价项目，拟定评价标准，并匹配评价分值，共同构成课堂化评价。其评价量表见表1-1-1。

表1-1-1　道德与法治课程统整中医药文化课堂化评价量表

评价项目	评价标准	分值/分	评分
道德与法治初步学习	理解每课中各个活动主题的含义，按步骤完成各个活动	10	
道德与法治深入学习	在小组合作学习和探究中，通过结合课文内容和生活实际，灵活运用已学知识，不断提高自己的探究能力	10	
道德与法治拓展学习	能基于生活实际，研究与课文中植物类似的其他中医药植物的相关知识和文化内涵	10	
问题求解	能自主地提出有价值的问题，通过自主学习、合作学习等解决问题	15	
任务解答	在创设的情境中，引导学生发挥想象，联系所学过的知识和生活实践，分享相关的知识；激励学生根据兴趣点，分不同方向探究与主题相关的更多的文化内涵	15	
成果展示	能按要求完成任务，并保证质量，顺利进行展示	15	
文化传创	能通过情景剧、演讲、辩论赛等形式传承相关的中医药文化	25	

2. 课堂化评价的操作

积极建构多元互动的立体评价机制，多方面发现和发展学生的潜能。以学生自评占40%、学生互评占30%、教师评价占30%的方式，根据评价标准进行评价。

每一次主题学习后使用评价量表进行评价，教师要积极引导学生学会自评，通过自评提高学生的自信心。学生自评有利于调动学生的积极性，启发学生认识自我、发现自我、改进自我。

教师要引导学生互评，促进合作，共同发展。教师在引导学生互评时，首先要帮助学生学会用欣赏的眼光看待同伴，从同伴的优点中找到自己的不足，从而激励学生共同发展。

评价表由小组长汇总，总结后反馈给组员，提出合理建议。

（二）活动展现

1. 活动化评价的标准

基于道德与法治课程与中医药文化整合，以活动的前、中、后为评价模块，确定评价项目，拟定评价标准，并匹配评价分值，共同构成活动化评价。其评价量表见表1-1-2。

表1-1-2　道德与法治课程统整中医药文化活动化评价量表

评价模块	评价项目	评价标准	分值/分	评分
活动前	活动准备情况	了解学生活动准备的情况，包括心理准备和材料准备。教师可以让小组长们检查组员材料准备的情况	20	
活动中	活动中的思考与创新	学生做好活动记录，教师从活动记录中了解学生是否有足够的思考和一定的创新	40	
活动后	有关活动的总结与传播	布置相关的活动总结任务，学生可以通过情景剧、知识竞赛、演讲、录制视频等形式传播活动内容，弘扬中医药文化	40	

2. 活动化评价的操作

活动前，教师可以准备相关的心理小测试，也可以通过谈话法、观察法了解学生的心理准备状态。至于材料的准备，可以让学生自行准备，然后互相检查，强化学生的主人翁意识，让学生成为自己学习的主体。

活动中，教师要对学生进行持续的观察，也可以让学生互相观察，填写一张互评表，选出最佳思考者和最佳记录者，让学生更有动力参与到活动的观察和记录中，做到学有所得。

活动后，需要学生做好总结，强化教育的效果。弘扬中医药文化是统整活动的目的，这就需要通过一些现代化、信息化的手段去宣传统整活动，并弘扬中医药文化。

（三）环境活化

1. 环境化评价的标准

基于道德与法治课程与中医药文化统整，以环境的"场域、布局、效能"和作品的"主题、创意、质量"为评价项目，拟定评价标准，并匹配评价分值，共同构成环境化评价。其评价量表见表1-1-3。

表1-1-3　道德与法治课程统整中医药文化环境化评价量表

评价项目	评价标准	分值/分	评分
环境场域	场景布置时是否体现了相应的中医药文化	10	
环境布局	布置方式是否合理，设计是否新颖	10	
环境效能	环境布置是否起到了传播优秀文化的作用	20	
作品主题	作品是否突出探究主题	20	
作品创意	探究作品是否有独特的创意	20	
作品质量	纸质或音像作品是否清晰优质	20	

2. 环境化评价的操作

环境活化有多种形式，如班级文化布置、手抄报、虚拟环境等。教师进行评价时，需要辨别环境中是否体现了相应的中医药文化。

检验环境活化的实效性，可以通过现场知识问答、介绍中医药文化知识等，考察学生通过一段时间的环境活化后，是否接收到了更丰富的中医药文化知识。

二、成果预期

（一）课堂化成果

1. 文本类

教学设计：《健康过冬天》《大自然，谢谢您》《我爱家乡山和水》《试种一粒籽》《生活离不开规则》《低碳生活每一天》《我们的衣食之源》《百年追梦　复兴中华》《探访古代文明》课文与中医药文化统整教学设计。

教学PPT：《健康过冬天》《大自然，谢谢您》《我爱家乡山和水》《试种一粒籽》《生活离不开规则》《低碳生活每一天》《我们的衣食之源》《百年追梦　复兴中华》《探访古代文明》课文与中医药文化统整教学PPT。

2. 非文本类

音像资料：在课堂教学过程中，为支持课程统整而使用的照片和视频等，以及学生在参与课程学习中小组活动的照片和视频等。

（二）活动化成果

1. 文本类

观察日记：学生写的中草药观察日记。

思维导图：关于中医药的种类以及药用价值等思维导图。

阅读书单：中医药典籍。

手抄报：学生自主制作的关于中医药文化的手抄报。

2. 非文本类

音像资料：在探究中医药文化过程中拍摄的照片和视频等。

（三）环境化成果

1. 文本类

观察日记展：以学生写作的中草药观察日记为主的展览。

思维导图展：以中医药的种类及药用价值等思维导图为主的展览。

阅读书单展：以中医药典籍阅读单为主的展览。

手抄报展：以学生自主创作的有关中医药文化手抄报为主的展览。

2. 非文本类

用音频或者视频的形式展示学生的作品。

◇ 课例三问：《我们的衣食之源》

本课例基于"道德与法治统整中医药文化课怎么上"，以道德与法治课程四年级下册第三单元《我们的衣食之源》为例，呈现"解决什么问题""如何解决问题""是否解决问题"的"三问成学链"的道德与法治课程实施思路，展现"为什么统整""怎样统整""统整得如何"的道德与法治课程学习样态。

壹 解决什么问题

——从"衣食起源"走向"中医济世"

一、基于学科的学习

（1）白白的大米哪里来：当你吃着香喷喷的米饭时，可知道这小小的一粒粒米是怎样来的吗？请选择一种农作物（粮食作物或蔬菜），了解一下它的种植过程。

（2）美好生活的保证：我国种植业遍布全国各地，你知道生活中哪些物品是来自农业中的种植业吗？生活中有哪些物品来自畜牧业？如果没有种植业，我们的生活会怎么样？如果没有畜牧业，我们的生活会怎么样？如果没有林业、渔业，我们的生活会怎么样？

二、基于统整的学习

如何通过饮食混搭来养生：当你吃着香喷喷的米饭时，是否思考过一粒小小的大米如何与其他食物混搭，更有益于健康呢？我们每天都摄入许多不同种类的食物，有很多食物同时食用是相克的，会对身体造成伤害，你是否有所了解呢？你知道食物如何混搭，才能更有益于身体健康吗？

贰 如何解决问题

——从"学科"走向"课程统整"

一、《我们的衣食之源》道法化学习

（一）学习目标

（1）能从问题"白白的大米哪里来"出发，在探索与研讨的基础上，了解一粒粒米的"来历"，并探索与分享至少一种农作物（粮食作物或蔬菜）的种植过程，理解农业生产者在农作物的种植和生产过程中付出的辛勤劳动。

（2）能从问题"美好生活的保证"出发，在探索与研讨的基础上，了解我国种植业的分布情况，分享几个属于种植业或畜牧业的物品，并探索与分享"没有种植业，生活会怎样""没有畜牧业，生活会怎样""没有林业、渔业，生活会怎样"，了解农业生产的主要种类，理解农业的重要性，以及农业与人们生活的密切关系。

（二）学习过程

1. 学习模块一：解决问题"白白的大米哪里来"

（1）初步探究，试解问题。

步骤一：情境导入，引入新课。当你吃着香喷喷的米饭时，你是否想过白白的大米饭是从何而来的呢？

步骤二：任务驱动，展开活动。学生带着问题，观看关于"大米哪里来"的动画片；学生借助教材内容以及图片，分小组合作探究水稻的种植和生长过程，以小组为单位，由小组合作汇报，完成表1-2-1。

表1-2-1 水稻的种植过程

过程	主要工作
育秧	
插秧	
田间管理	
收割	
碾米	

步骤三：情境体验，感受文化。给学生讲关于珍惜食物的故事；创设情境，让学生模拟插秧两分钟，体验农民劳作的辛苦；播放关于水稻种植过程的纪录片，让学生追根溯源，感受悠久的农耕文化。

（2）再次探究，深解问题。

步骤一：课外拓展，丰富见识。小组合作讨论，试着把黄瓜和小麦的生长过程排序，以小组为单位，完成表1-2-2。

表1-2-2　黄瓜和小麦的生产过程

生长步骤	排序
①移栽　②采摘　③架秧管理 ④育苗	黄瓜的生长过程：
①磨粉　②管理　③播种 ④脱粒　⑤收割	小麦的生长过程：

步骤二：根据实情，执笔记录。我们餐桌上丰富的食物是农民伯伯用辛勤的汗水换来的，你想对农民伯伯说什么呢？你打算通过怎样的实际行动保护农民伯伯的劳动成果？

（3）延伸探究，拓解问题。

步骤一：看一看。介绍袁隆平及其研究的杂交水稻对世界的贡献。

步骤二：展一展。展示现代化农业的发展实况（比如农业机器人、大棚种植），让学生从举世瞩目的变化中感悟祖国的强大。

步骤三：说一说。课堂小结，说一说自己的心得体会。

2. 学习模块二：解决问题"美好生活的保证"

（1）探究农业，试解问题。

步骤一：播放视频，激趣导入。播放农业风光集锦相关视频，谈谈感受。

步骤二：自学课本，辨识农业。从学生日常见闻入手，让学生谈一谈自己所了解的农业生产活动。阅读教材，同桌互相交流我国农业生产有哪些种类。

（2）考察超市，深解问题。

农产品形态不一，有的农产品采摘完后可直接售卖，有的农产品还需要在工厂经过加工才出现在我们面前，一起到超市逛逛，了解更多的关于农产品的相关知识吧！教师列举几个物品，学生合作交流讨论这些物品是属于种植业、畜牧业、林业还是渔业。

（3）探究农业，拓解问题。

步骤一：新农民，新丰收。介绍"中国农民丰收节"，探究设立"中国农民丰收节"的原因；拓展学习二十四节气。

步骤二：新农村，新面貌。播放关于新农村的纪录片，观察与思考新农村建设前后的不同。

步骤三：课堂小结，收获满满。农业是我们的衣食之源，农业生产劳动者是我们的衣食父母，我们应该常怀感恩之心，尊重劳动者，尊重他们的劳动成果。

二、《我们的衣食之源》统整化学习

统整化学习主要解决的问题是学习模块三："如何通过饮食混搭来养生"。

（一）竞赛型统整

1. 学习目标

能从问题"如何通过饮食混搭来养生"出发，通过师生共同策划与组织的竞赛活动，认识各种农作物的药用价值，传播健康知识，增强养生意识。

2. 学习过程

（1）问题求解。

针对已学，提出问题：当你吃着香喷喷的米饭时，是否思考过一粒小小的大米如何与其他食物混搭，更有益于健康？我们每天都摄入许多不同种类的食物，有很多食物同时食用是相克的，会对身体造成伤害，你是否有所了解呢？你知道食物如何混搭，才能更有益于身体健康吗？

自主学习，探问备赛：①组建学习小组，收集相关资料。开展中医药饮食养生文化探寻行动，借助搜索网络资源、查阅书籍报刊、走访中医药养生专家等多种形式，了解有关食疗的各种知识。学生从自身兴趣出发，可选择不同的角度进行研究，如"大米与哪些食物混搭有益于身体健康""哪些食物混搭有益于眼睛健康"等。②小组整理成果，全班交流。开展中医药饮食养生会，各小组分享自己的收获。分享形式包括：纸质资料、PPT展示、视频资料、读书笔记、书签等。

（2）任务解答。

师生齐定规则，开展知识竞赛。向学生讲解知识竞赛的规则，比如以组为单位，将全班分为4个小组，基础题部分每答对一题加10分，答错不加分也不扣分。抢答题部分每题10分，答对加10分，答错扣10分。同时，用表格记录好每组的得分情况，以示公平。

第一阶段：小试牛刀，初尝竞赛。

书本是我们获取知识的基本通道，第一场知识竞赛中，题目主要源于书本，你们做好准备了吗？（PPT展示题目）

1. 插秧是把秧苗移栽到泥土中。（判断）

2. 田间管理包括（　　　）。（多选）
A. 施肥　　　　　B. 除草　　　　　C. 灌溉　　　　　D. 喷药

3. 收割脱粒是用脱粒机收割，用收割机脱粒。（判断）

4. 从一粒种子变成白白的大米大概需要多长时间？（问答）

5. 大棚蔬菜的种植中，塑料薄膜有什么作用？（问答）

6. 研究出杂交水稻的人是谁？（问答）

7. 现代农业的发展包括（　　　）。（多选）
A. 农业机械化　　　B. 农业机器人　　　C. 喷灌　　　D. 大棚种植

8. 请说出一句与农业有关的谚语。（问答）

第二阶段：难度升级，合作共赢。

课外草药篇。把中草药图片、故事展示给学生，让学生答出中草药的名字。这部分竞赛主要是帮助学生增强对中草药的认识。

讨论提升篇。先提出一个问题，小组讨论，然后各小组推荐一个同学回答，本组其他同学可进行补充。问题：大米能和什么食物、中草药混搭，制作成有益于身体健康的食物？

第三阶段：共同抢答，谁与争锋。

谜语篇。收集与中草药有关的谜语，让学生猜一猜。这部分竞赛主要是提高学生对中医药的学习兴趣，活跃课堂气氛。

（3）成果展示。

确定成果展示形式。学生探究过程中的照片、视频等资料；学生开展交流大会、知识竞赛时的照片、视频、比赛规则、竞赛题目等。

有效推进成果展示。针对学习所得，自主制作书签、手抄报，举办班级成果展。

（4）文化传创。

将中医药饮食养生文化融入《我们的衣食之源》课程学习，通过开展小组探究、全班交流研讨、知识竞赛等方式，学生得以由浅入深地了解中医药饮食文化，深化对中医药养生文化的了解，加强对中医药文化的认同感，并自觉树立起传播中医药养生文化的旗帜，在生活中向身边人介绍、普及中医药饮食养生文化。

3. 学习成效

基于道德与法治课程《我们的衣食之源》的中医药统整课，将与其相关的中医药文化进行统合，构成一个整体课程，意在引发学生对"如何通过饮食混搭来养生"等问题的探索，在发展学科核心素养的同时，提高统整性学习的能力，而竞赛活动可以激发学生的学习兴趣，发掘学生的学习潜能，培养学生的团队协作意识和创新精神。

因此，为使中医药文化得以传承和弘扬，可用竞赛形式激发学生的学习、传播兴趣，提高学习成效。

（二）探索型统整

1. 学习目标

能从问题"如何通过饮食混搭来养生"出发，通过小组合作的形式，课外探索与发现身边"衣食之源"的药用价值，从而加深对中医药文化的理解与认同。

2. 学习过程

（1）问题求解。

针对已学，提出问题：当我们在穿衣吃饭的时候，有没有考虑过，其实我们身边的"衣食之源"是否也有着极大的药用价值呢？让我们通过实践探究，找一找身边的"衣食之源"的药用价值吧！

分解问题，初步探索：学生自由组队，人数为5~8人，教师制订学习任务单，让学生选择身边的某一种食物，从"衣之源"和"食之源"两个方面进行药用价值的研究与探索。

（2）任务解答。

铺排任务，深入探索：①复习回顾，温习旧知。通过回顾课文知识，了解到农作物的来之不易，以及农民劳作的辛苦。②了解过程，激发兴趣。展示通过调查所搜集到的资料，激发实践兴趣。③师生共同制订规则。每组确定好自己选择的食物，将搜集到的图片和文字制作成小视频，展示它的生长过程，再通过实地走访、上网搜索等方式，联系中医药知识说一说其药用价值及功效。

初步交流，综合探索：初步搜集好资料后，各小组需要将搜集好的资料整理成大纲，以PPT的方式呈现出来，在课堂上进行初步汇报后，小组间互相探讨研究过程及研究方法，最后修改并完善小组成果，并在一周后进行最终展示。

（3）成果展示。

确定成果展示形式。学生探究过程中的照片、视频等资料；学生初步汇报时的照片、制作的PPT等资料。

有效推进成果展示。汇总最终的视频文件，可制作成作品集，举办班级成果展。

（4）文化传创。

将中医药饮食养生文化融入《我们的衣食之源》的统整学习过程中，通过课外实践探索这一方式，学生不仅能够对书本上的知识有更深入的认识，也能够深化对中医药文化的理解。从中医药文化的角度看，学生开展探究型活动可以由浅入深地了解中医药饮食文化，增强对中医药文化的认同感，提升自豪感。

3. 学习成效

探索型统整课的学习成效在于，通过课内的学习任务单指导加课外的实践引导，让学生得知"纸上得来终觉浅，绝知此事要躬行"的道理，更加深刻地理解课外实践的重要性，丰富社会阅历，拓宽社会视野，也为学生更加深刻地理解源远流长的中医药文化打下坚实基础。

（三）展演型统整

1. 学习目标

能从问题"如何通过饮食混搭来养生"出发，通过了解大米的种植过程，感悟食物的来之不易，了解食物的营养价值对于我们的成长具有的重要意义。

2. 学习过程

（1）问题求解。

针对已学，提出问题："一粥一饭，当思来处不易；半丝半缕，恒念物力维艰。"你知道一粒粒米的种植过程吗？我们每天都摄入许多不同种类的食物，你知道不同食物混搭会产生哪些影响吗？怎样混搭才有益于饮食养生呢？

自主学习，初探问题：学生个人搜集有关大米生长过程及营养价值的相关资料，与同桌合作搜集大米与其他食物混搭的营养价值的相关资料，小组合作搜集食物混搭的营养价值的相关资料，形成中医药文化探寻小分队，通过上网搜索、翻阅书籍、咨询长辈等方式，了解大米的种植过程、大米的营养价值以及不同食物混搭的影响，感悟食物的来之不易，了解食物的营养价值对于我们的成长具有的重要意义。

（2）任务解答。

交流探索，准备展演：开展中医药小组交流会，各小组交流分享自己在探究中的收获，并确定分享的形式，准备实践展演。

轮番上阵，实践展演：①个人风采展：学生扮演大米，以大米的口吻讲述自己的生长过程以及营养价值，辅之相应的动作，使表演更加生动、有趣、形象。表演完后，其他学生自主提问，通过观看风采展和提问，初步了解大米的相关知识。②同桌相声说：与同桌合作，一人扮演大米，一人扮演其他食物，通过说相声的形式讲述大米与其他食物混搭的营养价值。表演完后，其他学生自主提问，通过观看相声和提问，初步了解大米混搭的相关知识。③小组小品演：以5~6人为一组，各自扮演不同的食物，以小品演绎的形式讲述各种食物混搭的营养价值。表演完后，请其他学生分享观后所得，初步感受中医药文化。④小组歌舞展：以5~6人为一组，各自扮演不同的食物，将与食物混搭的相关知识以歌曲和舞蹈的形式进行展现。

（3）成果展示。

确定成果展示形式。学生探究过程中的照片、视频等资料；学生交流会时的照片、视频等资料。

有效推进成果展示。举办班级成果展演。

（4）文化传创。

将中医药饮食养生文化融入《我们的衣食之源》的课程学习，学生通过开展个人风采展、同桌相声说、小组小品演、小组歌舞展等活动，以生动、有趣、形象的方式一步步地打开中医药文化的知识大门，激发学习的积极性，在活动后主动深入地了解中医药文化，并向身边人普及中医药文化。

3. 学习成效

展演型统整课通过角色扮演、现场展示等方式，设置情境，引领学生基于独特视角去了解中医药文化，更能激起探索欲望；从小主人视角去分享中医药文化探索成果，也更容易使学生获得成就感和荣誉感，从而自觉担负起传承中医药文化的责任和使命。

叁 是否解决问题

—— "学科素养" 与 "统整素养" 并行

一、聚焦 "学科素养"

（一）问题解决的分析框架

在《我们的衣食之源》的道法化学习中，学习模块一和学习模块二提出了详细的学习步骤，不仅注重学习进程中的及时评价，还构建了相应的问题解决框架，来形成 "是否解决问题" 的评价载体，进而评析道德与法治核心素养在问题解决过程中得到怎样的发展，并提出教学改进建议。这一框架见表1-2-3。

表1-2-3　《我们的衣食之源》统整课 "解问题育素养" 道法化学习分析框架

学习问题	学习目标	学习历程	素养评析	改进建议
问题1：白白的大米哪里来	由问题1而研拟的道法化学习目标	为达成目标，解决问题1而分解的道法化学习进程	针对问题1而铺排的学习历程，围绕道德与法治核心素养的培育情况，进行评价与分析	对今后解决问题1的道法教学提出相应的改进建议
问题2：美好生活的保证	由问题2而研拟的道法化学习目标	为达成目标，解决问题2而分解的道法化学习进程	针对问题2而铺排的学习历程，围绕道德与法治核心素养的培育情况，进行评价与分析	对今后解决问题2的道法教学提出相应的改进建议

（二）问题解决的成果分析

立足于道法化学习，运用"《我们的衣食之源》统整课'解问题育素养'道法化学习分析框架"，针对学习模块一和学习模块二的学习步骤进行整体性评析以及提出教学改进建议，最后形成表1-2-4的成果分析。

表1-2-4　《我们的衣食之源》统整课"解问题育素养"道法化学习成果分析

学习问题	学习目标	学习历程	素养评析	改进建议
问题1：白白的大米哪里来	能从问题1出发，在探索与研讨的基础上，了解一粒粒米的"来历"，并探索与分享至少一种农作物（粮食作物或蔬菜）的种植过程，理解农业生产者在农作物的种植和生产过程中付出的辛勤劳动	初步探究，试解问题	学生围绕"白白的大米哪里来"这一问题，以自主、合作、探究的方式展开学习，不仅能提升自主学习能力和团结协作能力，而且从初步探究中，学会自主发现问题，学会尝试解决问题，并获得对农作物及其生产的相关知识	略
		再次探究，深解问题	学生借助网络、书籍等，基于"白白的大米哪里来"这一问题进行再次探究，不仅在农作物及其生产的认识与理解方面得以增进，而且自主学习、合作学习、探究学习的能力再次得以提升	
		延伸探究，拓解问题	学生从拓展延伸的学习中获取更多与农作物生产过程相关的知识，不仅从中感受到生产过程中劳作者的艰辛，以提升人文素养和社会责任感，而且养成爱劳动的良好习惯，为健康成长奠基	

（续表）

学习问题	学习目标	学习历程	素养评析	改进建议
问题2：美好生活的保证	能从问题2出发，在探索与研讨的基础上，了解我国种植业的分布情况，分享几个来自种植业或畜牧业的物品，并探索与分享"没有种植业，生活会怎样""没有畜牧业，生活会怎样""没有林业、渔业，生活会怎样"，了解农业生产的主要种类，理解农业的重要性，以及农业与人们生活的密切关系	探究农业，试解问题	学生围绕"美好生活的保证"这一问题，从课内和课外探究中，了解更多农业种类，不仅对农业的认识得以增强，知道"农业无处不在"，而且从中受到爱科学的教育，为健康成长奠基	略
		考察超市，深解问题	学生通过实地考察和在现实生活中探寻农业，不仅更加注重道德与法治课程与社会实践的联系，而且通过自主参与丰富多样的活动，不断体验和实践，促进了正确思想观念和良好道德品质的形成与发展	
		探究农业，拓解问题	学生在进一步的探究学习中，不仅激发了公共参与意识，学会从探究活动中发现农村新面貌，感受祖国的繁荣与昌盛，而且强化了对道德与法治课程人文性的认识，增强了文化自信，对中医药文化形成了强烈的认同感	

二、衍生"统整素养"

（一）问题解决的分析框架

为解决基于道德与法治课程统整中医药文化的学习问题，学习模块三提出了相应的解决之道，由此除了注重学习进程中的及时评价，还可以构建相应的问题解决框架，来形成"是否解决问题"的评价载体，进而评析道德与法治核心素养与统整素养在问题解决过程中得到怎样的发展，并提出教学改进建议。这一框架见表1-2-5。

表1-2-5　道法统整课"解问题育素养"统整化学习分析框架

统整问题	道德与法治课程统整中医药文化的学习问题		
统整路径	竞赛型统整	探索型统整	展演型统整
统整目标	由统整问题出发，基于竞赛型统整路径而研拟的道德与法治课程统整性学习目标	由统整问题出发，基于探索型统整路径而研拟的道德与法治课程统整性学习目标	由统整问题出发，基于展演型统整路径而研拟的道德与法治课程统整性学习目标
统整历程 问题求解	针对竞赛型统整路径，呼应统整问题，提出道德与法治课程统整中医药文化具体的学习问题	针对探索型统整路径，呼应统整问题，提出道德与法治课程统整中医药文化具体的学习问题	针对展演型统整路径，呼应统整问题，提出道德与法治课程统整中医药文化具体的学习问题
任务解答	为解决竞赛型学习问题，分解出道德与法治课程统整中医药文化相应的学习任务	为解决探索型学习问题，分解出道德与法治课程统整中医药文化相应的学习任务	为解决展演型学习问题，分解出道德与法治课程统整中医药文化相应的学习任务
成果展示	在完成竞赛型学习任务后，以一定方式进行道德与法治课程统整中医药文化的成果展示	在完成探索型学习任务后，以一定方式进行道德与法治课程统整中医药文化的成果展示	在完成展演型学习任务后，以一定方式进行道德与法治课程统整中医药文化的成果展示
文化传创	基于道德与法治课程，随着竞赛型统整的问题求解、任务解答、成果展示，传承与创新相应的中医药文化	基于道德与法治课程，随着探索型统整的问题求解、任务解答、成果展示，传承与创新相应的中医药文化	基于道德与法治课程，随着展演型统整的问题求解、任务解答、成果展示，传承与创新相应的中医药文化

（续表）

统整路径	竞赛型统整	探索型统整	展演型统整
素养评析	基于道德与法治课程竞赛型统整路径而铺排的学习历程，围绕统整素养的培育情况进行评价与分析	基于道德与法治课程探索型统整路径而铺排的学习历程，围绕统整素养的培育情况进行评价与分析	基于道德与法治课程展演型统整路径而铺排的学习历程，围绕统整素养的培育情况进行评价与分析
改进建议	对道德与法治课程竞赛型统整教学提出相应的改进建议	对道德与法治课程探索型统整教学提出相应的改进建议	对道德与法治课程展演型统整教学提出相应的改进建议

（二）问题解决的成果分析

立足于道德与法治课程统整化学习，运用"道法统整课'解问题育素养'统整化学习分析框架"，针对学习模块三的学习步骤进行整体性评析以及提出教学改进建议，最终形成表1-2-6的成果分析。

表1-2-6　《我们的衣食之源》统整课"解问题育素养"统整化学习成果分析

统整问题	如何通过饮食混搭来养生		
统整路径	竞赛型统整	探索型统整	展演型统整
统整目标	能从统整问题出发，在师生共同策划与组织的知识竞赛活动中，学生能认识各种农作物的药用价值，传播健康知识，增强养生意识	能从统整问题出发，通过小组合作的形式，在课外去发现身边"衣食之源"的药用价值，从而加深学生对中医药文化的理解与认同	能从统整问题出发，通过了解大米的种植过程，感悟食物的来之不易，了解食物的营养价值对于我们的成长具有的重要意义

（续表）

统整路径		竞赛型统整	探索型统整	展演型统整
统整历程	问题求解	1. 提出问题：如何通过混搭食物来养生 2. 探问备赛：组建小组，搜集资料；小组整理成果，全班交流	1. 提出问题："衣食之源"是否存在药用价值 2. 初步探索：自由组队，分别探索"衣之源""食之源"	1. 提出问题：一粒米的种植过程是怎样的？不同食物混搭会产生哪些影响？怎样混搭才有益于饮食养生 2. 初探问题：组建展示小组，搜集资料，初步探索
	任务解答	制订规则，开展知识竞赛	1. 铺排任务，深入探索 2. 初步交流，综合探索	1. 交流探索，准备展演 2. 轮番上阵，实践展演
	成果展示	1. 确定成果展示形式 2. 有效推进成果展示	1. 确定成果展示形式 2. 有效推进成果展示	1. 确定成果展示形式 2. 有效推进成果展示
	文化传创	基于道德与法治课程的统整，随着问题求解、任务解答、成果展示的学程推进，以竞赛方式传承与创造中医药文化	基于道德与法治课程的统整，随着问题求解、任务解答、成果展示的学程推进，以探索方式传承与创造中医药文化	基于道德与法治课程的统整，随着问题求解、任务解答、成果展示的学程推进，以展演方式传承与创造中医药文化

（续表）

统整路径	竞赛型统整	探索型统整	展演型统整
素养评析	学生以竞赛活动的方式融入道德与法治课程与中医药文化的统整，经历问题求解、任务解答、成果展示的学习，不仅在自主、合作、探究学习中学习了食物混搭的相关知识，而且在生活化学习情境中，学会将道德与法治课程与自身生活、社会实践相关联，将中医药文化知识与实际生活有机地联系起来，同时通过共同制订规则、策划活动，促进了正确思想观念和良好道德品质的形成和发展	学生以探索活动的方式融入道德与法治课程与中医药文化的统整，经历问题求解、任务解答、成果展示的学习，不仅在自主、合作、探究学习中学会整体性地发现、分析、综合中医药文化，而且在生活实践中，学会基于道德与法治课程去探索"衣食之源"的药用价值，将学科课程与生活实践相融通，整体性地展示所探索的中医药文化成果，同时在小组合作探究与展示的过程中提高团结协作能力，增强了对中医药文化的理解与认同，乃至创新	学生以展演活动的方式融入道德与法治课程与中医药文化的统整，经历问题求解、任务解答、成果展示的学习，不仅在自主、合作、探究学习中学会基于中医药文化进行展演作品的创作，而且在实践探究与分组展演中学会情境化演绎"一粒米的种植过程""不同食物混搭的影响"等，同时通过展演型学习，学会将道德与法治课程与生活相联系，提高参与社会生活的意识，并在实际生活中自然地传播与创新中医药文化
改进建议	略	略	略

（课例设计：黄倩妍、罗琬丹、冯美玲）

第二章

语文统整中医药文化

统整设计	杨媚、陈钰玫、阮恺俏、谢颖怡、胡玉凤、张西焱、吴新新、余秋菊
统整理念	整合资源，联系生活，提升学习素养。教师和学生从语文课程的学习出发，共同生发出联结生活情境的"统整问题"，并由此驱动对中医药文化的拓展性学习、探究性学习，进而在解决问题与展示成果的历程中发展语文核心素养，同时传承乃至创造相应的中医药文化，获得综合素养的提升
统整资源	语文课程与中医药文化。统编本小学语文教科书《荷叶圆圆》（一下）、《李时珍》（二下）、《荷花》（三下）、《爬山虎的脚》（四上）、《白桦》（四下）、《桂花雨》（五上）、《梅花魂》（五下）、《丁香结》（六上）、《腊八粥》（六下）共9例课程，及其相关的实地类、视听类、文本类中医药文化资源
统整性质	拓展性课程、探究性课程
统整对象	一至六年级学生
统整样态	基于课堂教学、活动展现、环境活化三大途径，以"问题求解—任务解答—成果展示—文化传创"为主要历程，展开多样态的统整性学习，并通过课堂化评价、活动化评价、环境化评价来判断、分析课程统整目标的达成

◇　课程设计：本草世界话童心

本设计是语文教师和学生展开课程统整教学的行动指南，分三部分七方面展开，主要阐明语文课程统整中医药文化的方向、路径、成效。

壹　课程统整方向

一、需求分析

（一）学生发展的需要

中医药文化是一种优秀的中华传统文化。对人的发展而言，中医药文化不仅能开拓人的医学视野，也能将人与自然浑然共生的和谐观念转化为现实。将中医药文化带入校园文化建设，融入语文课程教学中，不仅有利于学生了解中医药文化，增加课外知识积累，还能了解与中医药相关的诗词、人物故事、著作等，积淀文化底蕴。作为课程资源，中医药文化与语文课程相整合，能使学生继承与弘扬优秀的中医药文化，增强文化认同与文化自信，提高语文核心素养以及综合素养。

（二）教师发展的需要

教师作为课程的设计者、组织者、建设者，作为学生学习的指导者与引路人，对培养学生的文化认同感与综合素养具有重要意义。教师开发语文与中医药文化的统整课程，可以有效整合学习内容、方法、资源，开展主题阅读与探究相结合的综合实践性语文学习活动，不仅能落实立德树人、教书育人的重要任务，更能在思考、合作、探索中提升自身的综合素养、科研能力以及课程领导力，落实语文的人文与实用价值。

（三）学校发展的需要

学校通过语文学科课程统整中医药文化，有利于建构相应的统整课程，拓展活动课程；有利于开展语文主题阅读教学工作，开发听、说、读、写及综合实践探究等系列活动；有利于学生增进知识、丰富经历、开阔视野；还有利于教师丰富中医药校本课程的组织经验、活动经验以及知识体系的储备，提升课程创生素养。

（一）教科书资源

1. 一年级下册第六单元《荷叶圆圆》

（1）教材内容。

《荷叶圆圆》用轻快的语言描写了圆圆的、绿绿的荷叶，充满童真童趣。荷叶是小水珠的摇篮，是小蜻蜓的停机坪，是小青蛙的歌台，是小鱼儿的凉伞。"圆圆""绿绿"等叠词的使用，让学生直观感受荷叶的外形；几句简短的比喻，有利于启迪学生的智慧，激发他们的想象力，也有利于教师创造性地理解和使用教材，引导学生在实践中学习，获得初步的情感体验，感受到夏天及大自然的美好。

（2）关联中医药。

荷叶主要有清热解暑、健脾升阳、散瘀止血等入药功效。自然界有许多植物的根、茎、叶、果等部位皆可入药，可以引导学生通过阅读和生活实践，去了解与积累更多相关的中草药知识，如有治疗肺热痰嗽、胃热呕哕作用的枇杷叶，有温经止血、散寒止痛、祛湿止痒作用的艾叶，有消暑清热、化痰解毒作用的毛竹叶等。基于课文的学习而关联更多中草药知识，可以让学生初步认识不同叶类草药的外形、功效，在日常生活中积累基础的中医药文化知识。

2. 二年级下册第八单元《李时珍》

（1）教材内容。

本文是语文园地八中的补充读物，文章介绍了明代医药学家李时珍的生平。《李时珍》这篇文章介绍了李时珍编写《本草纲目》的艰辛历程。学生通过阅读《本草纲目》这一经典著作可以体会李时珍舍己为人、吃苦耐劳的精神。

（2）关联中医药。

李时珍从小继承家学，致力于药物和脉学研究，重视临床实践与革新，是我国医药发展史上的奠基人之一。他常年奔走于山林田野采药，深入民间，参考历代有关书籍800余种，历经27年的艰苦，著成《本草纲目》，所载药物千余种，被翻译介绍到多国。学生可以以中医药文化史上的名人故事作为了解中医药文化的切入口，学习中医药文化史上更多的名人故事以及典籍，如脉学倡导者扁鹊、"外科之祖"华佗、"药王"孙思邈、"医圣"张仲景。

3. 三年级下册第一单元《荷花》

（1）教材内容。

本单元语文要素是"试着一边读一边想象画面""体会优美生动的语句""试着把观察到的事物写清楚"。《荷花》先写"我"被一阵荷花清香吸引，接着用优美的文字带领读者欣赏一池美丽的荷花。文中描写的荷花色彩明丽，姿态各异，满池荷花各有各的姿态美，动静相宜，构成一幅鲜活的荷花图。通过学习，学生可以体会作者丰富的想象，学习"一边读一边想象画面"的读书方法，培养欣赏荷花、热爱大自然的情感。

（2）关联中医药。

荷花味苦甘平，主要有活血止血、祛湿消风、清心凉血、解热解毒的功效。

拓展延伸中草药中的花类。中草药花类是美妙神奇的，学生可以发现很多花都有自己独特的功效，比如：菊花，明目，可治疗风热感冒头疼等症；金银花，清热解毒，可治疗上呼吸道感染等症；玫瑰花，芳香舒气，改善内分泌，有美容养颜之功效；月季花，疏肝解郁，可治疗妇科月经不调之症；槐花，清热凉血，可治疗各种出血之症；玉兰花，通鼻窍，可治疗鼻炎和感冒鼻塞；薰衣草，有镇静助眠之功效。学生通过对常见花类用药的学习，可以初步了解常见花类的药用价值。

4. 四年级上册第三单元《爬山虎的脚》

（1）教材内容。

本单元以"体会文章准确生动的表达，感受作者连续细致的观察"和"进行连续观察，学写观察日记"为语文要素。叶圣陶在《爬山虎的脚》一文中介绍了爬山虎是如何一步一步爬墙的，旨在培养学生细致观察事物的能力。这篇课文主要讲了爬山虎的叶子、形状及其生长特点，细致生动地描写了爬山虎的脚的生长过程。本课中，学生可以学习作者观察入微的行为，感受到作者连续观察事物的毅力，激发其留心观察身边事物的兴趣。

（2）关联中医药。

爬山虎祛风活络，活血止痛，其根、茎可入药，有破血、活筋止血之功效，果可酿酒。激发学生进一步了解和学习爬山虎的药效，学生可以关联具有类似药用价值的植物，探究与课文学习息息相关的中草药，积累中医药文化知识，提高课程学习的关联力与整合力。

5. 四年级下册第三单元《白桦》

（1）教材内容。

本单元语文要素是"初步了解现代诗的一些特点，体会诗歌表达的情感""根据需要收集资料，初步学习整理资料的方法"以及"合作编小诗集，举办诗歌朗诵会"。《白桦》是一首抒情诗，从不同角度描写了白桦的独特之美。"一身雪花""雪绣的花边""洁白的流苏"写出了白桦的高洁，象征着高尚的人格，表达了作者对人格高尚的人的尊敬。学生学习这首诗，不仅可以感受诗歌的意境美，还可以感受到诗人对家乡和大自然的热爱之情。

（2）关联中医药。

白桦树具有药用价值，汁液含有人体必需且易吸收的碳水化合物、氨基酸、有机酸及多种无机盐，天然桦树汁是目前世界上公认的营养丰富的生理活性水。因而天然桦树汁具有抗疲劳、抗衰老的药用价值，深受人们喜爱。

植物汁液入药的神奇世界值得学生一探究竟，拓展白桦树的汁液药效，激励学生探究植物汁液的神奇奥秘，如无花果的汁液具有消炎消肿、清热健脾、美容养颜的作用，芦荟汁可抗菌消炎、美容养颜、防晒等。

6. 五年级上册第一单元《桂花雨》

（1）教材内容。

《桂花雨》是一篇构思独特的回忆性借物抒情散文，文章描写了家乡的桂花香气弥漫，作者在家乡摇落桂花时天真烂漫的情景，字里行间既表现了作者童年生活的乐趣，也蕴含了对家乡、对童年生活的无比怀念。文章的语言如桂花一般淡雅质朴，让人回味无穷。学习这一课，学生要着重理解关键句子的含义，并通过多种形式的朗读，学习借助具体事物抒发感情的方法，体会作者对家乡的怀念之情。

（2）关联中医药。

桂花不但营养丰富，还有很高的药用价值，对多种疾病都有缓解作用。桂花可以化痰止咳，对牙痛、咳喘痰多有一定疗效。桂枝、桂籽、桂根皆可入药。由桂枝、芍药、生姜、大枣、甘草配制的桂枝汤，专治外感风邪、发热头痛等症。以桂花为起点，引导学生探究中草药之花类，积累中草药基础知识，使学生从书本中生发出探究中医药的兴趣。

7. 五年级下册第一单元《梅花魂》

（1）教材内容。

"梅花香自苦寒来"，梅花一直是坚贞不屈的象征。课文由故乡的梅花引出对漂泊异国、热爱祖国的外祖父的回忆。文中写祖父教"我"读唐诗宋词时，读到思乡诗时会落泪；因年龄大不能回国时，会像小孩子一样呜呜地哭；会因为"我"弄脏墨梅图而发脾气；临走送"我"墨梅图；到船上送"我"梅花手绢等。外祖父对祖国深沉无声的爱融入这一个个小小的故事中。学生在阅读中体会人物的爱国情、思乡意，领悟这种感情是怎样表达出来的，并进行语言的积累。

（2）关联中医药。

梅花含挥发油、苯甲醛、异丁香油酚、苯甲酸，具有开郁和中、化痰、解毒的功效，用于治疗郁闷心烦、肝胃气痛。由梅花出发，学生可以探究中草药之花类，主动地关联具有类似药用价值的植物，发现中医药文化的价值。

8. 六年级上册第一单元《丁香结》

（1）教材内容。

宗璞的《丁香结》以丁香结象征生活中解不开的愁怨，"结，是解不完的；人生中的问题也是解不完的"。学生学习本课后，由事物引发联想，抒发自己的独特情感。

（2）关联中医药。

丁香作为一种中草药，具有许多药用价值，可用于温中降逆、温肾助阳等。类似丁香这样有药用价值的花还有很多，比如芍药、月季。学生通过探究丁香的药用价值，有助于增进对丁香的了解，并由此探究不同的药用之花，增进对中医药文化的了解。

9. 六年级下册第一单元《腊八粥》

（1）教材内容。

《腊八粥》作者是沈从文，课文描写了孩子眼中腊八粥的制作和品尝过程。整篇课文围绕八儿等着吃妈妈熬的腊八粥的神态和心情展开描写，体现了八儿急切的心情和腊八粥的美味，展现了一幅充满生活气息和童年乐趣的民俗风情图。通过学习这篇课文，学生可从中把握利用人物心理、动作、语言等描写来展现人物心情的写作特点。

（2）关联中医药。

喝腊八粥是腊八节的传统习俗，有其典故，也有其真正的意义。简单的一碗腊八粥具有暖胃、补脾、养心、清肺、益肾、利肝、明目、安神、通便等作用，可谓面面俱到。与此同时，腊八粥丰富的营养也能增强人体免疫力，提高抗寒能力。

中华传统节日中与中医药文化相关联的有很多，比如端午节，人们用艾叶为原料，既可以制成艾糍，也可以制成香薰，以艾入药，有理气血、暖子宫、祛寒湿的功用。像腊八粥这样的中医药膳也无处不在，如下火祛暑的绿豆汤、温补养胃的排骨莲子汤等。我们在教学当中，可以引导学生亲手为家人制作一份腊八粥，将中医药文化融入生活中。与中医药养生相关的传统节日习俗和膳食汤药，都属于中华传统文化的独特内容，值得一探究竟。

（二）中医药资源

1. 实地类

（1）玉鸣小学"百草园"。

玉鸣小学校园里开辟了一处"百草园"，学生可在园中种植和观察中草药，认识不同中草药的种植方法、外形特点、功能药效等，对各种中草药有更直观的感受，完成相关的植物观察日记、植物记录卡等，在实践、阅读、创作融合的综合性学习活动中传承中医药文化。

（2）中医药企业。

广州市黄埔区拥有药品生产许可证的中药制药企业数量较多，玉鸣小学位于黄埔区，有着得天独厚的环境，学校附近就是著名的中药企业，适宜进行科普宣教、参观实践等活动，推进"校企共建"。学校联合中医药企业开展语文综合实践活动，助力学生通过参观实践、交流感受、撰写报告、演讲传播等方式，体验中医药文化的独特魅力。

2. 视听类

中医药动漫视频将中医药文化与动漫、科技相结合，寓教于乐，适合小学生观看，让学生以充满趣味的方式了解中医药文化知识。许多中医药文化系列纪录片记录了各种中草药的功能药效，能够帮助学生了解常见中草药的外形、药用效果等，获得一些基础的中医药文化常识。

3. 文本类

近年来国家大力支持中医药文化进校园，教育部引导各地各校编写出版了系列教材，以学生易于接受的方式介绍中医药文化知识。此类权威性、科学性、趣味性相结合的教材可在教学中选用。

除了教材，适合学生阅读的中医药文化书籍还有中医药文化绘本、名医传记、少儿图文版的医学著作等。中医药文化绘本图文并茂，其中的故事或有着神秘的角色，或有着神奇的情节，以生动活泼的方式向小朋友们介绍中医药知识，非常适合低学段学生阅读，让他们了解神奇的中草药。诸多名医传记通过通俗易懂的方式讲述中医故事，学生能够在阅读中了解中医文化，学习名医仁爱奉献、执着追求的优秀品质。不少医学宝典都出版了适合青少年阅读的彩色图解版，以全新视角呈现中草药精华。古代的经文、文言文被翻译成白话文，大大方便了学生阅读，让学生更直观地认识、了解中药草的外形和价值，激发起学生对中华传统文化的学习兴趣和保护意识。

三、目标预设

（一）学科学习目标

1. 一年级下册第六单元《荷叶圆圆》

（1）语文初步学习。

熟读课文：能有感情地朗读课文，读准字音，认识"珠、摇"等生字，会写"亮、美"等生字。

（2）语文深入学习。

体会情感：体会优美的语言，展开丰富的想象，感受夏天的美好。

（3）语文拓展学习。

积累拓展：能通过图片展示更多叶类植物，关联更多中草药知识，能够初识一些中草药，在学习和日常生活中积累简单的中医药文化知识。

2. 二年级下册第八单元《李时珍》

（1）语文初步学习。

整体感知：能默读故事，了解文章内容。

（2）语文深入学习。

体会品质：读后能体会李时珍在学医路上和编撰医学著作《本草纲目》过程

中的艰苦与不易，通过文本描述的内容展开想象，学习李时珍坚韧不拔、医者仁心的精神。

（3）语文拓展学习。

拓学名医故事：能通过学习，初步了解李时珍和《本草纲目》，并利用第二课堂，自主搜集中医药文化史上的著名人物以及典籍，深入了解中医药名家的求学经历，以及从他们的学术造诣中感受中医药文化的独特魅力。

3. 三年级下册第一单元《荷花》

（1）语文初步学习。

初步感知：能认识"蓬""胀"等生字，会写"仿""佛"等生字，并有感情地朗读课文。

（2）语文深入学习。

想象画面：能边读课文边想象画面，体会优美生动的语句，边读边想象这一池荷花是"一大幅活的画"。

（3）语文拓展学习。

拓展学习：拓展学习荷花其他相关文化知识，延伸到中医药文化中更多花类植物的价值，受到中医药之花文化的熏陶。

4. 四年级上册第三单元《爬山虎的脚》

（1）语文初步学习。

初步感知：能认识"柄""蜗""逐"等生字，会写"虎""操""占"等生字，正确朗读课文，找出课文中写得准确形象的句子，感受作者细致入微的观察。

（2）语文深入学习。

观察画面：能了解爬山虎向上爬的过程，感受作者连续观察的耐心与细致，学写观察记录。

（3）语文拓展学习。

拓学草本：能关联具有类似药用价值的植物，探究与课文内容息息相关的中草药，积累中医药文化知识。

5. 四年级下册第三单元《白桦》

（1）语文初步学习。

初步感知：能认识"徜""徉"等生字，会写"涂""茸"等生字，有感情地朗读课文，积累文中的重点词语，理解诗歌的每一层意思。

（2）语文深入学习。

体会感情：能借助优美的词语，体会诗人笔下的白桦高洁、挺拔的形象，感受诗人对家乡和大自然的热爱之情。

（3）语文拓展学习。

拓学草本：能对植物汁液入药的神奇世界一探究竟，通过白桦树汁液药效的拓展学习，探究植物汁液的神奇奥秘。

6. 五年级上册第一单元《桂花雨》

（1）语文初步学习。

梳理内容：能有感情地朗读课文，根据时间、地点、人物等要素说说桂花给作者带来的美好回忆，梳理课文的主要内容。

（2）语文深入学习。

体会情感：能以桂花为线索，结合具体语句，通过朗读感悟、想象画面等方式，体会桂花给作者带来的快乐，并结合相关资料，品读母亲说的话和结尾部分的内容，体会文章的思想感情，初步了解作者借助桂花抒发情感的方法。

（3）语文拓展学习。

积累拓展：能通过收集图片等资料学习和积累与桂花相关的诗词，向别人介绍桂花的外形特点和药用价值，拓展学习其他中医药花卉的药用价值。

7. 五年级下册第一单元《梅花魂》

（1）语文初步学习。

梳理内容：初读课文，说说初读感受和印象最深的段落，说说课文写了外祖父的哪几件事，梳理课文的主要内容。

（2）语文深入学习。

体会情感：能结合具体语句和事例，通过朗读感悟，感受外祖父对祖国无限眷恋的思想感情，说出自己对课文题目"梅花魂"的理解。

（3）语文拓展学习。

积累拓展：能通过收集图片等资料学习和积累与梅花相关的诗词，会介绍梅花的外形特点和应用价值，拓展学习其他中医药花卉的药用价值。

8. 六年级上册第一单元《丁香结》

（1）语文初步学习。

梳理内容：能初读课文，了解课文是从哪几个方面写丁香的，体会课文优美而富有哲理的语言。

（2）语文深入学习。

体会情感：能结合具体语句，通过朗读学习作者多角度临摹景物的写法，并领会作者由事物引发联想，抒发自己独特感受的写法。

（3）语文拓展学习。

积累拓展：能通过收集图片等资料学习和积累与丁香相关的知识，会介绍丁香的药用价值，并通过探究活动拓展学习与丁香有类似功效的中草药。

9. 六年级下册第一单元《腊八粥》

（1）语文初步学习。

梳理内容：能朗读课文，把握课文内容，能分清详略并体会详略安排的效果。

（2）语文深入学习。

体会情感：能找出细腻描写腊八粥的句子，与同学交流感受；能通过文中对人物语言、动作和心理的描写，体会八儿的心理活动；能仿照课文第一自然段，写一种自己喜爱的食物，写出其特点及对它的喜爱之情。

（3）语文拓展学习。

积累拓展：能通过收集图片等资料学习和积累与腊八粥相关的民间习俗，以及腊八粥的药用价值，并亲手为家人熬制一碗腊八粥，在实际生活中感受与腊八粥相关的传统文化。

（二）中医药学习目标

1. 一年级下册第六单元《荷叶圆圆》

（1）问题求解。

能在学习《荷叶圆圆》的过程中关联中医药文化，生发问题，并共同探讨"哪些植物叶子可作为中草药，功效如何"等问题。

（2）任务解答。

能带着须求解的问题，通过阅读书籍、查找资料、实地考察等方式，留意身边具有药用价值的叶类植物，并通过图片、实物等方式学习叶类中草药的相关知识，与同学交流分享。

（3）成果展示。

能随着已解答的任务，通过制作亲子绘本的形式，介绍自己最感兴趣的叶类中草药，并通过图片讲解的形式，向同学介绍自己最感兴趣的中草药。

（4）文化传创。

能通过《荷叶圆圆》一课统整中医药文化的学习，了解中医药作为一种优良的传统文化，既是中华民族的智慧结晶，也是国粹，并在体验与熏陶中形成传承和创新中华优秀传统文化的自觉。

2. 二年级下册第八单元《李时珍》

（1）问题求解。

能在学习《李时珍》的过程中关联中医药文化，生发问题，并共同探讨"还有哪些著名中医药学者，哪些故事值得分享"等问题。

（2）任务解答。

能通过查找历史书籍、中医故事或观看人物传记等方式，了解至少一位中医药文化名人的事迹，并通过分享会的形式，交流自己了解的人物及故事。

（3）成果展示。

能随着已解答的任务，通过制作"名医名片"的形式，介绍一位自己最崇敬的中医药文化名人，了解其生平以及医学方面的造诣。

（4）文化传创。

能通过《李时珍》一课统整中医药文化的学习，探索中医药文化名人的传奇故事和个人精神，感受中医药文化的形成和发展是中华民族智慧的结晶，进而主动传承并传播中医药文化和精神。

3. 三年级下册第一单元《荷花》

（1）问题求解。

能在学习《荷花》的过程中关联中医药文化，生发问题，并共同探讨"与荷花相关的中医药文化"方面的问题。

（2）任务解答。

能通过诵读与荷花有关的诗词歌赋，了解更多与荷花有关的传统文化知识，并通过阅读《本草纲目》等书籍，了解荷花、莲子等药用价值，再通过走访植物园、药店、老中医等方式，了解更多的中药之花，更直接地识别中药之花，了解花在中医药文化中的价值。

（3）成果展示。

能随着已解答的任务，画一画中医药之花的知识思维导图，布置思维导图展览会，并以中草药为主角创编童话故事，介绍中草药的功效，汇总作品制作成一本小册子。

（4）文化传创。

能通过《荷花》一课了解中医药文化，接触荷花、牡丹、芍药等国画，了解它们优雅的风姿，理解中草药之花在中医药文化中占据的重要地位，并通过对常见花类用药的学习，掌握常见花类的药用价值。通过创编故事、传播故事讲述自己了解的中医药文化知识。

4. 四年级上册第三单元《爬山虎的脚》

（1）问题求解。

能在学习《爬山虎的脚》的过程中关联中医药文化，生发问题，并共同探讨"身边哪些植物有药用价值"等问题。

（2）任务解答。

能带着须求解的问题，通过上网搜索、询问家人等方式，了解身边有药用价值的植物，选择自己最感兴趣的一两种记录下来，并在课上交流自己最感兴趣的中药植物。

（3）成果展示。

能随着已解答的任务，用知识小报或者思维导图的形式，介绍自己最感兴趣的中草药。

（4）文化传创。

通过《爬山虎的脚》一课了解植物根茎的药效，了解到随着"文化遗产热"在全世界的蔓延，中医药作为非物质文化遗产与人们生活相融合，并理解中医药在维护人民健康和民族昌盛上发挥的重要作用。

5. 四年级下册第三单元《白桦》

（1）问题求解。

能在学习《白桦》的过程中关联中医药文化，生发问题，并共同探讨"身边哪些植物汁液有药用价值"等问题。

（2）任务解答。

能带着须求解的问题，通过查阅资料、阅读书籍、实地考察、询问家人等方式，了解身边有药用价值的植物，选择自己最感兴趣的一两种记录下来，并在课上交流自己最感兴趣的中药植物。

（3）成果展示。

能随着已解答的任务，用编小诗的方式，介绍自己最感兴趣的中草药，并汇总整合成诗集，传播中医药文化知识。

（4）文化传创。

能通过《白桦》一课统整中医药文化的学习，了解植物汁液的药效，了解中医药何以被称为几千年来中华民族的智慧结晶，中医药在维护人民健康和民族昌盛上又发挥着怎样的重要作用，理解中医药作为非物质文化遗产在人们生活中的多样融合方式与样态。

6. 五年级上册第一单元《桂花雨》

（1）问题求解。

能在学习《桂花雨》的过程中关联中医药文化，生发问题，并共同探讨"与桂花相关的诗词歌赋、生物知识、文化常识有哪些"等问题。

（2）任务解答。

能通过诵读与桂花有关的诗词歌赋，了解更多与桂花有关的传统文化知识，并通过阅读中医药相关书籍，了解更多类似的植物，同时通过走访植物园、药店、老中医等方式，更直接地识别中药之花，了解更多植物的花在中医药文化中的价值。

（3）成果展示。

能随着已解答的任务，制作中医药之花的知识档案，配上花的标本和诗词，汇总作品举办一场中医药之花档案展览会。

（4）文化传创。

能通过《桂花雨》一课统整中医药文化的学习，进一步了解桂花、牡丹、芍药等的优雅风姿，与中医药文化的独特魅力相融合，掌握常见花类的药用价值，形成对花类植物药用价值的持续探索。

7. 五年级下册第一单元《梅花魂》

（1）问题求解。

能在学习《梅花魂》的过程中关联中医药文化，生发问题，并共同探讨"与梅花相关的诗词歌赋、生物知识、文化常识有哪些"等问题。

（2）任务解答。

通过诵读与梅花有关的诗词歌赋，学生能够了解更多与梅花有关的传统文化知识，并通过阅读中医药书籍，了解更多类似的植物，同时通过走访植物园、药店、老中医等方式，更直接地识别中草药之花，了解更多植物之花在中医药文化中的价值。

（3）成果展示。

能随着已解答的任务，为自己喜欢的中医药之花写一篇自述传记，汇总成一本班级中医药之花自传集。

（4）文化传创。

能通过《梅花魂》一课统整中医药文化的学习，进一步了解梅花以及中医药文化中所涉及的其他花类植物，再通过撰写中医药之花自传集、宣讲故事等方式，传播魅力无限的中医药文化知识。

8. 六年级上册第一单元《丁香结》

（1）问题求解。

能在学习《丁香结》的过程中关联中医药文化，生发问题，并共同探讨"丁香及类似植物的药用价值及其所蕴含的文化"等问题。

（2）任务解答。

能带着须求解的问题，通过阅读书籍、查找资料、询问家人等方式，了解丁香的药用价值，搜集其他中草药花卉的相关资料，并在课堂上向其他同学进行介绍。

（3）成果展示。

能随着已解答的任务，用写作说明文的形式，介绍丁香及具有类似功效的植物的详细特点及应用价值，并通过演讲的形式，向同学介绍自己最感兴趣的中草药花卉。

（4）文化传创。

能通过《丁香结》一课统整中医药文化的学习，了解中医药文化是中华优秀传统文化的重要组成部分，进而通过中医药文化与语文学科的融合，学习博大精深的中华文化、东方文明，提升文化自信力。

9. 六年级下册第一单元《腊八粥》

（1）问题求解。

能在学习《腊八粥》的过程中关联中医药文化，生发问题，并共同探讨"腊八节有哪些民间习俗"等问题。

（2）任务解答。

能带着须求解的问题，通过阅读书籍、查找资料、询问家人、小组探究等方式了解腊八粥的药用价值以及腊八节的民间习俗，并在课上交流自己搜集到的关于腊八粥的资料，介绍其他类似的节日风俗。

（3）成果展示。

能随着已解答的任务，写一篇文章，介绍腊八粥的药用价值，以及自己了解的其他类似的传统民间习俗，并通过小组表演的形式展示出来。

（4）文化传创。

能通过《腊八粥》一课统整中医药文化的学习，了解中华传统节日中与养生、中医相关的内容，如端午节，人们用艾叶为原料，既可以制作艾糍，也可以制成香薰，以艾入药，有理气血、暖子宫、祛寒湿的功用；像腊八粥这样的中医药膳无处不在，比如下火祛暑的绿豆汤、温补养胃的排骨莲子汤等，进而理解与中医药相关的传统节日习俗和膳食汤药都属于中华传统文化的独特内容。

贰 课程统整路径

一、内容预选

（一）一年级下册第六单元《荷叶圆圆》

1. 学科课程学习

（1）朗读课文。背诵课文。

（2）学习并仿照"荷叶圆圆的，绿绿的"的句式说话，如"苹果_____，_____"。

（3）到公园中找一找，看看还有什么小动物会把荷叶当成什么，和班上小朋友交流。

2. 中医药文化学习

（1）问题求解。

自然界许多植物的根、茎、叶、果等部位皆可入药，像荷叶这类以植物之叶作为中草药的数不胜数。你还知道哪些植物的叶子可以作为中草药？它的功效又有哪些？

（2）任务解答。

查一查：通过查找资料、实地考察等方式，留意身边具有药用价值的叶类植物。观察并记录它们的形状，了解它们的药用功效。

读一读：阅读与中医药相关的绘本故事，了解一些中草药的药用功效或者浅显的医学知识。

说一说：自行查找图片或实物，课堂上交流自己找到的叶类中草药植物，展示收集到的相关资料。

（3）成果展示。

画一画：用绘画、图片、实物等方式，介绍自己最感兴趣的叶类中草药，可以通过增加色彩、绘画线条、标注等方式展示，最后在班级进行作品展示。

说一说：通过图片讲解的形式，向同学介绍你最感兴趣的中草药。

（4）文化传创。

中医药文化作为一种优秀的传统文化，既是中华民族的智慧结晶，也是国粹，我们学习的过程就是一种传承过程，并在熏陶中形成文化自觉。通过对荷花的中医药用功效的研究，你是否培养了传承和创新中华优秀传统文化的自觉？

（二）二年级下册第八单元《李时珍》

1. 学科课程学习

（1）默读文章，在课文中用横线画一画李时珍在学医过程中遇到了哪些困难。

（2）简单说一说李时珍是个怎样的人。

2. 中医药文化学习

（1）问题求解。

中医药文化博大精深，历史上涌现的名医、药师更是不胜枚举，这些著名中医学者的学（行）医史就是中医药文化的发展史。除李时珍外，你还能谈谈其他中医学者的相关故事吗？

（2）任务解答。

查一查：通过查找阅读中医书籍或观看人物传记等方式，了解至少一位中医药文化名人的事迹。

说一说：以故事分享会的形式，说说自己找到的相关人物及故事。

（3）成果展示。

做一做：以"名医名片"的形式，介绍一位自己最崇敬的中医药文化名人。

连一连：举行知识竞赛，将中医药名著与其作者进行对应。

（4）文化传创。

中医药文化博大精深，当代学生应主动传承并传播中医药文化和精神。通过对中医药文化名人的传奇故事和个人精神的探索，积极地靠近中医药文化，感受到中医药文化的形成和发展是中华民族的智慧结晶。

（三）三年级下册第一单元《荷花》

1. 学科课程学习

（1）有感情地朗读课文，注意读好词语"花瓣儿、花骨朵儿、莲蓬、衣裳"，并背诵第2~4自然段。

（2）默读课文，说说你从哪些地方体会到了这一池荷花是"一大幅活的画"。

（3）画出课文中你觉得优美生动的语句，和同学交流。

（4）小练笔。观察和查阅资料，仿照课文的写法，写一写你最喜欢的一种植物。

2. 中医药文化学习

（1）问题求解。

荷花是一种美丽优雅的植物，你还能在哪些诗词歌赋中看到荷花的身影？荷花还是一种中草药，你了解到荷花有什么药用价值？除了荷花，我们还可以探究哪些入药的花卉？

（2）任务解答。

读一读：通过诵读与荷花有关的诗词歌赋，了解更多与荷花有关的传统文化知识。通过阅读《本草纲目》等书籍，了解荷花、莲子的药用价值。尝试探究还有哪些花类可以入药，有什么药用价值。

访一访：通过走访植物园、药店、老中医等方式，更直接地识别中药之花，了解更多中药之花在中医药文化中的价值。

（3）成果展示。

画一画：画一画中医药之花的知识思维导图，并用精美的图片和简单的文字介绍相关的知识，最后布置成一场思维导图展览会。

编一编：尝试小组合作编写一个中草药的童话故事，介绍它们的药用价值。

（4）文化传创。

荷花、牡丹、芍药等花在中医药文化中占据半壁江山。本课的学习，是否激发起了你对花类植物药用价值的浓厚学习兴趣呢？继续探索吧。

（四）四年级上册第三单元《爬山虎的脚》

1. 学科课程学习

（1）有感情地朗读课文，说说从哪些地方可以看出作者观察得特别仔细。

（2）根据课文内容，说一说爬山虎是怎样往上爬的。找出课文中你觉得准确、形象的句子，抄写下来，和同学交流。

（3）小练笔。选一种植物，观察一段时间，试着按照"资料袋"中提供的方法，做好观察记录，把自己的心得记录下来。

2. 中医药文化学习

（1）问题求解。

我们身边有许多有药用价值的植物，你留意过身边这些植物吗？你了解多少中医药文化？

（2）任务解答。

查一查：课后通过上网搜索、询问家人等方式了解身边有药用价值的植物，选择自己最感兴趣的一两种记录下来。

说一说：课堂上交流自己最感兴趣的中草药。

（3）成果展示。

画一画：用手抄报或者思维导图的形式，介绍自己最感兴趣的中草药的神奇药效。

讲一讲：通过演讲的方式，向同学宣传你最感兴趣的中草药。

（4）文化传创。

中医药在维护人民健康和民族昌盛上发挥了重要作用，你想继续探索哪些具有神奇药效的植物呢？

（五）四年级下册第三单元《白桦》

1. 学科课程学习

（1）有感情地朗读课文，说说作者是从哪几个方面来观察白桦的。

（2）从课文中找出几个描写白桦的短语，说说它给你留下了怎样的形象。

（3）小练笔。诗歌中常常出现一些植物，如松、竹、梅、兰，你知道哪些与植物有关的诗歌？摘抄你最喜欢的一首，也可以尝试为你最喜欢的植物创作一首诗歌。

2. 中医药文化学习

（1）问题求解。

我们身边有许多不引人注目却富有药用价值的植物，你留意过吗？你了解多少中医药文化？

（2）任务解答。

查一查：课后通过上网搜索、询问家人等方式了解身边有药用价值的植物，选择自己最感兴趣的一两种记录下来。

写一写：写一首小诗，介绍自己最感兴趣的中草药，并汇总成诗集。

（3）成果展示。

画一画：用手抄报或者思维导图的形式，介绍自己最感兴趣的中草药。

诵一诵：通过诵读自己写的小诗，向同学宣传你最感兴趣的中草药。

（4）文化传创。

你在生活中还对哪些植物感兴趣？你将如何继续探索这些植物的药用价值？

（六）五年级上册第一单元《桂花雨》

1. 学科课程学习

（1）有感情地朗读课文，说说桂花给"我"带来了哪些美好的回忆。

（2）读下面的句子，体会其中蕴含的情感。

①桂花盛开的时候，不说香飘十里，至少前后左右十几家邻居，没有不浸在桂花香里的。

②这下，我可乐了，帮大人抱着桂花树，使劲地摇。摇哇摇，桂花纷纷落下来，我们满头满身都是桂花。我喊着："啊！真像下雨，好香的雨呀！"

（3）联系"阅读链接"，说说"这里的桂花再香，也比不上家乡院子里的桂花"这句话的含义。

2. 中医药文化学习

（1）问题求解。

桂花是中国十大名花之一，诗词歌赋中到处都有它的身影，你还能在哪些地方看到桂花的身影？中医药之花的世界美妙神奇，除了桂花，我们还可以探究哪些花类中草药？

（2）任务解答。

读一读：通过诵读与桂花有关的诗词歌赋，了解更多与桂花有关的传统文化知识。通过阅读中医药书籍，了解还有哪些花可以入药，分别有哪些药用价值。

访一访：通过走访植物园、药店、老中医等方式，更直接地识别花类中草药，了解其药用价值。

（3）成果展示。

制一制：选择一种自己最喜欢的花类中草药，给它建一份小档案，举办一场中医药之花档案展览会。

做一做：找一株具有药用价值的花，将其制成一个药物标本，配上诗词歌赋，最后汇总作品，做一个标本展台。

（4）文化传创。

桂花、牡丹、芍药等常常出现在诗词歌赋中，它们不仅为文人雅士所喜爱，在中医药文化中也随处可见它们的身影。经过本单元对常见花类中草药的诗词歌赋和功能药效的学习，你是否激起了对花类植物药用价值的学习兴趣呢？试着继续探索吧！

（七）五年级下册第一单元《梅花魂》

1. 学科课程学习

（1）默读课文，想一想课文写了外祖父的哪几件事。

（2）有感情地朗读课文，说说作者通过课文表达了对外祖父怎样的思想感情。

（3）说说你对题目"梅花魂"的理解。

2. 中医药文化学习

（1）问题求解。

梅花是"四君子"之一，诗词歌赋中到处都有它的身影。梅花还是一种有药用价值的中草药。除了梅花，我们还可以探究哪些花类中草药呢？

（2）任务解答。

读一读：通过诵读与梅花有关的诗词歌赋，了解更多与梅花有关的传统文化知识。通过阅读中医药书籍，了解还有哪些花可以入药，分别有哪些药用价值。

访一访：通过走访植物园、药店、老中医等方式，更直接地识别中医药之花，了解其药用价值。

（3）成果展示。

写一写：为自己喜欢的一种中医药之花写一篇自述传记，最终汇总成一本班级中医药之花自传集。

做一做：找一株具有药用价值的花，将其制成一个药物标本，配上诗词歌赋，最后汇总作品，做一个标本展台。

（4）文化传创。

通过探究学习，我们发现梅花有不屈不挠、坚韧不拔、坚强不屈的精神和意志，同时，它也是一种常见的中草药。你是否想了解更多此类的中医药文化知识呢？

（八）六年级上册第一单元《丁香结》

1. 学科课程学习

（1）朗读课文，说说作者是从哪几个方面写丁香的。

（2）读下面的句子，联系上下文回答括号里的问题。

①最好的是图书馆北面的丁香三角地，种有十数棵白丁香和紫丁香。月光下白的潇洒，紫的朦胧。（找出描写丁香的词语，再仔细读读句子，说一说这样写有怎样的表达效果。）

②在细雨迷蒙中，着了水滴的丁香格外妩媚。花墙边两株紫色的，如同印象派的画，线条模糊了，直向窗前的莹白渗进来。让人觉得，丁香确实该和微雨连在一起。（雨中丁香具有怎样的特点？想象一下这幅画面，作者为什么说"丁香确实该和微雨连在一起"？）

（3）丁香结引发了作者对人生怎样的思考？结合生活实际，谈谈你的理解。

2. 中医药文化学习

（1）问题求解。

丁香属落叶灌木或小乔木，是庭园花木，花色淡雅、芳香，习性强健，栽培简易，因而在园林中广泛栽培应用。关于丁香的药用价值，你了解多少？除了丁香，还有哪些植物有类似的功效？我们可以探究哪些相关的文化？

（2）任务解答。

查一查：课后通过查找资料、询问家人等方式了解丁香的药用价值，搜集其他中草药花卉的药用资料。

写一写：根据搜集到的资料，以这些中草药为角色创编一个剧本，介绍它们基础的药用功能。

（3）成果展示。

读一读：用分角色朗读剧本的形式，介绍丁香及类似功效的植物的详细特点及应用价值。

演一演：通过表演剧本的形式，向同学介绍你最感兴趣的中草药植物。

（4）文化传创。

中医药文化是中华优秀传统文化的重要组成部分，具有创新文化的潜质。学习中医药文化，能让作为优秀传统文化的小小传播者的我们更加自信自强，让我们继续探索中医药文化吧！

（九）六年级下册第一单元《腊八粥》

1. 学科课程学习

（1）朗读课文，一边读一边想象八儿的馋样儿。

（2）课文主要写了等粥和喝粥两部分内容，说说哪部分写得详细，哪部分写得简略，这样写有什么好处。

（3）"花生仁脱了它的红外套，这是不消说的事。锅巴，正是围了锅边成一圈。"像这样细腻描写腊八粥的句子，课文中还有一些。找出来读一读，和同学交流自己的感受。

2. 中医药文化学习

（1）问题求解。

作者用娴熟的笔法、细腻的笔调叙述了腊八节浓郁的民俗风情，向读者呈现了一张腊八风俗画，充满了生活气息。整篇课文围绕八儿等着吃妈妈熬的腊八粥的神态和心情展开描写，展现了一幅纯朴、和谐、温馨的图景。关于腊八节的民间习俗，你知道多少呢？

（2）任务解答。

查一查：课后通过查找资料、询问家人等方式，了解腊八粥的药用价值以及腊八节的民间习俗。

说一说：课堂上交流自己搜集的关于腊八粥的资料，介绍其他有类似功效的中医药。

（3）成果展示。

写一写：写一篇文章介绍腊八粥的药用价值，以及自己了解的其他类似的传统民间习俗。

演一演：通过小组表演的形式，向同学介绍腊八节的习俗，介绍其他类似的传统民间习俗。

（4）文化传创。

中华传统节日中与养生、中医相关的还非常多，比如端午节，人们用艾叶为原料，既可以制作艾糍，也可以制成香薰，以艾入药，有理气血、暖子宫、祛寒湿的功用；像腊八粥这样的养生中医药膳无处不在，比如下火祛暑的绿豆汤、温补养胃的排骨莲子汤等。与中医药养生相关的传统节日习俗和膳食汤药都属于中华传统文化的独特内容，让我们到生活中去继续探索中医药文化吧！

二、实施建议

（一）课堂教学

1. 设计方式

（1）第一种设计：延伸方式。

模块一：语文初步学习。正确流利有感情地朗读课文，认识课文中的生字词，整体感知课文的主要内容。

任务一：自由朗读课文，读准字音，读通句子。

任务二：通过自主学习、小组交流、生生互教、教师点拨，认识生字词。

任务三：复述或者概括课文的主要内容。

模块二：语文深入学习。在小组合作学习和探究中，通过品词析句、想象画面等方式感受课文中的人物形象、精神品质或景物的形象与特点，体会课文中蕴含的情感。

任务一：开展小组合作学习和探究活动，品悟经典词句，抓住课文中描写的人物或者景物，展开想象，描述或者概括其形象特点。

任务二：透过人物或者景物的介绍，通过反复朗读、自由讨论、联系实际生活等方式，在创设的情境中感受作者表达的情感。

模块三：语文拓展学习。

环节一：问题求解。激发学生的好奇心和探究兴趣，引导学生自主提出探究问题和任务，围绕主题挖掘更多文化内涵。

环节二：任务解答。在创设的情境中引导学生发挥想象，联系所学过的知识和生活实践，分享相关的知识；激励学生根据兴趣分不同方向探究与主题相关的更多的文化内涵。

环节三：成果展示。在探究过程中，有意识地组织学生积累探究成果素材，分析成果，分享收获。以生动可视的方式展示成果，建立学生的文化自信。

环节四：文化传创。这一环节既融合于前三大环节之中，又延伸到前三大环节之后。组织学生分小组进行课外拓展探究，探索更多未知的知识；作为中医药文化的传播者，探究用恰当有效的方式传承和发扬优秀传统文化。

（2）第二种设计：融合方式。

模块一：初步统整。通过学习课文、课前查阅资料、使用学习任务单初步统整学习。朗读课文，整体感知，了解学习课文中涉及的植物的基本知识和文化内涵，了解其作为中医药有哪些药用价值。

模块二：深入统整。通过阅读书籍、查阅资料等方式学习和掌握中医药的药用价值，以及与此相关的诗词歌赋、文化典籍、经典故事等。

模块三：延展统整。通过课后分小组探究，研究与课文中植物类似的其他中医药植物的相关知识和文化内涵。

2. 设计要则

（1）第一大要则：目标明确。

课堂教学和探究活动的目标要符合学生的年龄特点、思维特点、基础积累、语言文字理解和表达能力水平等实际情况，明确制订每一课的学习任务和可达到的程度。学生能够清晰地知道本课需要掌握的字词句、文学常识，需要体会感受的情感内涵，需要拓展学习的中医药知识。

（2）第二大要则：过程清晰。

课堂教学的主要任务、步骤、操作过程要清晰而有条理。从基础的字词句学习、课文朗读到重点语段的读写训练，再到课外阅读探究的延伸学习，层层递进。

（3）第三大要则：评价见效。

评价要有具体细则，要重点突出口语表达能力、阅读理解能力或者文字表达能力方面的评价维度。评价方式设计要具有可操作性，通过评价学生能够清楚地知道自己的真实情况和应该努力的方向。

3. 实施要领

（1）日常锤炼。

语文课程统整中医药文化的课堂教学，在日常锤炼上要做到：瞄准学习目标，优化学习过程；强化生活联系，注重文化整合；变革学习方式，学会探究学习。

在统整性学习的教学阶段，教师要引领学生从四个方面展开中医药文化融入语文课程的学习。①问题求解：设置真实的背景（创设真实的情境，根据情境提出问题），融入合理的条件。②任务解答：提出有层次的任务，融入适宜的策略。③成果展示：准备多样的成果，融入可能的展示（强化小组合作学习的意识）。④文化传创：选择文化的支点，融入化育的样态。

（2）定期研讨。

语文科组每两周集中研讨一次，针对在课堂实施中发现的具体问题，不断进行改进优化。

定期研讨中医药文化，整合学习的方式和课型，及时改进教学方式。

（二）活动展现

1. 设计方式

（1）第一种设计：科组方式。

带领学生走进百草园，观察和认识各种中草药，结合所查阅的资料，写植物观察日记，制作植物记录卡，积累中医药基础知识。

开展与中医药文化相关的整本书阅读活动，通过拓展阅读拓宽学生的视野，以阅读单、思维导图、征文比赛等方式收集学生的探究成果。

拓展学习名医故事与典故、中草药诗词歌赋，通过开展名医故事会、诗歌朗诵会等方式，传承与传播中医药文化。

（2）第二种设计：班级方式。

班级轮值参与百草园的劳动实践活动，体验和观察中草药的种植生长过程，写观察日记，并展览优秀作品。

班级内分小组探究与主题相关的不同内容，分组展示探究成果。

2. 设计要则

（1）第一大要则：目标明确。

探究活动的目标制订要方向明确，要有语言文字理解或者表达能力方面的训练要求。不同的小组制订自己的小目标，目标要明确合理。

（2）第二大要则：过程清晰。

设计的活动要主题鲜明、内容丰富，能够展现小组的合作精神和探究风采，能够传播中医药文化的科学知识和精神内涵。探究活动的方案设计要有系统性和可操作性，给学生提供具体清晰的指引。

（3）第三大要则：评价见效。

评价要有具体细则，指引学生通过查找资料后能够有条理地梳理，进行创作和表达，大胆创新和传播。评价方式设计要具有可操作性，通过评价学生能够清楚地知道自己的真实情况和应该努力的方向。

3. 实施要领

（1）日常锤炼。

探究活动以学生为主体，教师及时跟进，给予评价、指导和反馈。

活动从课堂延伸到课外，从校内拓宽到校外的广域学习与探究。

活动总结按照"小组—班级—年级"的方式循序渐进，根据活动方案定期收集活动成果，并举行活动展示与验收。

（2）定期研讨。

每两个星期集中研讨一次，每个学期举办一次系列性的活动，每次活动开展前精心研讨计划，活动后进行总结。在活动过程中及时发现问题，积累经验，调整计划。

（三）环境活化

1. 设计方式

（1）第一种设计：科组方式。

环境布置以学生为主体，收集学生在探究过程中的优秀作品，以布置展板、陈列小小博物馆、学校公众号媒体传播等方式，展示学生的探究成果。

（2）第二种设计：班级方式。

在班级群中交流展示，在班级板报中设置专栏展示中医药文化和全体学生的探究作品，使其成为班级文化的一部分。

2. 设计要则

（1）第一大要则：目标明确。

依托课程目标和活动性质，能够根据不同的探究主题和内容，完成具有文学性质的探究成果，选择最优的活动场所和环境，设计科学的环境展示过程和方式，发挥环境的宣传教育作用。

（2）第二大要则：过程清晰。

制订展示方案要具体，比如展示的时间、地点、负责人员，设计合理的展示方式。

（3）第三大要则：评价见效。

制订具体细则评价学生的探究作品质量，如探究作品是否符合探究主题，是否图文并茂，是否具有较高的语言文字表达能力。评价准则要有合适的维度和可操作性。

3. 实施要领

（1）日常锤炼。

分学段、分年级、分小组，根据实际情况科学地进行环境布置和活动展示。环境和活动做到主题鲜明、内容清晰。发挥集体和个人的创新精神和创造性，展示出有个性、有特点的作品，显示出活动的成效和特色。

（2）定期研讨。

根据活动主题和特色收集前置性的学生成果作品。每学期组织两次科组集体研讨，商定合理的展示方式。部分展示应当具有可持续性和长久性，教师代表进行布展，分年级、分班级组织学生参观展览。

叁 课程统整成效评价

一、评价建议

（一）课堂教学

1. 课堂化评价的标准

以语文课程的"初步学习、深入学习、拓展学习"和中医药文化统整的"问题求解、任务解答、成果展示、文化传创"为评价项目，拟定评价标准，并匹配评价分值，共同构成课堂化评价。其评价量表见表2-1-1。

表2-1-1　语文课程统整中医药文化课堂化评价量表

评价项目	评价标准	分值/分	评分
语文初步学习	能初步掌握语文学科的基础知识，认识生字词，了解课文大意，通过预习查找资料，了解相关的基础知识	10	
语文深入学习	通过品悟文本，形成相应的语文核心素养；能通过阅读书籍、查阅资料、合作探究等方式学习和掌握更多的文化内涵	10	
语文拓展学习	能基于生活实际，研究与课文中植物类似的其他中医药植物的相关知识和文化内涵	10	
问题求解	能自主提出有价值的问题，通过自主学习、合作学习等解决问题	15	
任务解答	能够根据任务寻求答案，生成学习成果，体现学习效果	15	
成果展示	能按要求完成任务并保证质量，选择恰当的方式进行展示	15	
文化传创	能通过写作、演讲、报告等形式传承相关的中医药文化	25	

2. 课堂化评价的操作

积极建构多元互动的立体评价机制，多方面发现和发展学生的潜能。以学生自评占40%、学生互评占30%、教师评价占30%的方式，根据评价标准进行评价。

每一次主题学习后使用评价量表进行评价，教师要积极引导学生学会自评，通过自评提高学生的自信心，并学会反思。在学生自评过程中，教师启发学生认识自我，发现自我，改进自我。

教师要引导学生互评，促进合作，共同发展。教师在引导学生互评时，首先要帮助学生学会用欣赏的眼光看待同伴，发现同伴的优点，认识自己的不足，从而激励学生共同发展。

评价表由小组长汇总，总结后反馈给组员，提出合理建议。

（二）活动展现

1. 活动化评价的标准

基于语文课程与中医药文化统整，以活动的前、中、后为评价模块，确定评价项目，拟定评价标准，并匹配评价分值，共同构成活动化评价。其评价量表见表2-1-2。

表2-1-2　语文课程统整中医药文化活动化评价量表

评价模块	评价项目	评价标准	分值/分	评分
活动前	活动准备情况	活动准备充分，包括心理准备以及材料准备；由小组长检查各组学生相关的材料准备情况	20	
活动中	活动中的思考与创新	根据活动任务单，及时完成活动任务，留下自己的思考，注重创新；从活动记录中了解学生是否有足够的思考和一定的创新	40	
活动后	有关活动的总结与传播	布置相关的活动总结任务，通过写作、朗诵、演讲、表演、录制视频等形式传播活动内容，弘扬中医药文化；分享与交流自己的心得体会	40	

2. 活动化评价的操作

活动前，教师可以准备相关的心理小测试，也可以通过谈话法、观察法了解学生的心理准备状态。至于材料的准备，可以让学生互相检查，强化学生的主人翁意识，让学生成为自己学习的主体。根据材料准备情况自主进行评分。

活动中，教师要对学生进行持续的观察，也可以让学生互相观察，填写一张互评表，选出最佳思考者和最佳记录者，让学生更有动力参与到活动的观察和记录中，做到学有所得。

活动后，需要学生做好总结。以学生自评占40%、学生互评占30%、教师评价占30%的方式，根据评价标准进行评价。

（三）环境活化

1. 环境化评价的标准

基于语文课程与中医药文化统整，以环境的"场域、布局、效能"和作品的"主题、创意、质量"为评价项目，拟定评价标准，并匹配评价分值，共同构成环境化评价。其评价量表见表2-1-3。

表2-1-3　语文课程统整中医药文化环境化评价量表

评价项目	评价标准	分值/分	评分
环境场域	场景布置时是否体现了相应的中医药文化	10	
环境布局	布置方式是否合理，设计是否新颖	10	
环境效能	环境布置是否起到了传播优秀文化的作用	20	
作品主题	作品是否突出探究主题	20	
作品创意	探究作品是否有独特的创意	20	
作品质量	纸质或音像作品是否清晰优质	20	

2. 环境化评价的操作

环境活化有多种形式，如班级文化布置、手抄报、虚拟环境等，教师评分时需要辨别环境中是否体现了相应的中医药文化。

检验环境活化的实效性，可以通过现场知识问答、介绍中医药文化知识等，考察学生通过一段时间的环境活化后，是否接收到了更丰富的中医药文化知识。

二、成果预期

（一）课堂化成果

1. 文本类

教学设计：《荷叶圆圆》《李时珍》《荷花》《爬山虎的脚》《白桦》《桂花雨》《梅花魂》《丁香结》《腊八粥》课文与中医药文化统整教学设计。

教学PPT：《荷叶圆圆》《李时珍》《荷花》《爬山虎的脚》《白桦》《桂花雨》《梅花魂》《丁香结》《腊八粥》课文与中医药文化统整教学PPT。

课堂写作小练笔：各课在与中医药文化的统整学习中，生成的学习成果。

2. 非文本类

音像资料：在课堂教学过程中，为支持课程统整而使用的照片和视频等，以及学生在参与课程学习中小组活动的照片和视频等。

（二）活动化成果

1. 文本类

草药档案：学生制作的中草药档案。

草本书签：以荷花、梅花、荷叶、桂花、丁香等为载体的书签。

思维导图：学生制作的思维导图，如关于某植物药用价值的思维导图。

草药类文：学生写的中草药说明文、中草药自传、创编故事、研究报告等。

2. 非文本类

音像资料：在探究中医药文化过程中拍摄的照片和视频等。

（三）环境化成果

1. 文本类

草药档案展：以学生制作的中草药档案为主的展览。

草本书签展：以各种花类中草药书签为主的展览。

思维导图展：以学生制作的思维导图为主的展览。

草药类文展：以学生写的中草药说明文、草药自传、创编故事、研究报告等为主的展览。

2. 非文本类

以荷花、梅花、荷叶、桂花、丁香等为载体制作的书签，以及以展示学生音频和视频作品为主的二维码。

◇ 课例三问：《荷花》

本课例基于"语文统整中医药文化课怎么上"，以语文课程三年级下册第一单元《荷花》为例，呈现"解决什么问题""如何解决问题""是否解决问题"的"三问成学链"的语文课程实施思路，展现"为什么统整""怎样统整""统整得如何"的语文课程学习样态。

壹 解决什么问题

——从"荷花"走向"本草世界"

一、基于学科的学习

（1）如何体会荷花之美：当我们走近一片荷塘，往往惊叹于荷花之高洁优雅，荷叶之碧绿无瑕。叶圣陶又是如何描写荷花的美的呢？你能通过品词析句，去理解和欣赏作者笔下荷叶与荷花的美吗？你能体会《荷花》一文中优美生动的语句，并说说从课文中哪些地方体会到这一池荷花是"一大幅活的画"吗？

（2）如何仿写植物之美：有感情地诵读《荷花》，回顾一下，叶圣陶笔下的荷花分别是从哪几个方面描写的？你可以尝试用这样的方法写一写自己喜欢的一种植物吗？

二、基于统整的学习

如何从荷花走向本草世界：荷花是一种美丽优雅的植物，它延续着久远的中华传统文化，除了诗词歌赋，你还在哪些地方看到过荷花的身影？荷花的各个部位皆具有药用价值，你能通过查阅资料和实践学习，去探究它们的药用价值吗？中草药之花的世界美妙神奇，除了荷花，我们还可以探究哪些花类中草药？

（1）荷花古诗词知多少：中华传统文化中随处可见荷花的身影，你能通过阅读积累了解与荷花相关的古诗词和文化内涵吗？

（2）荷花药用价值几何：荷花的各个部位皆具有药用价值，你能用合适的方式一探究竟吗？

（3）荷之膳食如何制作：荷花可以入药，餐桌上少不了它的身影，如莲子汤、莲藕排骨汤、荷叶茶等。你能使用荷的某个部位制作一道美味而又有益于身体健康的膳食吗？

（4）本草世界知多少：中草药之花的世界美妙神奇，除了荷花，我们还可以探究哪些花类中草药呢？

（5）中医药文化如何传创：中医药文化博大精深，是国之瑰宝，你可以通过合适的方式，创造性地将了解到的中医药文化传播给更多的人吗？

贰　如何解决问题

—— 从"学科"走向"课程统整"

一、《荷花》语文化学习

（一）学习目标

能从问题"如何体会荷花之美""如何仿写植物之美"出发，展开理解字词、读通课文、整体感知、仿写类文的学习，完成课程的语文化学习。

（1）理解字词：读准多音字"挨"，会写"瓣、蓬"等生字，会写"荷花、清香"等词语。

（2）读通课文：能有感情地朗读课文，读好"花瓣儿、花骨朵儿"等儿化词和"莲蓬、衣裳"等轻声词，背诵第2~4自然段。

（3）整体感知：能通过品词析句，理解和欣赏作者笔下荷叶与荷花的美，体会优美生动的语句，并说说从哪些地方体会到这一池荷花是"一大幅活的画"。

（4）仿写类文：回顾课文，想想叶圣陶笔下的荷花分别是从哪几个方面描写的，并尝试用这样的方法写一写自己喜欢的一种植物。

（二）学习过程

1. 学习模块一：解决问题"如何体会荷花之美"

（1）字词理解，夯实基础。

步骤一：观荷花，说感受，体会荷花之美。

观看有关荷花的视频，走近荷花，了解它的美丽。说说自己的感受，初步体会荷花的姿态美。

步骤二：读课文，识字词，读出荷花之美。

自读课文，尝试做到：①读准字音，读通句子；②遇到难读的句子多读几遍。关注重点词语，注意读好儿化音和轻声。

步骤三：过词关，想画面，表达荷花之美。

字词运用过关：①学写本课中的生字，注意笔画顺序；②理解词语"翩翩起舞、挨挨挤挤"，边读边想象画面，说说读到这两个词语时你所想象的画面。

（2）通读全文，整体感知。

步骤一：读课文，体会荷花之美。

先自己尝试有感情地朗读课文，再由代表配乐接龙朗读，读出感情，读出美感，在朗读中体会文中荷花的姿态美。

步骤二：读语句，表达荷花之美。

阅读课文第1~3自然段，分别画出描写荷叶和荷花的句子，自己读一读，并和同桌说说文中的荷叶和荷花分别是怎样的。

步骤三：释语句，畅谈荷花之美。

再读课文第1~3自然段，边读边画出你认为描写得最美的句子，多读几遍，把自己的感受和体会写在旁边。小组内交流反馈：从课文哪些地方体会到这一池荷花是"一大幅活的画"？

（3）品读"姿态"，感悟"活"画。

步骤一：学习荷叶之美。

读句子：荷叶挨挨挤挤的，像一个个碧绿的大圆盘。

思考：这句话运用了什么修辞手法？你觉得荷叶长得怎么样？

理解"白荷花在这些大圆盘之间冒出来"一句中的"冒"字。（对比理解句子：白荷花在这些大圆盘之间长出来）说说用"冒"字能够让人想象到怎样的画面。

步骤二：学习荷花之美。

说说文中描写了几种姿态的荷花。有感情地读一读课文中描写荷花姿态的句子。

分别用一个词概括这几种姿态的荷花的状态。在插图中圈画出这三种姿态的荷花，说说你最喜欢哪一种。说出你的理由。

想想还有哪些姿势的荷花。展开想象，同桌之间互相说一说。

2. 学习模块二：解决问题"如何仿写植物之美"

（1）回顾全文，品读写法。

步骤一：想象荷花之美。

学习第3、4自然段。问题：为什么说这一池荷花是"一大幅活的画"？"画家"是谁？任何人站在这一大幅活的画面前都一定会有许多奇妙的感受，那作者有什么感受？（学生闭上双眼聆听教师配乐范读）睁开眼睛，说说你刚才看到了什么，听到了什么，感受到了什么。带着感受和想象再读一读。

步骤二：传递荷花之美。

如果你变成了荷花，还有哪些小动物来告诉你关于荷花的秘密？学生想象、分享。

步骤三：分享荷花之美。

分享赞美荷花的古诗，互相交流，说说这些古诗是怎么描写荷花的。（出示：《小池》《晓出净慈寺送林子方》）再回顾课文，想想作者分别是从哪几个方面描写荷花的。

（2）迁移写法，仿写类文。

总结《荷花》的写法，学习作者从嗅觉、视觉方面描写荷花的清香与美，写出荷花不同的姿态美，发挥自己的想象，运用比喻、拟人等修辞手法描写一种自己喜欢的植物。

（3）交流反馈，互相学习。

步骤一：评析练笔。

小组内互相交流，读一读自己仿写的植物文段，互相评价，点评写得好的部分，提出修改建议。

步骤二：展示练笔。

各小组推荐优秀作品在全班展示，教师点评反馈，总结写法。

（三）学习成效

1. 即时的习得

词句积累：积累课文中描写荷花的好词好句，运用于日常的写作中，丰富语言文字的积累。

朗读熏陶：在朗读训练中，习得朗读的技巧和方法，感受朗读之美。

学习写法：学习作者运用比喻、拟人等修辞手法描写景物的方法，提升语言文字的表达能力。

2. 可用的迁移

词句积累：掌握生字词的识记方法，在阅读中遇到儿化音可以正确朗读，并在写作中能灵活运用好词好句。

朗读熏陶：培养朗读美文的兴趣，学会有感情地朗读课文，注意朗读时边读边想象画面。

学习写法：在日后写作中，模仿文中作者运用比喻、拟人等修辞手法描写景物的方法，提升语言文字的表达能力。

3. 提升的素养

语言建构与运用：提升语言文字表达能力，运用修辞手法、好词好句润色自己的文章。

审美鉴赏与创造：欣赏荷花的美以及其他不同花的美，学会用文字表达出来，在生活中善于发现美和记录美。

二、《荷花》统整化学习

统整化学习主要解决的问题是学习模块三："如何从荷花走向本草世界"。

（一）竞赛型统整

1. 学习目标

能从问题"如何从荷花走向本草世界"出发，通过竞赛活动，进一步了解荷花，走近荷花，知道与荷花相关的一些古诗文，了解与荷花相关的名师名篇，并在活动中尝试收集、整理、运用资料，养成自主学习的能力，养成观察、倾听的习惯，学会以统整方式积累诗词歌赋。

2. 学习过程

（1）问题求解。

针对已学，提问初探：课后收集关于荷花的资料，把自己最感兴趣的部分用一两句话写下来，并且针对自己收集到的某一方面的资料向其他同学提问。

根据初探，准备赛事：根据自己收集到的资料分组交流，并以小组为单位派代表展示。

（2）任务解答。

步骤一：自主学习，初办赛事。

学生通过上网搜索、翻阅书籍、咨询长辈等方式，搜集荷花的相关资料，并针对自己搜集的资料，提几个问题。根据题目类型，形成探究小分队，确定小组分享的问题，派代表展示，全班展开有关荷花的知识竞赛。知识竞赛内容示例：

1. 常识类

（1）荷花是一种水生花卉，还是陆生花卉？

（2）出于对莲的喜爱，人们给莲花起了许多富有诗意的名字，你知道哪些？（至少说出3个）

（3）我国著名的赏荷胜地有哪些？（至少说出3处）

2. 诗词类

（1）"风光不与四时同"的上一句是什么？

（2）请说出"濯清涟而不妖"的上句，再说出文章名和作者。

3. 谜语类

猜谜：一个小姑娘，住在水池塘，身穿粉红衫，坐在绿船上。

步骤二：运用知识，深度探究。

我们通过知识竞答，了解了许多关于荷花的知识，你们自己也收集了很多资料，那么你最感兴趣的是哪部分资料？根据兴趣分组交流。

以小组为单位，派代表介绍：①以前不知道的，通过交流知道的知识。（个体新知）②按类介绍基本知识、重点知识。教师指导学生总结荷花的药用价值。

步骤三：做荷花的代言人。

请用一两句话来赞美荷花，为荷花做宣传。

作业：①向父母或朋友介绍荷花；②继续了解具有代表性意义的花卉，如桂花、茉莉花。

（3）成果展示。

确定成果展示形式：学生搜集资料过程中的照片、视频、文本等；学生交流时的照片、视频等资料。

有效推进成果展示：举办班级成果展演。

（4）文化传创。

学生通过个人搜集资料、分组整理、全班交流研讨等方式，不仅对荷花有更深入的认识，也通过开展探究活动，由浅入深地了解了中华传统文化，加强了对中医药文化的认同感，并学会自觉地在生活中向身边人介绍自己所了解的简单的中医药文化知识。

3. 学习成效

通过对《荷花》这篇课文的学习，尝试让学生走近荷花，了解荷花，并且学习一些关于荷花的名师名篇，进一步感受祖国厚实的文化底蕴。如此，学生在活动中既能提高语文能力，也能体会到学习语文的乐趣。

学生在学习课文《荷花》时，能够主动上网搜集资料，学会利用自己手头的资源来拓展资料，加强对资料的理解运用。

（二）探索型统整

1. 学习目标

能从问题"如何从荷花走向本草世界"出发，通过探究活动，初步学习资料的收集、统计和整理，学会用恰当的语言表达自己的想法，了解并掌握荷花的药用价值，学会在生活中合理有效地使用荷花，进而传承与创新中医药文化。

2. 学习过程

（1）问题求解。

提出问题，引发探究：俗话说"荷花全身都是宝"，你赞同这个观点吗？荷花身上有哪些宝贝？这些宝贝对我们的身体有何功效？让我们利用自己的聪明才智，去探究荷花的药用价值吧！

自主学习，依趣分组：学生自由分组，每组5~8人，分好每组的研究主题，如可分为荷花生长过程、荷花各个部位的药用价值、关于荷花的药膳、百花驿站拓展等。学生按照兴趣自由分组，准备展开合作探索。

把握方法，尝试探究：了解探究的方法，包括问卷法、实地调研法、观察法，撰写观察报告，然后进行探究。

交流表达，成果预演：小组之间收集汇总资料，确定汇报的形式，并在组内先进行预演，以提升展示质量。

（2）任务解答。

荷花生长过程组：展示观察笔记，播放收集到的关于荷花生长过程的视频，从文字到画面全方面了解荷花的生长过程。

荷花药用价值组：展示荷花各部位药用价值的思维导图，分享关于荷花各部位的常用药方，分角色扮演荷花的不同部位，用第一人称介绍荷花不同部位的药用价值，举办"小小中医我来当"活动，检验学生是否掌握了荷花不同部位的药用价值。

荷花药膳组：学生带来荷花不同部位的药膳配方，并提前录制好视频，向同学们展示如何制作一道美味健康的食疗药膳。

百花驿站拓展组：分享木棉花、玫瑰花、月季、玉兰花等花卉的药用价值和食疗药膳，丰富百花驿站内容。

（3）成果展示。

确定成果展示形式：学生探究过程中的照片、视频等过程性资料，可在班级公众号上定时推送；学生汇报时的课堂照片、制成的PPT等资料。

有效推进成果展示：最后做成的视频文件可制作成作品集，举办班级成果展。在班级公众号上设立一个"百花驿站"栏目，定期推送不同花卉的药用价值的相关文章。

（4）文化传创。

学生通过探究荷花的药用价值，不仅对叶圣陶所写的《荷花》会有更深刻的认识，同时通过合作探究实践的方式进行学习，也能培养团结合作的意识，提高独立解决问题的能力，掌握探究的方法和步骤，对以后开展课外实践探究活动有极大的促进作用。从课程统整角度看，开展探究型活动还可以让学生由浅入深地了解中医药饮食文化，增强对中医药文化的认同感，提升自豪感。

3. 学习成效

最新课程理念要求增强课程实施的情境性和实践性，创设丰富多样的学习情境，设计富有挑战性的学习任务，促进学生自主、合作、探究学习。探索型课程注重的就是引导学生在情境中分工合作，参与实践与探究。

学生在分组探究与互动分享的过程中能够掌握查找资料、整理资料的基本技巧，提高解决问题的能力，学会运用多种方式展示自己的探究成果，成为中医药文化的践行者和传播者。

（三）展演型统整

1. 学习目标

能从问题"如何从荷花走向本草世界"出发，通过分组展演活动，进一步走近荷花，了解荷花，知道关于荷花的基本知识、民俗故事、药用价值、药膳制作方法等，并在活动中尝试收集资料、整理资料、运用资料，养成自主学习的能力，培养细致观察事物、恰当地表达自己想法的能力，进而传承与创新中医药文化。

2. 学习过程

（1）问题求解。

针对已学，提出问题：你知道有关荷花的古诗词和民间故事吗？你了解荷花丰富的传统文化内涵吗？你了解荷花不同部位的药用价值吗？

自主学习，初探问题：通过猜谜引出荷花，引导学生仔细观察荷花。观察与探究藕根、莲藕和荷花花瓣三个部位。学生分为三组，每组8~16人；分好每组的研究主题，一组研究藕根，一组研究莲藕，一组研究荷花花瓣；学生按照兴趣自由分组，进行合作探索。

交流表达，成果预演：小组之间收集汇总资料，确定汇报的形式，并在组内先进行预演，以提升展示质量。

（2）任务解答。

藕根探索组：小组代表朗读本组探究藕根所汇总的资料，在配乐朗读中营造意境，播放介绍藕根的生长过程和药用价值的视频，从文字到画面全方位了解藕根的实际效用和生长独特之处。

莲藕探索组：小组代表朗读本组探究莲藕所汇总的资料，在配乐朗读中营造意境，结合提问引导大家对莲藕进行观察，学会多角度、全方位地观察事物。播放关于莲藕的美食视频，并科普它的实际药用价值和药膳制作方法。

荷花花瓣探索组：①小组代表朗读本组探究荷花花瓣所汇总的资料，在配乐朗读中营造意境，共赏荷花之颜色美、姿态美。②分享荷花的别称，了解荷花名称的丰富和有趣。③小组成员打磨剧本，以舞台剧形式演绎关于荷花的民俗故事，了解荷花的魅力。④展演以荷花为主题的诗配画手抄报，并共同朗读有关荷花的古诗词，感受关于荷花的古文韵味。⑤搜集有关荷花的古诗词，了解荷花背后丰富的文化内涵。⑥播放有关荷花生长的视频，思考荷花的生长过程与一般植物有哪些不同，了解荷花生长的独特之处。⑦小组成员展示荷花粥和荷花药膳的制作过程，介绍荷花的药用价值。

方法总结，感悟提升：回顾大家在探究荷花过程中所运用的方法和了解的内容。大家可能用到的方法有查阅资料、阅读书籍、实地走访、观察记录、采访长辈、动手制作。作业：利用这些方法完成对其他中药材的探索。

（3）成果展示。

确定成果展示形式：学生搜集资料过程中的照片、视频、文本等；学生交流会时的照片、视频等资料；展演有关荷花的故事表演创作；贴出荷花主题的诗配画手抄报等。

有效推进成果展示：举办班级成果展演会。

（4）文化传创。

将与荷花相关联的中医药养生文化融入《荷花》的学习中，学生通过个人风采展、小组情景剧等形式，以生动、有趣、形象的方式，一步步地打开中医药文化知识的大门，激发学习的积极性，从而在活动后主动深入地了解中医药文化，并向身边人普及中医药文化知识，带领其他人更深入地了解、学习中医药文化。

3. 学习成效

新课程要求教师由传统的知识传授者转变为学生学习活动的组织者、引导者、参与者。这一统整课属于展演型课，充分体现了以"学生的学习活动为主，教师的组织、引导、倾听、点评为辅"的教学理念，对新型师生关系的建立有重要意义。

学生通过舞台展演与创作分享，能够极大地锻炼口语表达能力、创编剧本的能力和对文本设计、创作再组织的能力，提高收集、统计资料的能力，学会研究其他中药材的方法。

叁 是否解决问题

—— "学科素养"与"统整素养"并行

一、聚焦"学科素养"

（一）问题解决的分析框架

在《荷花》一课的语文化学习中，学习模块一和学习模块二提出了详细的学习步骤，不仅注重学习进程中的及时评价，还构建了相应的问题解决框架，来形成"是否解决问题"的评价载体，进而评析语文核心素养在问题解决过程中得到怎样的发展，并提出教学改进建议。这一框架见表2-2-1。

表2-2-1 《荷花》统整课"解问题育素养"语文化学习分析框架

学习问题	学习目标	学习历程	素养评析	改进建议
问题1：如何体会荷花之美	由问题1而研拟的语文课程学习目标	为达成目标，解决问题1而分解的语文课程学习进程	针对问题1而铺排的语文课程学习历程，围绕语文核心素养的培育情况，进行评价与分析	对今后解决问题1的语文课程教学提出相应的改进建议
问题2：如何仿写植物之美	由问题2而研拟的语文课程学习目标	为达成目标，解决问题2而分解的语文课程学习进程	针对问题2而铺排的语文课程学习历程，围绕语文核心素养的培育情况，进行评价与分析	对今后解决问题2的语文课程教学提出相应的改进建议

（二）问题解决的成果分析

立足于语文化学习，运用"《荷花》统整课'解问题育素养'语文化学习分析框架"，针对学习模块一和学习模块二的学习步骤，进行整体性评析以及提出教学改进建议，最后形成表2-2-2的成果分析。

表2-2-2 《荷花》统整课"解问题育素养"语文化学习成果分析

学习问题	学习目标	学习历程	素养评析	改进建议
问题1：如何体会荷花之美	能从问题1出发，展开"理解字词、读通课文、整体感知"的学习，完成课文的语文化学习	1.字词理解，夯实基础	学生通过读准多音字"挨"，会写"瓣、蓬"等生字和"荷花、清香"等词语，促进了语文核心素养的发展，既识记了生字新词，又提高了字词学习的能力	略
		2.通读全文，整体感知	学生通过品词析句，读好"花瓣儿、花骨朵儿"等儿化词和"莲蓬、衣裳"等轻声词，背诵第2~4自然段，促进了语文核心素养的发展，不仅体会了优美生动的语句，理解和欣赏了作者笔下荷叶与荷花的美，而且学会有感情地朗读课文，体会到这一池荷花是"一大幅活的画"，还提高了整体感知文本的能力	
		3.品读"姿态"，感悟"活"画	学生通过品词析句，理解荷花的姿态美，感悟荷花恰似一幅活的画的意境，促进了语文核心素养的发展，从拓展延伸的学习中获取更多与荷花相关的知识，提高了审美和鉴赏力	
问题2：如何仿写植物之美	能从问题2出发，展开"仿写类文"的学习，完成课文的语文化学习	1.回顾全文，品读写法	学生通过对课文的回顾和整理，结合学习到的课文的写作方法，促进了语文核心素养的发展，提高了对文本的整体把握能力和语言表达能力	略
		2.迁移写法，仿写类文	学生通过学习作者从嗅觉、视觉方面描写荷花的清香与美这一写作方法，促进了语文核心素养的发展，发现了植物不同的姿态美，也发挥了自己的想象，并尝试运用比喻、拟人等修辞手法，去描写一种自己喜欢的植物	

（续表）

学习问题	学习目标	学习历程	素养评析	改进建议
问题2：如何仿写植物之美		3. 交流反馈，互相学习	学生通过仿写植物文段和互相评价，及时反馈练笔所得，促进了语文核心素养的发展，学会了对文本写法的迁移，提高了写作能力	

二、衍生"统整素养"

（一）问题解决的分析框架

为解决基于语文课程统整中医药文化的学习问题，学习模块三提出了相应的解决之道，由此除了注重学习进程中的及时评价外，还可以构建相应的问题解决框架，来形成"是否解决问题"的评价载体，进而评析统整素养在问题解决过程中得到怎样的发展，并提出教学改进建议。这一框架见表2-2-3。

表2-2-3　语文统整课"解问题育素养"统整化学习分析框架

统整问题		语文课程统整中医药文化的学习问题		
统整路径		竞赛型统整	探索型统整	展演型统整
统整目标		由统整问题出发，基于竞赛型统整路径而研拟的语文课程统整性学习目标	由统整问题出发，基于探索型统整路径而研拟的语文课程统整性学习目标	由统整问题出发，基于展演型统整路径而研拟的语文课程统整性学习目标
统整历程	问题求解	针对竞赛型统整路径，呼应统整问题，提出语文课程统整中医药文化具体的学习问题	针对探索型统整路径，呼应统整问题，提出语文课程统整中医药文化具体的学习问题	针对展演型统整路径，呼应统整问题，提出语文课程统整中医药文化具体的学习问题
	任务解答	为解决竞赛型学习问题，分解出语文课程统整中医药文化相应的学习任务	为解决探索型学习问题，分解出语文课程统整中医药文化相应的学习任务	为解决展演型学习问题，分解出语文课程统整中医药文化相应的学习任务

（续表）

统整路径		竞赛型统整	探索型统整	展演型统整
统整历程	成果展示	在完成竞赛型学习任务后，以一定方式进行语文课程统整中医药文化的成果展示	在完成探索型学习任务后，以一定方式进行语文课程统整中医药文化的成果展示	在完成展演型学习任务后，以一定方式进行语文课程统整中医药文化的成果展示
	文化传创	基于语文课程，随着竞赛型统整的问题求解、任务解答、成果展示，传承与创新相应的中医药文化	基于语文课程，随着探索型统整的问题求解、任务解答、成果展示，传承与创新相应的中医药文化	基于语文课程，随着展演型统整的问题求解、任务解答、成果展示，传承与创新相应的中医药文化
素养评析		基于语文课程竞赛型统整路径而铺排的学习历程，围绕统整素养的培育情况进行评价与分析	基于语文课程探索型统整路径而铺排的学习历程，围绕统整素养的培育情况进行评价与分析	基于语文课程展演型统整路径而铺排的学习历程，围绕统整素养的培育情况进行评价与分析
改进建议		对语文课程竞赛型统整教学提出相应的改进建议	对语文课程探索型统整教学提出相应的改进建议	对语文课程展演型统整教学提出相应的改进建议

（二）问题解决的成果分析

立足于语文课程统整化学习，运用"语文统整课'解问题育素养'统整化学习分析框架"，针对学习模块三的学习步骤，进行整体性评析以及提出教学改进建议，最终形成表2-2-4的成果分析。

表2-2-4　《荷花》统整课"解问题育素养"统整化学习成果分析

统整问题	如何从荷花走向本草世界		
统整路径	竞赛型统整	探索型统整	展演型统整
统整目标	能从统整问题"如何从荷花走向本草世界"出发，通过竞赛活动，进一步走近荷花、了解荷花，知道与荷花相关的一些古诗文，了解与荷花相关的名师名篇，并在活动中尝试收集、整理、运用资料，养成自主学习的能力，养成观察、倾听的习惯	能从统整问题"如何从荷花走向本草世界"出发，通过探索活动，初步学习资料收集、统计和整理，学会用恰当的语言表达自己的想法，了解并掌握荷花的药用价值，学会在生活中合理有效地使用荷花	能从统整问题"如何从荷花走向本草世界"出发，通过分组展演活动，进一步走近荷花、了解荷花，知道关于荷花的基本知识、民俗故事、药用价值、药膳制作方法等，并在活动中尝试收集、整理、运用资料，养成自主学习的能力，培养细致观察事物、恰当地表达自己想法的能力
统整历程	问题求解	1. 针对已学，提问初探：收集荷花的资料，写下自己想表达的话，准备相关考题 2. 根据初探，准备赛事：分组交流资料，小组准备展示	1. 提出问题，引发探究：探究荷花的药用价值 2. 自主学习，依趣分组：5~8人一组，准备探究 3. 把握方法，尝试探究：探究荷花的全身 4. 交流表达，成果预演：分组准备成果展示	1. 针对已学，提出问题：你知道与荷花有关的古诗词和民间故事及文化内涵吗 2. 自主学习，初探问题：分成藕根、莲藕、荷花花瓣三组，自主探究 3. 交流表达，成果预演：荷花三个部位的药用价值

（续表）

（续表）

统整路径		竞赛型统整	探索型统整	展演型统整
统整历程	任务解答	1.自主学习，初办赛事：搜集资料，展开竞赛 2.运用知识，深度探究：找到最感兴趣的部分，分组探究 3.做荷花代言人：赞美荷花，给荷花做宣传	1.荷花生长过程组：从文字到画面的展示 2.荷花药用价值组：小小中医我来当 3.荷花药膳组：食疗药膳视频展 4.百花驿站拓展组：花卉药用与药膳展	1.藕根探索组：探究其生长过程与药用价值 2.莲藕探索组：探究其药用价值和药膳方法 3.荷花花瓣探索组：探究其文化经典与药用价值及药膳制作 4.方法总结，感悟提升：回顾过去，总结提升
	成果展示	1.确定成果展示形式 2.有效推进成果展示	1.确定成果展示形式 2.有效推进成果展示	1.确定成果展示形式 2.有效推进成果展示
	文化传创	加强对中医药文化的认同感，自觉地向身边人介绍、普及中医药饮食文化	由浅入深地了解中医药饮食文化，增强对中医药文化的认同感，提升自豪感	一步步打开中医药文化大门，活动后主动深入了解中医药文化，并向身边人普及中医药文化

（续表）

统整路径	竞赛型统整	探索型统整	展演型统整
素养评析	通过对《荷花》这篇课文的学习，尝试让学生了解荷花的同时，统整性学习一些关于荷花的名师名篇，进一步感受祖国厚实的文化底蕴，从中发现中医药文化就在身边。这样的学习活动既能促进学生语文核心素养的发展，也能促进学生统整素养的发展，学会在主题统整中发现、提出、解决问题，并学会用富有创意的竞赛方式进行成果展示，体验到中医药文化传承与创新的乐趣	学生在学习课文《荷花》时，经由语文化学习和中医药文化的统整性学习后，促进了语文核心素养与统整素养的发展，学会主动上网搜集资料，利用整理的资料进行拓展，加强对资料的理解、运用，并在主题统整中发现、提出、解决问题，学会富有创意地展示成果，从而体验到中医药文化传承与创新的乐趣	这一展演型课堂，充分体现了以"学生的学习活动为主，教师的组织、引导、倾听、点评为辅"的教学理念，对新型师生关系的建立有重要意义。在语文核心素养与统整素养方面，学生都得到相应的发展，提高了舞台展演与创作分享的能力，锻炼了收集、统计资料的能力，学会了研究其他中药材的方法，从而体验到中医药文化传承与创新的乐趣
改进建议	略	略	略

（课例设计：杨媚、陈钰玫、张西焱、韩倩莹、朱金梅）

第三章

数学统整中医药文化

统整设计	江楠、严李桂、陈玉琴、张贝贝、张婉婷、张奕珊、周阮怡、卢丽敏、张文静、王俊慧、何丽香、张金玲、黄萍玲、陈丽芬
统整理念	整合资源，联系生活，提升学习素养。教师和学生从数学课程的学习出发，共同生发出联结生活情境的"统整问题"，并由此驱动对中医药文化的拓展性学习、探究性学习，进而在解决问题与展示成果的历程中发展数学核心素养，同时传承乃至创造相应的中医药文化，获得综合素养的提升
统整资源	数学课程与中医药文化。人教版小学数学教科书的《位置》（一上）、《分类与整理》（一下）、《观察物体（一）》（二上）、《数据收集整理》（二下）、《测量》（三上）、《年、月、日》（三下）、《条形统计图》（四上）、《营养午餐》（四下）、《位置》（五上）、《长方体和正方体"容积的认识"》（五下）、《扇形统计图》（六上）、《比例》（六下）共12例课程，及其相关的实地类、视听类、文本类中医药文化资源
统整性质	拓展性课程、探究性课程
统整对象	一至六年级学生
统整样态	基于课堂教学、活动展现、环境活化三大途径，以"问题求解—任务解答—成果展示—文化传创"为主要历程，展开多样态的统整性学习，并通过课堂化评价、活动化评价、环境化评价来判断、分析课程统整目标的达成

◇　课程设计：本草时空觅数学

本设计是数学教师和学生展开课程统整教学的行动指南，分三部分七方面展开，主要阐明数学课程统整中医药文化的方向、路径、成效。

壹　课程统整方向

一、需求分析

（一）学生发展的需要

（1）数学模型思想。

古代医学家坚信数的变化规律也是生命活动的规律，把某些数学模型用作人体模型，用数学模型构建中医学理论，在中医药文化中渗透模型思想。通过建立数学模型和数学理论来计算出数量规律，估算不同条件下的相关因素参数，可以有效地模仿出生命系统的运作机制，对中医提出的"治未病"养生防病理论有着积极的推动作用。学生在整合中医药文化于数学课程的学习中，得以观察和思考各种事例，有利于提高分析和解决问题的能力，有利于培养团队合作精神和协调能力，还有利于传承与创新中医药文化。数学模型思想在新课标的理解下就是让学生学会用数学语言表达现实世界，能够感悟数学应用的意义与价值。让学生有意识地使用真实数据表达、分析和解释人生命活动的规律。

（2）多元统计分析。

世界上一切物质的运动都是相互联系、相互制约的。多元统计分析是从经典统计学中发展出来的一个分支，能够在多个对象和多个指标相互关联的情况下分析它们的统计规律。多元统计医药学理论表现得尤为突出，片面的、孤立的、机械的研究方法不能满足中医理论发展的需要。中医在进行多元统计分析的过程中，会综合考察现象与本质、原因与结果、主体与客体、输入与输出间的作用和联系，从而赋予中医学更强的生命力。另外，现实中模糊性现象的大量存在，使精确数学无法揭示其本质，而模糊数学则为中医研究铺平了道路。学生在整合中医药文化于数学课程的学习中，得以观察和思考各种事例，有利于领悟中医药文化中分类讨论思想及估算的运用，还有利于传承与创新中医药文化。

（3）辩证思维模式。

中医辩证论治讲究"套路"，按套路逐步解决复杂的难治之病，其思维方法和传统数学中解方程的思维是一致的。东汉张仲景在《金匮要略》[①]中，对于"咳逆倚息不得卧"的支饮[②]，就是分步骤——先后使用小青龙汤、茯苓桂枝五味甘草汤、苓甘五味姜辛汤，用半夏，加杏仁，再加大黄等六步成为一个套路，分别解决不得卧、冲气、喘满、眩冒、水肿和面热如醉的戴阳证[③]。学生在整合中医药文化于数学课程的学习中，从不同的药理中得到启发，也能相应地传承与创新中医药文化。培养学生用数学的思维思考现实世界，让学生能够合乎逻辑地解释或论证数学的基本方法和结论，能够探索自然现象或现实中医情境中所蕴含的"数学规律"，经历数学"再发现"的过程，形成实事求是的科学态度，逐步养成讲道理、有条理的理性思维习惯。

（二）教师发展的需要

新课标在课程性质的表述中说明，数学是研究数量关系和空间形式的科学。但是在立德树人的大背景下，数学不仅仅是运算和推理的工具，还是表达和交流的语言。数学承载着思想和文化，是人类文明的重要组成部分。

中医药学是在中华传统文化的土壤中萌生、成长的。中医药文化在发展的过程中，不断地汲取当时的哲学、文学、数学、历史、地理、天文等多种学科知识的营养，也融进了中华优秀传统文化的血脉中。教师不仅需要传授课本上的知识，更应该在教书过程中育人，通过不断地渗透中华优秀传统文化，深入挖掘中华传统文化蕴含的思想观念、人文精神、道德规范，结合时代要求进行传承与创新，让中华优秀传统文化植根在小学生的思想里。

中医药文化校本课程的开发可以促进教师的健康生活。中医药文化作为传统文化中的翘楚，自然而然可以巧妙应用到小学数学课程学习中，我们需要传授一些中医药知识和中医健康理念，引导学生在学习数学的过程中渗透中医药思维方式以及健康的生活方式，这需要教师不断地思考和加强自己的中医药文化基础，

---

① 沈明宗. 张仲景金匮要略［M］. 宋建平，张晓利，校注. 北京：中国中医药出版社，2015：291-297.

② 支饮：广义痰饮的一种。以咳逆喘满不得卧，痰吐白沫量多为主症，可兼见面目微肿。由水饮停积于胸肺所致。

③ 戴阳证：中医学病症名。阳气因下焦虚寒而浮越于上，出现下真寒而上假热的证候。

不断地养成健康的生活方式。教师拥有相关的知识及经验，可以丰富自身的知识储备，提升自己的文化素养，加深自己对学生的影响力。

中医药文化校本课程的开发能够为教师创造学习中医药文化的机会，提供研究平台。引导教师有针对性地进行中医药文化进数学课程的专题研究，以进一步提升数学教师的教学理念，提高数学教师的教学能力和水平，提高教师的科研能力。

中医药文化校本课程的开发可以进一步提升教师的数学思维和现代数学理论水平。受传统教学模式、传统数学教材以及教师自身专业限制的影响，中医药文化在数学课堂中的渗透仍有所限制，而利用数学模型解析重要中医理论的同时，可以扩充教师的思维模式，并利用现代化技术提高教学水平。

（三）学校发展的需要

教育部一直高度重视中医药文化的教育。从某种意义上说，与其将中医药学看成一门生命科学，不如将中医药学看成一种生命文化。在当前的大环境下，中医药文化进校园是迫切的，也是必须的。这将促使学校加强对中医药文化的研究，加强国医文化启蒙建设，创设一系列将中医药和数学相融合的实践活动，以引领学生学习相关的课程，学会做好基本的个人防护，了解生命的养生之道，能够在生活实践中发现问题，逐步养成从数学角度观察现实世界的意识与习惯，发展好奇心、想象力和创新意识，并进一步弘扬美德，传承优秀传统文化，传播中医药知识，在学生心中种下一颗中华优秀传统文化的种子，同时，也促使学校建设成特色化的校本课程，并形成办学特色。

二、资源分析

（一）教科书资源

1. 一年级上册《位置》

（1）教材内容。

在具体的生活实践或游戏情境中，体验上、下、前、后、左、右的位置和顺序，培养上、下、前、后、左、右的空间观念，了解位置的相对性，对上、下、前、后、左、右的位置加以准确的判断。

（2）关联中医药。

中医认为人体经穴总数为362个，通过刺激这些穴位，可以疏通经络，起到防病和治病的作用。经穴分布在人体的十四经脉，每一个经穴都有固定的位置，通过运用《位置》知识，用上、下、前、后、左、右来描述面部经穴之间的位置关系，如印堂穴在水沟穴上面，了解各个穴位的分布，从而培养空间观念。

2. 一年级下册《分类与整理》

（1）教材内容。

根据给定的标准进行分类，感知分类的意义，通过操作学会分类的方法。经历简单的数据收集和整理过程，用自己的方式呈现收集的数据。在分类的过程中，体验分类结果在单一标准下的一致性和不同标准下的多样性。

（2）关联中医药。

初步学习阶段学会找穴位，观看常见穴位图和按摩手法，通过现场展示、视频、图片等介绍各个穴位的作用和所在位置，再进行简单的数据整理，根据不同的给定标准进行分类与整理，如身体某部位的穴位、穴位的作用、穴位按摩手法等，并用自己的方式（文字、图画、表格等）呈现分类结果。深入学习阶段通过课外实践活动和资料收集，认识更多的穴位和作用，并自己选择标准进行分类，同时与父母沟通、为父母按摩，从而培养分类整理的能力，渗透分类的数学思想，加深思想品德教育和动手操作能力。

3. 二年级上册《观察物体（一）》

（1）教材内容。

在《观察物体（一）》中，辨认从不同位置、不同方向或不同角度观察到的简单物体和立体图形的形状，体会局部与整体的关系，丰富对现实空间和图形的认识，建立初步的空间观念，发展形象思维。

（2）关联中医药。

从不同位置、不同方向或不同角度，观察、区分和辨别中药材，体会药材局部和整体的关系，丰富对中药材的形状认识，建立初步的空间观念，发展形象思维。

4. 二年级下册《数据收集整理》

（1）教材内容。

初步认识简单的统计表，根据统计表中的数据提出简单的问题并回答，进而对数据进行简单的分析。

（2）关联中医药。

通过查找中药材的相关信息，用不同的分类标准，对常见中药材进行相关数据的收集、整理与统计，制作简单的统计表，进而根据统计表中的数据提出并回答简单的问题，对数据进行简单的分析。

5. 三年级上册《测量》

（1）教材内容。

经历实际测量的过程，认识长度单位厘米、分米和千米，建立1毫米、1分米、1千米的长度观念；认识质量单位吨，综合理解体验克、千克与吨的质量单位的选择。

（2）关联中医药。

每种中草药都有其生长的特性，通过运用测量中长度单位的知识来观测本草的高度、叶子的大小等，初步判断本草的生长情况。中医药方对每种药材都有严格的质量要求，如利用工具称出处方中各种中草药的质量，选择合适的质量单位进行配药等。通过称重中草药的实践活动，感受中医药文化的严谨性，体验"一症一方，一人一策"的辨证施治。

6. 三年级下册《年、月、日》

（1）教材内容。

建立时间观念，了解一年有12个月，月份有大月、小月和特殊月，并学会计算简单的经过时间。

（2）关联中医药。

通过种植中草药或阅读中草药生长的相关书籍，观察和了解中草药的生长周期，利用年、月、日等时间单位的相关知识探究中草药的生长规律。将本草作为切入点，寻访中草药进而研究中草药的生长周期，探索中医药文化。

7. 四年级上册《条形统计图》

（1）教材内容。

收集和整理数据，绘制条形统计图，并根据条形统计图分析和解决问题。

（2）关联中医药。

通过查找信息，了解某一种中草药近五年的产量和价格，分析、总结得到的信息或规律。在了解药材的同时进一步体验数据的收集、整理、描述和分析的过程，并根据统计图提出、回答简单的问题，培养学生的观察和分析能力。在分析条形统计图的变化趋势的基础上，给药农提出合理的种植建议。

8. 四年级下册《营养午餐》

（1）教材内容。

利用简单的排列组合、统计等相关知识，了解午餐的营养价值，培养解决问题的能力。

（2）关联中医药。

学习了"营养午餐"后，可以把其变成"药膳午餐"，提供"今日药膳"套餐。通过了解药膳中的一些中药成分，提供多个套餐进行选择，在对比中"对症下药"，进而了解到中医药文化的博大精深及其严谨性。根据药膳中食材的功效，学生可动手搭配符合给定营养条件的食材，并通过生动有趣、行之有效的膳食搭配、调配等系列活动，提高用数学解决问题的能力。同时感受数学思想方法的奇妙与作用，逐渐形成有序地、严密地思考问题的意识，加强综合利用排列组合、统计等相关知识解决问题的能力，培养严谨的思维习惯以及收集数据、整理数据的能力。本内容初步涉及"不低于、不超过"，在中药膳食成分的定量中则更为精准，可为特殊人群搭配膳食菜谱，了解均衡营养，培养良好的饮食习惯，吃出健康，快乐成长。

9. 五年级上册《位置》

（1）教材内容。

结合具体情境，用数对（正整数）表示物体的位置，如在方格纸上用数对表示物体的位置，知道数对与点存在的对应关系。

（2）关联中医药。

药店里存储中药的药柜蕴藏着数对知识，可以利用药柜学习数对的相关知识，理解中医药文化中蕴藏的数学知识，并进行应用，利用数对知识简化标记药柜中各种药材所在的位置。

10. 五年级下册《长方体和正方体"容积的认识"》

（1）教材内容。

理解容积的意义，掌握容积的计算方法，知道容积与体积的联系和区别。认识常用的容积单位升和毫升，掌握容积单位和体积单位之间的关系以及容积单位之间的进率。感受1毫升的实际意义，应用所学知识解决生活中的简单问题。

（2）关联中医药。

学习了容积单位升和毫升，可以根据不同药材的特性及容量要求，制作不同规格的盛药容器并为容器标上刻度。

11. 六年级上册《扇形统计图》

（1）教材内容。

收集和整理数据，学会制作扇形统计图，并根据扇形统计图分析问题。

（2）关联中医药。

学习了扇形统计图，经历算出药方中各药材所占百分比，将药方绘制成扇形统计图的形式的过程，可一目了然地看出各药材的用量以及所占百分比，再进一步分析数据。通过对各药方的比较，发现不同的药方可能会需要相同的药材，但同一种药材在不同药方中用量不同。在研究药方的同时，经历抓药、煎药的过程，促进对各种中药材的认识，学习煎煮中药的方法，进一步加深对中医药文化的理解。

12. 六年级下册《比例》

（1）教材内容。

理解比例的意义，运用比例的相关知识，分析、解决实际问题。

（2）关联中医药。

比值相同的两个比能组成比例，中医药方经常要求药材按照一定比例配置，一种药材增加用量，另一种也要相对应增加，只要比值相同即可。在解比例这一节中，可以创设情境，将数学学习与生活实际相结合，如在制作药膳或者抓药时，已知一种药材的用量，用解比例的方法求另一种药材的用量。重要的是掌握其中的变与不变，理解一个变量对另一个变量的影响，学会灵活处理其中的变化。这与中医药文化中的阴阳平衡非常契合，便于对阴阳平衡的理解。六年级下学期后期，进入对整个小学知识的整理与复习阶段，运用中医药文化中的"望闻问切"方法有助于梳理解决问题的步骤、归纳解决问题的方法。

（二）中医药资源

1. 实地类

（1）玉鸣小学"百草园"。

玉鸣小学校园开辟了一处"百草园"，邀请中医药专家进校讲解中医和数学相关的知识，带领学生种植适宜的中草药，运用数学课学习的知识自制月历记录中草药的成长，让学生更好地通过数学知识了解种植知识，认识中草药的种类、种植的条件、种植的方法、不同中草药的作用等。

（2）中医药企业。

在广州市69家拥有药品生产许可证的中药制药企业中，黄埔区占18家，数量位列全市第一。玉鸣小学位于黄埔区，有着得天独厚的环境，学校附近就是中医药企业，适宜进行科普宣教、参观实践等活动，推进"校企共建"。更有企业的专家引领学生对中医药企业开展研学活动，用数学的眼光观察中医药，用数学的思维思考中医药。通过参观实践等方式，可以体验中医药文化融合数学的独特魅力。

2. 视听类

观看中医药相关视频了解身边的中药材，认识其外形及功效，让学生通过视听学习了解到原来平时上学的路上、经常游玩的公园里都可以发现各种各样的中药材，中医药就在我们的身边。

3. 文本类

（1）中医药绘本（适合一至二年级）。

低学段的学生可以阅读中医药文化类绘本，绘本图文并茂，是对儿童描绘并讲解中草药知识的自然百科书。少儿成长故事与百科知识结合，有可读性，引人入胜，既能吸引儿童阅读，又科学地传授了中草药的基础知识，让儿童对自然的认知有了东方美学式解读。这有利于拓展儿童的课外阅读面，培养多样的生活情趣。

（2）中医药精品教材（适合三至六年级）。

中高学段的学生可以阅读中医药方面的书目，从书中更深入地认识中医药文化。阅读兼具知识性、科学性与趣味性的书目，能够提升中医药文化知识的普及效果。

（3）中医药膳食著作（适合三至六年级）。

依托小学数学四年级下册《营养午餐》的教学活动，结合中医药相关知识，研究食物的营养与应用。阅读日常生活中各种常用药膳的书，从文化渊源、中医理论、日常使用等多角度了解儿童、青少年健康饮食行为的培养和食品卫生与安全的问题。

三、目标预设

（一）学科学习目标

1. 一年级上册《位置》

（1）数学初步学习。

能在具体的生活实践或游戏情境中，体验上、下、前、后、左、右的位置和顺序，培养上、下、前、后、左、右的空间观念，了解位置的相对性，并对上、下、前、后、左、右的位置加以准确的判断。

（2）数学深入学习。

能自主地根据不同的情况判断上、下、前、后、左、右，培养一定的空间观念。

（3）数学拓展学习。

能有效地渗透数学空间想象和思维能力。

2. 一年级下册《分类与整理》

（1）数学初步学习。

能根据给定的标准进行分类，感知分类的意义，并通过操作学会分类的方法；能经历简单的数据收集和整理过程，学会用自己的方式呈现收集的数据。

（2）数学深入学习。

能在分类的过程中，体验分类结果在单一标准下的一致性和不同标准下的多样性。

（3）数学拓展学习。

能通过拓展性学习，提高分类与整理的能力，并渗透分类的数学思想，加深思想品德教育，提高动手操作能力。

3. 二年级上册《观察物体（一）》

（1）数学初步学习。

知道从不同位置观察物体时，看到的图形可能不同，学会辨认从不同位置观察简单物体及几何体时看到的图形。

（2）数学深入学习。

能在观察、操作、想象等活动中，初步掌握全面、正确观察物体的方法。

（3）数学拓展学习。

能基于拓展性学习，解决简单的问题，发展空间观念和推理能力。

4. 二年级册下册《数据收集整理》

（1）数学初步学习。

能初步认识简单的统计表，根据统计表中的数据提出并回答简单的问题，进而学会对数据进行简单的分析。

（2）数学深入学习。

能看懂、理解统计表，学会对数据进行简单的分析。

（3）数学拓展学习。

能在拓展性学习中，深化合作意识，培养创新精神，感受统计表的实际应用价值。

5. 三年级上册《测量》

（1）数学初步学习。

能结合生活实际，经历实际测量的过程，从实践活动中学会认识长度单位及建立长度观念，学会认识质量单位及单位之间的关系，学会进行简单的单位换算。

（2）数学深入学习。

能估计物体的长度和质量，学会选择合适的单位及工具进行测量。

（3）数学拓展学习。

能在拓展性学习中，感受数学与生活的紧密联系，了解如何分析问题和解决问题，体验合作交流解决问题的过程。

6. 三年级下册《年、月、日》

（1）数学初步学习。

能认识时间单位"年、月、日"，了解单位之间的关系，了解24时计时法，学会用24时计时法表示时刻。

（2）数学深入学习。

能初步理解时间和时刻的意义，学会计算简单的经过时间。

（3）数学拓展学习。

能通过拓展性学习，建立时间观念，养成遵守和爱惜时间的意识和习惯。

7. 四年级上册《条形统计图》

（1）数学初步学习。

能体验数据的收集、整理、描述和分析过程，学会绘制条形统计图。

（2）数学深入学习。

能理解条形统计图，并学会分析条形统计图。

（3）数学拓展学习。

能在拓展性学习中，通过对周围现实生活中有关事例的调查，在生活中形成统计与概率的思想。

8. 四年级下册《营养午餐》

（1）数学初步学习。

能基于"营养午餐"的数学化学习，体会数学在日常生活中的应用价值，增强应用数学意识。

（2）数学深入学习。

能以数据为依据，形成用数据说话的意识，感受数据的力量。

（3）数学拓展学习。

能在拓展性学习中，渗透分类讨论思想与统计思想。

9. 五年级上册《位置》

（1）数学初步学习。

能用两个数据确定物体在平面中的位置，并在具体情境中认识列、行的含义，知道确定第几列、第几行的规则，学会用数对（正整数）表示物体的位置。

（2）数学深入学习。

能在理解数对的含义的基础上，学会在方格纸上用数对表示物体的位置，进一步增强用数学眼光观察生活的意识。

（3）数学拓展学习。

能在拓展性学习中，知道数对与方格纸上的点存在对应关系，培养空间观念，渗透数形结合的思想，体验数学交流的简洁性。

10. 五年级下册《长方体和正方体"容积的认识"》

（1）数学初步学习。

能理解容积的意义，掌握常用的容积单位升和毫升以及它们之间的进率，掌握容积和体积的联系与区别，知道容积单位和体积单位之间的关系，学会感受1毫升的实际意义，并应用所学知识解决生活中的简单问题。

（2）数学深入学习。

能在拓展性学习中，经历实验、观察、思考、概括的过程，掌握实验探究的方法，学会比较、明确容积单位与体积单位的区别和联系。

（3）数学拓展学习。

在拓展性学习中，通过创设和列举具体生活情境，体会数学来源于生活，并运用于生活。

11. 六年级上册《扇形统计图》

（1）数学初步学习。

能通过实际问题，认识扇形统计图的含义和特点，学会从扇形统计图中获取正确的信息，并学会做出合理的解释和推断。

（2）数学深入学习。

能制作扇形统计图，学会用扇形统计图解决实际问题，并体会统计与生产、生活的密切联系，感受统计的实用价值。

（3）数学拓展学习。

能在拓展性学习中，学会结合统计图正确地进行数据分析，为决策服务。

12. 六年级下册《比例》

（1）数学初步学习。

能理解比例的意义，学会根据生活实际组成比例，学会解比例，并找出生活中成正比例和成反比例的实例，学会运用比例知识解决简单的实际问题。

（2）数学深入学习。

能经历参与知识的形成、发现和运用过程，体验从实践中学习的方法，感受生活中处处有数学，激发学习数学的兴趣，体会事物的联系，培养探究精神。

（3）数学拓展学习。

能在拓展性学习中重视基本概念，渗透函数思想，感受辩证唯物主义观点的教育。

（二）中医药学习目标

1. 一年级上册《位置》

（1）问题求解。

能通过了解眼保健操的面部穴位，说清楚不同穴位之间的位置关系。

（2）任务解答。

能通过查一查、做一做的方式，体验眼保健操中不同穴位的分布和按摩功效。

（3）成果展示。

了解简单的面部穴位图，并讲解眼保健操中面部穴位的功效和标准做法，形成视频资料。

（4）文化传创。

能通过运用《位置》知识、探索讲解等多种方式，把眼保健操做得更加标准，亦能了解更多中医方面的知识。

2. 一年级下册《分类与整理》

（1）问题求解。

能根据不同的分类标准，如穴位的分布和功效，对穴位进行分类与整理。

（2）任务解答。

能通过查一查、分一分、玩一玩的方式，体验不同穴位的功效和按摩手法。

（3）成果展示。

能制作简单的表格，呈现不同的分类结果，并讲解不同穴位的按摩手法，形成视频资料。

（4）文化传创。

能通过《分类与整理》的统整学习，认识更多的穴位和作用，学会自己选择标准进行分类，并与父母沟通、按摩，从而培养分类整理的能力，且更深入地了解中医知识。

3. 二年级上册《观察物体（一）》

（1）问题求解。

能从"生活中常见中药材""在不同的位置观察它们" 等方面，生成《观察物体（一）》统整中医药文化的学习问题，引发探究兴趣。

（2）任务解答。

能带着问题，通过"看一看"的统整性学习任务，认识药材，并学会分辨药材。

（3）成果展示。

能在完成统整性学习任务的基础上，通过观察中药材等活动，绘画出图像，并以合适的方式进行成果展示。

（4）文化传创。

能结合《观察物体（一）》，从不同角度、不同方向观察、描述、区分和辨别中药材，加深对中药材的了解，进而传承与创新中医药文化。

4. 二年级下册《数据收集整理》

（1）问题求解。

能就一剂处方的药材组成及剂量的话题，生成统整性学习问题，以激发探究欲望。

（2）任务解答。

能带着统整性学习问题，通过看一看、称一称的方式，完成相应的学习任务，感受一剂处方中各种中药材的组成和剂量。

（3）成果展示。

能以合适的方式，展示一剂处方中各种中药材的组成和剂量的统计。

（4）文化传创。

能在学习《数据收集整理》的基础上，通过看一看、称一称的实践活动，了解各种中药材的组成和剂量，感受中医药文化的严谨性。

5. 三年级上册《测量》

（1）问题求解。

能基于用工具测量药材质量的话题，生成统整性学习问题，激发对药材不同质量如何确定的探究。

（2）任务解答。

能带着统整性学习问题，通过上网搜索、查阅图书等方式，了解质量的测量方法和测量工具，并完成药材质量测量的多样学习任务。

（3）成果展示。

能选择合适的调查方式，记录调查结果，制作常见中药材用法用量小册，并进行相应的成果展示。

（4）文化传创。

能在统整性学习历程中，遵循中药处方对每种药材质量都有严格的要求和标准，通过称重中草药的实践活动，感受中医药文化的严谨性，体验"一症一方，一人一策"的辨证施治。

6. 三年级下册《年、月、日》

（1）问题求解。

能基于药材生长年限及其效用的话题，生成统整性学习问题，对如何计算药材生长年限，以及不同年限的药材有何效用等问题，开启相应的探索。

（2）任务解答。

能通过查一查、算一算，了解常见药材的生长规律，并利用阅读书籍、上网搜索等方式，了解不同年限对药材功效的影响。

（3）成果展示。

能制作生长时间轴，将生长时长与各时间点建立联系，并通过查阅相关资料，设计实践性作业，从而进行成果展示。

（4）文化传创。

能利用时间的数学知识解决中草药生长的问题，学会以本草作为切入点，研究中草药的生长周期，从而了解中医药方中对每种药材生长年限都有严格要求，实现对中医药文化的持续研究。

7. 四年级上册《条形统计图》

（1）问题求解。

能就中草药定价销售的话题，生成统整性学习问题，并对产量与价格变化趋势进行探究，以便给药农种植提出合理的建议。

（2）任务解答。

能在经历调查、收集、整理、描述与分析数据的基础上，绘制出某种或多种中草药价格与产量的条形统计图，研究其变化趋势，给药农提出合理的种植建议。

（3）成果展示。

能制作统计表，绘制中草药价格与产量的条形统计图。

（4）文化传创。

能在查阅相关资料时，锻炼搜集信息的能力，亲历调查、收集、整理、描述与分析的整个数据处理过程，提高数学与生活紧密相连的认识，加强思考能力，实现对中医药文化的统整性学习。

8. 四年级下册《营养午餐》

（1）问题求解。

能从营养午餐关联到药膳，并生成统整性学习问题，进而对药膳展开相应的探究。

（2）任务解答。

能通过询问家人、阅读书籍、上网搜索等方式，了解药膳的功效和制作方法。

（3）成果展示。

能制作手抄报，介绍药膳的功效和其中的药材搭配。

（4）文化传创。

能通过生动有趣、行之有效的膳食搭配与调配等系列活动，提高用数学解决问题的能力，从而传承与创新中医药文化。

9. 五年级上册《位置》

（1）问题求解。

能由数学课程《位置》的学习，关联中医药文化，生成相应的统整性学习问题，并通过数对来解决中医药房里找药的问题。

（2）任务解答。

能通过玩一玩、做一做等形式来开展抓药活动，并基于合作探究，用数对位置在中医药房里准确找药。

（3）成果展示。

能制作简单的药材位置坐标图，以展示问题解决的成果。

（4）文化传创。

能在找药、抓药的过程中，积累关于中药材的知识。

10. 五年级下册《长方体和正方体"容积的认识"》

（1）问题求解。

能用容积单位升和毫升，描述煎熬中药的容量，制作盛中药的容器。

（2）任务解答。

能通过查资料，了解一次饮用的中药或广东凉茶的容量。

（3）成果展示。

能通过小组合作，制作出盛中药的容器，展示作品及其制作的过程视频等探究成果。

（4）文化传创。

能在制作煎药容器的过程中，加深对中医药文化的了解。

11. 六年级上册《扇形统计图》

（1）问题求解。

能就中药方中各种药材的配比，生成统整性学习问题，尝试用扇形统计图展开问题的探究。

（2）任务解答。

能通过自主探索、小组合作等形式，经历算一算、说一说的过程来开展配药活动，并讨论药方的用处，以及药方中各种药材的作用等。

（3）成果展示。

能对药方中各种药材以扇形统计图形式表示，并制作成常见药方小册，以呈现探究成果。

（4）文化传创。

能在研究药方的同时，经历抓药、煎药的过程，促进对各种中药材的认识，学习煎煮中药的方法，进一步加深对中医药文化的理解。

12. 六年级下册《比例》

（1）问题求解。

能了解常见药方中药材的比例，生成统整性学习问题，并按一定比例配置药剂或者药膳进行相应的探究。

（2）任务解答。

能通过找一找、算一算等形式，来开展配药、抓药活动。

（3）成果展示。

能把常见药方中药材的比例写出来，并自己设计出相关的问题，开展解题活动，展示探究成果。

（4）文化传创。

能在研究药方的同时，加深对各种中药材的认识，体会药方与药膳的配比的精妙之处，进一步加深对中医药文化的理解。

贰 课程统整路径

一、内容预选

（一）一年级上册《位置》

1. 学科课程学习

（1）根据情景图的数学信息，判断谁在谁的上、下、前、后、左、右各个不同的位置。

（2）在具体的生活实践或游戏情境中，体验上、下、前、后、左、右的位置和顺序，培养上、下、前、后、左、右的空间观念。

（3）了解位置的相对性，对上、下、前、后、左、右的位置进行准确的判断，培养空间观念。

2. 中医药文化学习

（1）问题求解。

你是否知道人体分布了362个经穴？我们每天都要做眼保健操，你都认识我们做眼保健操时按摩的面部经穴吗？请用学过的数学知识大致介绍它们的位置。

（2）任务解答。

查一查：利用阅读书籍、上网搜索等方式，了解人体的经穴分布及其在中医里的历史和传承。

玩一玩：通过"你讲我猜"的小游戏，一人用上、下、左、右来描述，另一人在人体面部穴位图上找出该眼保健操按摩穴位。

做一做：在认识了眼保健操的穴位位置后，可以讲解一个或多个穴位的按摩对保护视力的作用，每一天的眼保健操要做到动作标准。

（3）成果展示。

记一记：通过查阅资料，制作简单的面部穴位图。

试一试：讲解眼保健操面部穴位的按摩功效和标准做法，形成视频资料。

（4）文化传创。

经穴分布在人体的十四经脉，每一个经穴都有固定的位置，运用一年级上册《位置》知识，用上、下、左、右来描述面部穴位之间的位置关系，如印堂穴在水沟穴上面，再通过游戏互动、探索讲解等多种方式，把眼保健操做得更加标准，了解更多中医方面的知识。

（二）一年级下册《分类与整理》

1. 学科课程学习

学生根据情景图的数学信息，按照不同的分类标准，对事物进行分类。

学生根据给定的标准进行分类，感知分类的意义，通过操作学会分类的方法。

学生经历简单的数据收集和整理过程，用自己的方式呈现收集的数据。

学生在分类的过程中，体验分类结果在单一标准下的一致性和不同标准下的多样性。

2. 中医药文化学习

（1）问题求解。

你知道人体的不同穴位的功效是怎样的吗？如何根据穴位的不同标准进行分类？你知道如何按摩吗？

（2）任务解答。

查一查：学生利用阅读书籍、上网搜索等方式，了解人体的不同穴位的功效以及不同的按摩手法。

分一分：学生在课堂上通过呈现各个穴位的作用和所在位置，用自己的方式呈现分类结果。

玩一玩：学生4人一组，争当小小按摩师，对不同穴位进行按摩，在游戏中体验穴位的按摩手法。

（3）成果展示。

记一记：学生通过查阅资料，制作简单的表格呈现不同的分类结果。

试一试：学生讲解不同穴位的按摩手法，形成视频资料。

（4）文化传创。

经穴分布在人体的十四经脉，每一个经穴都有固定的位置。学生通过《分类与整理》，认识更多的穴位和作用，自己选择标准进行分类，并与父母沟通、为父母按摩，培养分类整理的能力，以便更深入地了解中医知识。

（三）二年级上册《观察物体（一）》

1. 学科课程学习

学生将要观察的物体固定，从不同的位置观察物体，对不同位置看到的图形形成表象，并通过观察不同方向的图形辨认其形状。

学生经历从不同角度、不同方向观察、描述、区分和辨别物体的过程。

学生在生活中清晰地辨认出不同的物体，初步发展空间想象力。

2. 中医药文化学习

（1）问题求解。

你认识生活中常见的中药材吗？从不同的位置观察它们是什么样的。

（2）任务解答。

看一看：学生通过种植盆栽、购买药材等方式，对实物进行观察。

说一说：学生在不同的位置观察药材，并描述药材的样子。

辨一辨：学生尝试从同一个位置观察，看是否可以分辨出是何种药材。

（3）成果展示。

学生观察中药材，绘画并描述药材的上面、正面、侧面的样子。

（4）文化传创。

结合二年级上册《观察物体（一）》，学生经历从不同角度、不同方向观察、描述、区分和辨别中药材的过程，并通过绘画的形式记录下来，加深其对中药材的印象，从而能在生活中清晰辨认出不同的药材。

（四）二年级下册《数据收集整理》

1. 学科课程学习

学生认识统计表的结构，体验数据的收集、整理过程。

学生在描述和分析数据收集、整理的过程中，能根据统计表中的数据提出并回答简单的问题。

学生在亲身体验数据产生的过程中，主动将数学带进生活，从而解决和分析生活中的一些数学问题，获得成功的体验。

2. 中医药文化学习

（1）问题求解。

你知道一剂处方由哪些药材组成吗？各需要多少？

（2）任务解答。

辨一辨：课堂上提供工具和一些常见处方用药材，学生通过上网搜索、实物观察等方式，了解日常生活中一剂处方中各种药材的组成。

称一称：学生通过动手实践称一称，感受处方中各种药材的剂量。

（3）成果展示。

记一记：学生制作表格，记录一剂处方中各种药材的组成和剂量。

（4）文化传创。

一剂处方对每种药材都有严格的组成和剂量要求，如辨一辨处方中的各种药材，以及利用工具称出处方中各种药材的质量。在学习二年级下册《数据收集整理》知识基础上，学生通过辨一辨、称一称的实践活动，感受中医药文化的严谨性。

（五）三年级上册《测量》

1. 学科课程学习

学生认识长度单位毫米、分米、千米和质量单位吨，建立1毫米、1分米、1千米的长度观念和1吨的质量观念；掌握米和厘米、分米、毫米之间的进率，学会质量单位吨和千克、克之间的单位换算，进行简单的估测和测量活动，了解一些有关测量的知识和方法。

学生进行实物测量，经历测量的过程，发展测量技能，形成正确的表象。

学生通过操作活动，进一步丰富解决问题的策略，体会数学的思考方法，学会数学的思考，提升解决问题的能力。

2. 中医药文化学习

（1）问题求解。

你知道生活中一般用什么工具对药材进行测量吗？一剂处方中各种药材的质量是多少？应该用什么单位？中药材的不同用量会对功效有什么影响？

（2）任务解答。

看一看：学生基于社会实践活动进行调查，通过上网搜索等方式，了解日常生活中药材的测量工具和计量单位。

称一称：学生根据提供的工具，通过动手实践称一称、量一量一些常见药材的质量和长度，感受不同质量和长度的中药材存在的不同。

查一查：学生利用阅读书籍、上网搜索等方式，了解药材用量对功效的影响。

（3）成果展示。

记一记：学生制作表格，记录一剂处方药中各种药材的质量。

试一试：学生通过查阅相关资料，制作常见中药材用法用量小册。

（4）文化传创。

中医药方对每种药材都有严格的质量要求，如利用工具称出处方中各种药材的质量。在学习三年级上册《测量》知识的基础上，学生通过称重中草药的实践活动，感受中医药文化的严谨性，体验"一症一方，一人一策"的辨证施治。

（六）三年级下册《年、月、日》

1. 学科课程学习

学生了解时间单位年、月、日之间的关系，知道大月、小月、平年、闰年、季度、世纪及其相关知识，和生活相联系，熟练运用年、月、日，并会用24时计时法表示时刻。

年、月、日知识点多，学生通过现实情境，探究实践性任务，在观察、经历、猜想、交流、推理等学习过程中自主构建知识，积累活动经验的同时，提升思维水平，发展应用能力。

2. 中医药文化学习

（1）问题求解。

你了解药材吗？知道药材的生长需要多长时间吗？一剂处方中各种不同年限的中药材会发挥什么样的不同功效？

（2）任务解答。

看一看：学生通过咨询中医、上网搜索等方式，了解日常生活中药材的生长周期。

算一算：学生指定一些生活中的常见药材，并出示对应信息，学生在课堂上通过所学知识，算出药材的生长时间，了解药材的生长周期与药效的关系。

查一查：学生利用阅读书籍、上网搜索等方式，了解不同年限的药材对功效的影响。

（3）成果展示。

记一记：学生制作日历表，记录不同年限药材的效用。

试一试：学生通过查阅相关资料，制作常见中药材不同年限的不同功效小手册。

（4）文化传创。

中医药方对每种药材的生长年限都有严格要求，通过种植中草药或阅读与中草药生长相关书籍，寻访中草药，结合年、月、日知识来观察和了解中草药的生长周期，从而探索中医药文化。

（七）四年级上册《条形统计图》

1. 学科课程学习

学生利用阅读书籍、上网搜索等方式，搜集调查对象的有效数据。

学生经历调查、收集、整理、描述与分析数据的过程，制作统计表，绘制条形统计图，同时描述条形统计图的显性信息和隐性信息。

学生提高数学与生活紧密相连的认识，加强思考能力、创新意识与合作精神。

学生在整个学习过程中，受到分类思想、数形结合思想、类比思想、统计与概率思想的渗透教育。

2. 中医药文化学习

（1）问题求解。

你知道中草药是怎么定价销售的吗？请你选择一种感兴趣的中草药，调查该药材近五年的产量与价格，做出统计表，绘制相关条形统计图，并分析定价的原因。通过产量与价格的变化趋势，给药农提出合理的种植建议。

（2）任务解答。

探一探：学生利用阅读书籍、上网搜索等方式，了解中草药的生活习性。

做一做：学生经历调查、收集、整理、描述与分析数据的过程，绘制出某种或多种中草药价格与产量的条形统计图，根据条形统计图，分析价格与产量的关系，研究其变化趋势，给药农提出合理的种植建议。

（3）成果展示。

学生制作统计表，绘制中草药价格与产量的条形统计图。

学生通过查阅相关资料，制作中草药生活习性手册。

（4）文化传创。

中药的定价要根据产量来进行，学生在查阅相关资料时，了解中草药的生活习性，增加对中草药的了解与认识，并经历数据统计与分析的整个过程，提高数学与生活紧密相连的认识。在给药农提供建议的时候，知道中草药的种植需要考虑多种条件，定价也会根据产量来进行。

（八）四年级下册《营养午餐》

1. 学科课程学习

学生运用简单的排列组合、统计等相关知识，将搜集到的数据信息进行有序整理。

学生根据"药膳午餐"的一些基本指标，运用简单的排列组合、统计等相关知识，了解怎样的搭配才是合理的。

学生在学习过程中，体会探索的乐趣，感受数学的生活性、实用性，受到分类讨论思想与统计思想的渗透教育。

2. 中医药文化学习

（1）问题求解。

药膳也能作为我们的营养午餐，你知道哪些药膳？其中包含了什么中医药材？不同搭配的药膳有什么不同功效呢？

（2）任务解答。

探一探：学生通过询问家人、阅读书籍、上网搜索等方式，了解药膳的功效和制作方法。

做一做：学生学习一种药膳的制作，在家长指导下动手做一做、尝一尝。

（3）成果展示。

学生做药膳的图片和视频资料。

学生制作手抄报介绍药膳的功效和其中的药材搭配。

（4）文化传创。

学生把营养午餐变成"药膳午餐"，提供药膳中食材的功效，自己动手搭配食材，通过生动有趣、行之有效的膳食搭配、调配等系列活动，提高用数学解决问题的能力，同时感受数学思想方法与中医药文化结合的奇妙与作用。

（九）五年级上册《位置》

1. 学科课程学习

学生在具体情境中探索确定位置的方法，可以用两个数据确定物体的位置。

学生感受数形结合的思想，加深对用数对在方格纸上确定位置的理解，体验数学交流上的简洁性，培养空间观念。

2. 中医药文化学习

（1）问题求解。

学习了数对位置，在中药房里，你能怎样快速且精准地找到药材所在的位置呢？

（2）任务解答。

探一探：学生在中药房里，标好每一味药在哪个抽屉里，在每个抽屉贴上每味药的名称，然后将药房里的药材抽屉画成一张坐标图，标好每行每列。

玩一玩：学生当一当小小抓药师，开展抓药活动，一人说出某个药材的名称，另一人根据坐标图迅速找到该药材所在的位置，或用数对迅速地说出药材所在的位置，并迅速完成抓药。

做一做：学生在抓药活动结束后，总结如何迅速完成抓药的步骤。

（3）成果展示。

学生通过熟悉中药房，制作简单的药材位置坐标图。

学生讲解精准找到药材位置的标准做法。

（4）文化传创。

抓药是中医药文化中的一个重要环节。在中药房里，每一味药材都有固定的位置，学生可以运用五年级上册《位置》知识，通过数对的方法，如确定中药房里"黄芩"在哪个位置，通过游戏互动、探索讲解等多种方式，快速且精准地找到药材所在的位置，并了解更多中药材的知识。

（十）五年级下册《长方体和正方体"容积的认识"》

1. 学科课程学习

学生结合具体情境和实践活动，探索并掌握长方体和正方体的容积的意义，了解容积的测量方法。

学生掌握容积的计量单位，清楚容积和体积的联系和区别。

2. 中医药文化学习

（1）问题求解。

学习了容积单位升和毫升后，在煎煮中药时我们可以用什么容器量出中药的容量？你能尝试制作盛中药的容器吗？

（2）任务解答。

查一查：学生通过查阅书籍、上网搜索等方式，了解一次饮用的中药或广东凉茶的容量大约是多少。

做一做：学生在家长帮助下煎煮中药或广东凉茶，并用容器测量出容量。

（3）成果展示。

学生动手实践过程中的图片或视频资料。

学生制作的用以盛中药的容器。

（4）文化传创。

煎煮中药是中医药文化的重要部分，煎煮方法不同，药效也不同。经历查阅资料、在家动手操作的过程，可以加深对中医药疗效的认识。学生在学习了《长方体和正方体》中关于体积和容积的知识后，可以将其应用到中药的用量上，加强数学知识的应用，加深对中医药的了解。

（十一）六年级上册《扇形统计图》

1. 学科课程学习

学生通过实例，认识扇形统计图，了解扇形统计图的特点与作用，读懂扇形统计图，从中获得有效信息，并通过数据进行简单预测，体会统计在现实生活中的作用。

学生理解选择扇形统计图的一般条件是，当需要了解整体与部分之间的关系时，选择扇形统计图更合适。并根据具体需要选择合适的统计图，直观、有效地表示数据，进一步发展数据分析观念。

2. 中医药文化学习

（1）问题求解。

《黄帝内经·素问·至真要大论》记载："君一臣二，奇之制也；君二臣四，偶之制也。""奇之不去则偶之，是谓重方。"[1]中医里神奇的药方让人惊叹，你知道哪些药方呢？药方中各种药材的配比又是怎样的？怎样才能一目了然地体现出它们所占的百分比？你能用扇形统计图表示出来吗？

（2）任务解答。

探一探：利用阅读书籍、上网搜索等方式，查询了解常见药方中各种药材的用量，以及中医药药材的常见作用和药方的常见配置方法。

---

① 王道瑞. 打开《黄帝内经》之门：《内经知要》阐释［M］. 北京：中国中医药出版社，2014.

算一算：在数学问题情境中渗透中医药药材的知识，计算药方中各种药材的质量或不同药材质量与药方总质量的百分比。

画一画：用扇形统计图表示出各种药材的配比。

说一说：讲解自己配的药方的用处，以及药方中各种药材的作用，并讨论这些药方是七方[①]中的哪一方。

（3）成果展示。

通过查阅相关资料，把常见药方中各种药材的配比，通过扇形统计图进行体现，并标注各种药材的功效，制作成药材配比小手册。

（4）文化传创。

学生通过对各药方的比较，发现不同的药方可能会需要相同的药材，但同一种药材在不同的药方中会有不同的用量，用量一样可能所占百分比也不一样；在研究药方的同时，经历配药、抓药的过程，促进对各种中药材的认识，学习配制中药的基本原则，进一步加深对中医药文化的理解。

（十二）六年级下册《比例》

1. 学科课程学习

学生学会解比例的方法，进一步理解并掌握比例的基本性质。

学生通过探究、概括归纳、讨论、合作学习，体验应用知识解决问题的乐趣，培养灵活的思维能力，激发学习数学知识的热情。

学生理解一个变量对另一个变量的影响，感受数学知识的内在联系，初步体会函数思想。

2. 中医药文化学习

（1）问题求解。

每种药方和药膳的药材用量都不一样，你了解过药方和药膳里各种药材的配比吗？各种药材不同的比例对药方的功效有什么影响呢？如果按一定比例配置药剂或者药膳，一种药的用量增加，另一种应该如何变化呢？

（2）任务解答。

探一探：学生利用阅读书籍、上网搜索等方式，查询了解常见药方和药膳中各种药材、食材的用量。

---

① 七方：大、小、缓、急、奇、偶、复七类方剂的合称。

找一找：学生创设数学情境，在其中渗透中医的知识，了解不同药材用量不同则药性不同，通过观察药方中两种药材的用量，计算它们的质量比。

算一算：学生制作药膳或者抓药时，已知一种药材的用量，求另一种药材的用量，运用比例的知识解决问题，并学会验算。

（3）成果展示。

学生通过查阅相关资料，写出常见药方中药材的比例，注明各药材配制的原因，通过小组合作的方式，设计出相关的数学问题，开展"我是小小配药师"解题活动。

（4）文化传创。

学生在研究药方的同时，加深对各种药材的认识，体会药方与药膳配比的精妙之处，进一步加深对中医药文化的理解；体会一种药用量的变化对另一种药用量的影响，学会灵活处理其中的变化，以达到平衡，并懂得这与中医药文化中的阴阳平衡非常契合，便于对阴阳平衡的理解；在解决问题时，可以利用中医药文化中的"望闻问切"方法梳理解决问题的步骤，归纳解决问题的方法。

二、实施建议

（一）课堂教学

1. 设计方式

教师：数学的课堂教学内容注重数学知识与方法的层次性和多样性，以学生的认知发展水平和已有的经验为基础，面向全体学生；适当考虑结合中医药跨学科学习。

学生：通过数学课堂学习，利用观察、猜测、实验、计算、推理、验证、数据分析、直观想象等方法理解并掌握数学的基本知识和技能。体会和理解数学与外部世界和实际生活的联系，提高学习的兴趣。

2. 设计要则

（1）第一大要则：目标明确。

数学课堂教学要保持相对稳定的数学学科体系，体现数学学科特征；关注数学学科发展前沿与数学文化，传承和弘扬中华优秀传统文化。

（2）第二大要则：过程清晰。

数学课堂教学与时俱进，反映现代科学技术与社会发展需要；符合学生的认知规律，有助于学生掌握数学的基本知识和技能。

（3）第三大要则：合理评价。

评价不仅要关注学生数学学习结果，还要关注学生数学学习过程，关注学生解决问题的能力，激励学生学习，改进教师教学。

（二）活动展现

1. 设计方式

教师：数学活动以学生发展为本，以数学核心素养为导向，和其他学科融合设计跨学科主题活动。

学生：学生是活动的主体，在数学活动中通过独立思考、动手实践、自主探究、合作交流等引发学生积极思考，质疑问难，培养良好的数学学习习惯。

2. 设计要则

（1）第一大要则：目标明确。

用数学的眼光认识与探究现实世界，用数学的方法解决数学活动中的现实问题。感悟数学应用的普遍性。

（2）第二大要则：过程清晰。

从日常生活、自然现象或科学情境中发现和设计数学活动，勇于探索一些开放、跨学科的和中医药相关联的活动。活动主题鲜明，能有效传播中医药文化的科学知识和精神内涵。

（3）第三大要则：合理评价。

采用多元的评价主体和多样化的评价方式，要有具体细则。

（三）环境活化

1. 设计方式

教师：有意识地用数学语言表达现实世界，有意识地使用真实数据表达。在备课时创设相关的知识情境和环境，创造学生喜爱的环境形式，并通过问题引领来发挥学生的主体性。

学生：用动手实践、自主探究、合作交流等活动形式，亲历探索的活动过程，体会探索的乐趣；主动参与到活动中，在活动中体会数学的价值。

2. 设计要则

（1）第一大要则：目标明确。

数学为人们提供了一种认识与探究现实世界的观察方法。依托课程目标和活动性质，选择最优的活动场所和环境，设计科学的环境展示过程和方式。

（2）第二大要则：过程清晰。

制订展示方案，具体安排展示的时间、地点、负责人员，设计合理的展示方式。

（3）第三大要则：合理评价。

制订具体细则评价学生的探究作品质量，如探究作品是否符合探究主题；评价准则要有合适的维度和可操作性。

3. 实施要领

（1）问题求解。

将中医药知识和数学学习相结合，提出学习问题。

（2）任务解答。

通过看一看、查一查、试一试以及小组讨论等方式，用数学知识解决中医药的实际问题。

（3）成果展示。

以数据统计、PPT、实践活动等方式展示教学成果。

（4）文化传创。

以中医药相关知识作为切入点，利用数学知识解决实际问题，体会探索中医药文化的乐趣和实用价值，增强数学知识的应用意识，提高学生的实践能力。

叁 课程统整成效评价

一、评价建议

（一）课堂教学

1. 课堂化评价的标准

以数学课程的"初步学习、深入学习、拓展学习"和中医药文化统整的"问题求解、任务解答、成果展示、文化传创"为评价项目，拟定评价标准，并匹配评价分值，共同构成课堂化评价。其评价量表见表3-1-1。

表3-1-1 数学课程统整中医药文化课堂化评价量表

评价项目	评价标准	分值/分	评分
数学初步学习	能初步掌握数学知识	10	
数学深入学习	能进一步了解相关数学知识的含义	10	
数学拓展学习	能对相关的数学知识进行拓展，并结合中医药知识联系生活解决实际问题	10	
问题求解	能通过自主学习、合作学习等解决问题	15	
任务解答	能基于问题，分组完成系列统整性学习任务，达成解答的目标	15	
成果展示	能按要求形成成果及完成展示	15	
文化传创	能传承相关的中医药文化	25	

2. 课堂化评价的操作

学生能够主动参与学习活动，基础知识和基本技能掌握较好；了解、知晓教师讲授的中医药知识，并且能够进行复述。

教师注重对学生学习过程的整体评价，分析学生在不同阶段的表现特征和发展变化。

采取灵活的记录方式，保留学生在不同方面的表现。记录学生自主寻找与中医药文化相关的知识，并且能够进行更深层次的联系与拓展。

综合运用教师评价、学生自我评价、学生相互评价等方式，对学生进行全面的考察。

（二）活动展现

1. 活动化评价的标准

基于数学课程与中医药文化统整，以活动的前、中、后为评价模块，确定评价项目，拟定评价标准，并匹配评价分值，共同构成活动化评价。其评价量表见表3-1-2。

表3-1-2　数学课程统整中医药文化活动化评价量表

评价模块	评价项目	评价标准	分值/分	评分
活动前	活动准备情况	了解学生准备活动的情况，包括心理准备以及材料准备；教师可以让小组长们检查学生相关的材料准备	20	
活动中	活动中的思考与创新	学生做好活动记录，教师从活动记录中了解学生是否有足够的思考和一定的创新	40	
活动后	有关活动的总结与传播	布置相关的活动总结任务，学生可以通过实践、手抄报、演讲、录制视频等形式传播活动内容，弘扬相关的中医药文化	40	

2. 活动化评价的操作

活动前，教师可以准备相关的心理小测试，也可以通过谈话法、观察法了解学生的心理准备状态。至于材料的准备，可以让学生互相检查，强化学生的主人翁意识，让学生成为自己学习的主体。

活动中，教师要对学生进行持续的观察，也可以让学生互相观察，填写一张互评的表格，选出最佳思考者和最佳记录者，让学生更有动力参与到活动的观察和记录中来，让学生学有所思、学有所得。

活动后，需要学生做好总结，这样才能让活动获得更好的教育效果。弘扬中医药文化是统整活动的目的，我们需要利用一些现代化、信息化的手段宣传，从而有效地弘扬中医药文化。

（三）环境活化

1. 环境化评价的标准

基于数学课程与中医药文化统整，以环境的"场域、布局、效能"为评价项目，拟定评价标准，并匹配评价分值，共同构成环境化评价。其评价量表见表3-1-3。

表3-1-3　数学课程统整中医药文化环境化评价量表

评价项目	评价标准	分值/分	评分
环境场域	是否具有相应的中医药文化氛围的布置	20	
环境布局	是否通过多种渠道接受中医药文化的熏陶	40	
环境效能	是否通过环境活化获得更好的学习效果	40	

2. 环境化评价的操作

环境活化有多种形式，如班级文化布置、手抄报、虚拟环境创设等，教师评分时需要辨别环境中是否体现了相应的中医药文化。潜移默化的影响是"润物细无声"的，也能更好地对学生进行熏陶。

通过现场知识问答、介绍中医药文化知识等，考查学生通过一段时间的环境活化后，是否获得了更丰富的中医药文化知识。

二、成果预期

（一）一至二年级

1. 课堂化成果

根据学科特性和中医药文化设计教学过程，学校初步建立起有中医药文化因素的低学段的教学设计集和教学课件。

学生在课堂中学习中医药文化的照片、视频；学生初步了解中医药文化，提升民族自豪感和健康素养。

2. 活动化成果

教师将"中医药文化"和"数学学习"相结合进行调研，撰写论文和课题，为中医药文化进校园提供理论和实践支撑，形成识别中草药活动的竞赛题库。

学生参与活动的照片、视频。

3. 环境化成果

学生制作轴对称图形之中草药的手抄报。

分类整理中草药知识的班级角。

（二）三至四年级

1. 课堂化成果

教师根据学科特性和中医药文化设计教学过程，学校初步建立起有中医药文化因素的中学段的教学设计集和教学课件。

2. 活动化成果

结合质量单位和数量关系设计中草药售卖的情景剧。

以中草药的种植以及生长周期为主题的手抄报。

药膳制作的过程视频。

3. 环境化成果

分类整理中草药知识的班级角。

药膳制作过程的视频以及中草药种植的照片。

（三）五至六年级

1. 课堂化成果

教师根据学科特性和中医药文化设计教学过程，学校初步建立起有中医药文化因素的高学段的教学设计集和教学课件。

2. 活动化成果

结合数学核心素养和相应数学知识设计中草药售卖的情景剧。

用思维导图绘制"中医药学中的数学"。

中医药方的收集。

3. 环境化成果

"中医药学中的数学"主题的思维导图展览。

中医药方展览。

◇　课例三问：《营养午餐》

本课例基于"数学统整中医药文化课怎么上",以数学课程四年级下册《营养午餐》为例,呈现"解决什么问题""如何解决问题""是否解决问题"的"三问成学链"的数学课程实施思路,展现"为什么统整""怎样统整""统整得如何"的数学课程学习样态。

壹　解决什么问题

——从"营养午餐"走向"奇妙中医"

一、基于学科的学习

（1）如何选择营养午餐:一日三餐是我们每天的营养来源,每一种菜品的热量、脂肪和蛋白质等营养成分的含量各不相同,你会选择什么菜品作为自己的午餐呢?

（2）如何搭配营养午餐:如果每份午餐由3种不同的菜肴搭配,学校今天提供的午餐符合营养标准吗?如果让你来配菜,你能搭配出多少种合格的午餐?根据全班同学最喜爱的6种搭配方案,你能绘制出复式条形统计图吗?对于班上偏胖或偏瘦同学的饮食习惯,你有什么好的建议?

二、基于统整的学习

（1）饮食如何养生:最近一周,你的午餐吃了什么?怎样才能吃得健康?当你选择午餐的品种时,能从中医养生的角度去考量吗?

（2）药膳如何养生:对于食物的搭配,你是否能做到营养均衡?你了解药膳并想体验如何制作吗?

贰 如何解决问题

——从"学科"走向"课程统整"

一、《营养午餐》数学化学习

（一）学习目标

（1）能根据营养午餐的一些基本指标，运用简单的排列组合、统计等相关知识，了解怎样的菜肴搭配才是合乎营养标准的午餐。

（2）能在数学活动操作过程中体会探索的乐趣，克服偏食、挑食的毛病，养成科学饮食的习惯，感受数学的生活性、实用性、趣味性。

（二）学习过程

1. 学习模块一：解决问题"如何选择营养午餐"

（1）创设情境，引发思考。

学生根据出示的三种不同的菜谱，按照自己的爱好选择分析，并讨论与交流怎么衡量一份午餐是否健康。

（2）围绕主题，展开研究。

学生4人为一小组展开合作学习，通过阅读有关热量、脂肪、蛋白质的资料，重点理解"不低于、不超过"的含义，利用计算器、口算、估算进行计算，并填入有关表格内，最后全班汇报，进行交流与总结，理解营养午餐要考虑热量和脂肪含量的合理性。

（3）总结提升，合理选择。

了解什么是营养午餐，了解热量和脂肪的重要性，同时明白人体对热量和脂肪的需求不是越多越好。接着，在计算、交流、讨论中，逐步体验到饮食不能只根据自己的喜好，应该荤素搭配、营养健康，从而培养不挑食、不偏食的饮食习惯。

2. 学习模块二：解决问题"如何搭配营养午餐"

（1）动手设计，解决问题。

学生小组合作设计营养午餐，填写表格，一起争当"我是小小营养餐设计师"。

（2）统计分析，综合运用。

学生选择全班喜爱的6种搭配方案，将选出的结果制成复式条形统计图，并分析哪种搭配所含的蛋白质最多。

（3）拓展延伸，加深学习。

根据运动员每天都需要高热量来维持剧烈运动，以及偏胖和偏瘦儿童的图片，组织学生讨论与交流：如果为他们制作营养午餐，要注意什么？如何为特殊人群搭配营养午餐？

3. 学习成效

《营养午餐》以活动课的方式展开，在聚焦"如何选择营养午餐""如何搭配营养午餐"两大问题解决的学习过程中，学生能了解到10岁左右儿童营养午餐的两个基本指标，并能根据所给菜谱进行比较，评判是否合乎营养标准，再自己动手搭配出符合营养标准的午餐，知道哪种搭配获取的蛋白质最多，然后能了解偏胖或偏瘦同学的饮食习惯，从营养的角度提出饮食建议。

二、《营养午餐》统整化学习

统整化学习主要解决的问题是学习模块三：解决问题"饮食如何养生""药膳如何养生"。

（一）发现型统整

1. 学习目标

（1）能从问题"饮食如何养生"出发，了解营养与健康常识，根据营养专家的建议，运用正确的数学思想方法，以及简单的排列组合、统计知识，分析午餐的营养成分，学会调配出科学、合理的营养午餐，提高解决问题的能力，懂得科学合理的饮食的重要性，克服偏食、挑食的毛病，养成科学的饮食习惯。

（2）能从问题"药膳如何养生"出发，了解中医药文化以及饮食禁忌大全，学会根据食物的相宜与相忌进行营养午餐搭配，体验药膳的制作，懂得药膳的养生价值，并了解特殊人群的特殊饮食，发现特殊人群饮食的搭配之道，体会中医药膳的神奇之处。

2. 学习过程

（1）问题求解。

针对已学，提出问题（饮食或药膳如何养生）：最近，你的午餐都吃了什么？每天吃得营养吗？哪些营养是我们日常所需的？怎样判断菜肴搭配是否符合营养标准？从营养成分的角度，如何合理地搭配营养午餐呢？食物有相宜相忌吗？加上这个条件，你能设计出更有利于健康的午餐吗？特殊人群是否需要特殊的饮食呢？那就让我们通过探究与发现，一起来学习如何搭配营养午餐吧！

学习准备，分组初探：学生自由组队，每组3~5人，教师设置好任务单，学生收集相关资料。开展中医药饮食养生文化探寻行动，借助网络资源、书籍报刊、走访家庭等多种形式，了解"食物搭配"和"特殊人群的饮食"等各种资料。学生从自身兴趣出发，可以选择从不同的角度进行研究，如"日常食物中各种食物的热量""哪些食物搭配有益于健康""高血压人群适合什么饮食"等。

（2）任务解答。

探究与发现1：根据营养标准判断。

营养专家建议："10岁左右的儿童从每顿午餐中获取的热量应不低于2 926千焦，脂肪应不超过50 g。"下面是一所小学的食堂周三中午提供的菜单。每一种菜中热量、脂肪和蛋白质的含量如表3-2-1。

表3-2-1　午餐热量、脂肪和蛋白质含量

序号	菜名	热量/kJ	脂肪/g	蛋白质/g
1	红烧鱼	685	2	36
2	土豆炖牛肉	1 095	23	11
3	猪肉粉条	2 462	25	6
4	西红柿炒蛋	899	15	16
5	香菇青菜	911	11	7
6	韭菜豆芽	497	7	3

表3-2-2是笑笑、乐乐和丽丽三人这天所选的菜肴，算一算，谁的午餐搭配最符合营养标准（学生计算热量与脂肪含量，判断是否符合营养标准）。

表3-2-2　三人所选菜肴

笑笑	乐乐	丽丽
土豆炖牛肉	猪肉粉条	土豆炖牛肉
红烧鱼	红烧鱼	香菇青菜
香菇青菜	西红柿炒蛋	韭菜豆芽

探究与发现2：按营养进行搭配。

请根据上面的标准搭配两种符合要求的午餐（小组讨论与交流）。

预设方案一：1、3、5；方案二：3、4、6（答案不唯一，满足营养要求的热量和脂肪含量即可）。

根据搭配方案进行整理分析：列出同学最喜爱的几种搭配方案（如表3-2-3），并算一算方案几搭配的脂肪含量最少。

表3-2-3　我最喜爱的午餐搭配方案统计

方案	配菜编号	男生喜欢	女生喜欢
1	1、2、4		
2	2、3、5		
3	1、3、6		
4	3、4、5		
5	3、5、6		

探究与发现3：根据食物的特性进行搭配。

食物搭配得宜能益体，搭配失宜易成疾。我们要立足科学，知食宜忌，吃出健康。怎样找到最适合自己的饮食结构？怎样找准日常搭配的黄金法则？针对这些问题，我们还需要了解食物的相宜相克。

请学习小组上台，分享课前收集的关于食物搭配的资料，可采取视频、PPT、图片等形式。

小组合作，设计一份有益于身体健康的菜肴，如有益于眼睛健康、有益于肝脏健康等。

探究与发现4：特殊人群的饮食要特殊搭配。

人与自然是一个统一的整体。应用食疗就应该随着不同的气候、地理、生活习惯等因时、因地、因人制宜。如春天阳气生发，高血压患者容易发病，此时不宜过食辛热动火的食物，以防血压升高、大便燥结，宜食用绿色清淡的蔬菜，以及梨等水果。再如，阳虚体质的人宜食用羊肉、荔枝等温热助阳的食物；阴虚体质的人，宜食用枸杞、银耳等滋阴润燥的食物。

观看中医药饮食药膳搭配视频，以及《本草纲目》（了解饮食禁忌和五味宜忌）。

学生分享特殊人群的饮食特点。

小组讨论与交流，设计一份特殊人群的营养午餐（药膳）。

（3）成果展示。

学生课前收集的照片、视频等资料。

学生合作与探究中设计的营养午餐食谱、数据统计表与统计图等。

根据所得，自主制作书签、手抄报，举办班级成果展。

（4）文化传创。

将中医药饮食养生文化融入《营养午餐》课堂或活动中，通过开展小组探究、全班交流研讨的探究与发现方式，由浅入深地了解我国的饮食文化，深化对中医药养生文化的了解，加强对中医药文化的认同感，并自觉树立起传播中医药养生文化的旗帜，在生活中向身边人介绍、普及中医药饮食养生文化。

3. 学习成效

《营养午餐》统整中医药文化课以发现型统整方式展开，在聚焦"饮食如何养生""药膳如何养生"两大问题解决的学习过程中，学生带着问题进行实践活动。一方面，学生通过综合运用简单的排列组合、统计等相关知识解决问题，体会数学在日常生活中的应用价值，增强学生应用数学的意识。另一方面，学生通过了解各份菜中热量、脂肪、蛋白质的含量和营养午餐的一些基本指标，从而克服偏食、挑食的毛病，养成科学饮食的习惯。通过不断探究与发现，学生了解了中医药饮食文化，根据食物的相宜与相忌以及特殊人群的特殊饮食要点进行营养午餐搭配，从中体会到中医药膳的神奇之处。学生在探究与发现中，思维能够得到启发，学会主动学习与运用中医药文化知识，提高对课程进行统整式学习的能力。

（二）探索型统整

1. 学习目标

（1）能从问题"饮食如何养生""药膳如何养生"出发，通过调查、访谈等方式，了解中草药的种类与品性，并选择一种或两种深入调查。根据季节，选择与中草药适合搭配的辅料制作药膳，确定适宜人群与不适宜人群，绘制"今日药膳"表。

（2）能从问题"饮食如何养生""药膳如何养生"出发，对饮食与药膳进行探究性学习，懂得科学、合理的营养饮食的重要性，养成良好的饮食习惯。

2. 学习过程

（1）问题求解。

药膳午餐怎么选：学生要通过了解药膳中的一些中药成分，根据专家提供的套餐进行选择，在对比中"对症下药"，加强综合利用排列组合、统计等相关知识解决问题的能力，培养学生严谨的思维习惯以及收集、整理数据的能力。

药膳午餐怎么配：根据提供的药膳食材的功效，学生自己动手搭配出符合给定营养条件的食材，提高用数学解决问题的能力，理解"不低于、不超过"的含义，在中药膳食成分的定量中更为精准地为特殊人群搭配膳食菜谱，了解均衡营养，养成良好的饮食习惯。

（2）任务解答。

我是小小发现家（调查研究）：学生分工合作，提前通过阅读书籍、上网搜索等方式，搜集中医药材中可以做药膳的种类，确定这些药膳的功效（最好是每个季节适宜吃什么也能够整理好），以及相互之间最适宜的搭配。

我是一名小记者（收集信息）：学生可通过电话访谈政府部门的相关工作人员，通过实地走访、查阅报刊和书籍等途径与方式，收集可做药膳的食物种类与品性。

我是小小信息员（整理信息，制作"今日膳食"表）：学生将收集到的数据进行整理，根据适宜搭配，制作"今日膳食"表（中草药版）。

我是小小思考者（修改"今日膳食"表）：将制作好的"今日膳食"表交给中医药专家与营养专家进行审阅，根据建议酌情进行修改。

我是一名小画家（绘制更精美的"今日膳食"表）：可将"今日膳食"表进行美化，力求整洁与美观。

我是小小发言人（总结信息，提出建议）：学生根据已绘制的"今日膳食"表进行概括，后续可根据季节进行修改，帮助人们更好地调理。

（3）成果展示。

学生将收集到的数据进行整理，根据适宜搭配，制作"今日膳食"表（中草药版）。

学生搜集、调查过程中的照片、文献等资料。

（4）文化传创。

《营养午餐》统整中医药文化课以探索型统整方式展开，在聚焦"饮食如何养生""药膳如何养生"两大问题解决的学习过程中，学生通过调查了解药膳食材的功效，使用给定条件的食材动手搭配符合营养条件的"今日膳食"，开展生动有趣、行之有效的膳食搭配与调配等系列活动，绘制"今日膳食"表，体验中医药文化的传承与创新。

3. 学习成效

学生在对药膳食材的功效进行调查与了解后，根据给定条件的食材展开膳食搭配与调配等系列活动，绘制"今日膳食"表，能够提高用数学解决"膳食、药膳与养生"问题的能力，感受数学思想方法在饮食生活中的奇妙与作用，逐渐形成有序地、严密地思考问题的意识，加强综合利用排列组合、统计等相关知识解决问题的能力，培养严谨的思维习惯以及收集数据、整理数据的能力。同时，学生对课程中初步涉及的"不低于、不超过"的含义会形成相应的理解，对中药膳食成分的定量了解得更为精准，而为特殊人群搭配膳食菜谱，则有利于了解均衡营养，吃出健康，养成良好的饮食习惯。

（三）实践型统整

1. 学习目标

能从问题"饮食如何养生""药膳如何养生"出发，了解营养药膳与健康常识，会运用简单的排列组合、统计知识解决问题。

能从问题"饮食如何养生""药膳如何养生"出发，根据营养专家的建议，运用正确的数学思想方法分析、调配科学而合理的药膳午餐。

能从问题"饮食如何养生""药膳如何养生"出发，懂得科学、合理的营养饮食的重要性，克服偏食、挑食的毛病，养成科学的饮食习惯。

2. 学习过程

（1）问题求解。

播放美食节音乐相册，回忆快乐的美食节场景；引入合理的饮食搭配有利于我们的身体健康；从中医药方面来探索如何搭配营养午餐。

初次搭配食材，引发思考：学生按照个人喜好，搭配三种食材，做一份药膳午餐。

小厨师：我们就来做一回小小点菜员吧。请你们从这些食材中选出最想搭配在一起的三种食材来，在菜单上打钩。

小小选材员：点完三种食材后，学生在白板上演示。

小厨师：能说说搭配理由吗？

思考：你们觉得自己点的食材怎么样？有营养吗？（探寻专家的建议）

（2）任务解答。

第一阶段：一顿饭是否营养科学，关系到我们的身体健康，让我们去请教一下营养专家吧。出示专家建议（播放录音）。以所选食材做一份药膳午餐，每一种食材的用量是有讲究的（出示每样食材搭配的量）。学生结合实际，说说"不低于"和"不超过"的具体含义，并学会用数学符号表示。

第二阶段：运用指标，学会判断。结合营养成分表，每组同学都检验一下是否符合营养标准，并交流原因。学生分小组计算。小组代表交流汇报。教师白板演示。

第三阶段：实践调配。小小调配食材师，配菜要求：每种方案限三种食材，必须符合营养标准。每小组做好分工，合作完成。（选材，记录，计算热量和脂肪、蛋白质含量，核查填写）各组从方案中选出最喜欢的一种汇报。展示方案：（你们组搭配出了几种方案呢？有更多方案的组吗？你们组有什么快捷方法吗？怎样才能不重复、不遗漏地找到所有符合标准的方案呢？）选择最喜欢的一种方案汇报，教师根据每组的汇报，完成白板上的表格。制作复式条形统计图：如果让你在以上搭配药膳食材方案中选择一项最佳的，你认为是哪一种？请简单地说明理由。什么是蛋白质？蛋白质有什么作用？以上哪种方案所含的蛋白质最高？评出最佳药膳营养师。

（3）成果展示。

确定成果展示形式：学生探究过程中的照片、视频等过程性资料；初步汇报时课堂照片、制成的PPT等资料。

有效推进成果展示：最后做成的视频文件可制作成作品集，举办班级成果展。

（4）文化传创。

《营养午餐》统整中医药文化课以实践型统整方式展开，在聚焦"饮食如何养生""药膳如何养生"两大问题解决的学习过程中，学会将中医药饮食养生文化融入日常饮食习惯中，学会在实践中探索如何讲究营养均衡，多吃药膳，吃出健康，从而激发对中医药文化传承与创新的兴趣，并延伸到今后的实践探索之中。

3. 学习成效

经历这一实践型统整中医药文化课，学生围绕午餐营养问题，设计相应的数学综合应用活动，结合中医药膳知识，调配符合营养标准的午餐，体会数学在日常生活中的应用价值，增强了应用数学的意识，学会克服偏食、挑食的毛病，养成科学饮食的习惯，从而基本达到预期的学习目标。

叁 是否解决问题

—— "学科素养" 与 "统整素养" 并行

一、聚焦 "学科素养"

（一）问题解决的分析框架

为解决基于数学课程数学化学习的两大问题，学习模块一和学习模块二铺展了相应的解决之道，除了注重学习进程中的及时评价外，还可以构建相应的问题解决框架，来形成 "是否解决问题" 的评价载体，进而评析数学核心素养在问题解决过程中得到怎样的发展，并提出教学改进建议。这一框架见表3-2-4。

表3-2-4 《营养午餐》统整课 "解问题育素养" 数学化学习分析框架

学习问题	学习目标	学习历程	素养评析	改进建议
问题1：如何选择营养午餐	由问题1而研拟的学科学习目标	为达成目标，解决问题1而分解的数学课程的学习进程	针对问题1而铺排的数学课程的学习历程，围绕数学核心素养的培育情况，进行评价与分析	对今后解决问题1的数学课程的教学，提出相应的改进建议
问题2：如何搭配营养午餐	由问题2而研拟的学科学习目标	为达成目标，解决问题2而分解的数学课程的学习进程	针对问题2而铺排的数学课程的学习历程，围绕数学核心素养的培育情况，进行评价与分析	对今后解决问题2的数学课程的教学，提出相应的改进建议

（二）问题解决的成果分析

立足于数学化学习，运用"数学统整课'解问题育素养'数学化学习分析框架"，针对学习模块一和学习模块二的学习铺展，是否有效地解决了学习问题，以促进学生数学核心素养的发展，进行整体性评析，以及提出教学改进建议，最终形成表3-2-5的成果分析。

表3-2-5　《营养午餐》统整课"解问题育素养"数学化学习成果分析

学习问题	学习目标	学习历程	素养评析	改进建议
问题1：如何选择营养午餐	能从问题1出发，在探索与研讨的基础上，了解什么是营养午餐，了解热量和脂肪的重要性，明白人体对热量和脂肪的需求并非越多越好	创设情境，引发思考	学生在自主、合作探究问题中，获得数学核心素养的提升，不仅提高了以自主合作方式学习数学的能力，而且能够在初步探究中，自主地发现问题，并尝试运用数学解决问题	略
		围绕主题，展开研究	学生借助网络、书籍等形式进行再次探究，获得数学核心素养的提升，不仅能增进数学认识，而且能促使自主、合作、探究学习数学的能力再次得到提升	
		总结提升，合理选择	学生能够从总结提升中科学理解什么是营养午餐，又怎样选择营养午餐，培养了营养意识，并在计算、交流、讨论中，逐步体验到饮食不能只根据自己的喜好，应该荤素搭配，营养健康才好，从而养成不挑食、不偏食的饮食习惯，更促进了数学核心素养的发展	

（续表）

学习问题	学习目标	学习历程	素养评析	改进建议
问题2：如何搭配营养午餐	能从问题2出发，在探索与研讨的基础上，搭配出营养午餐，培养科学严谨的态度，学会科学合理地搭配饮食结构，并便于实施营养干预	动手设计，解决问题	学生学以致用，在小组合作交流中加深对营养午餐的理解，学会在乐中学、在玩中悟，增强学习趣味性，也使数学问题更具情境化，加深与实际生活的密切联系，从而发展数学核心素养	略
		统计分析，综合运用	学生能够了解用图表统计的方法，通过图表的效果，感受图表的优越性，增加活动和探究的乐趣，运用相关的统计知识解决实际问题，渗透简单的极值思想，从而发展数学核心素养	
		拓展延伸，加深学习	学生了解营养午餐标准后，通过动手搭配，既能激发学习兴趣，又能把课本知识应用到生活中，体现"科学来源于生活，又应用于生活"的理念，而在学以致用中，也体会了数学来源于生活、服务于生活，生活是数学知识的来源，又是数学知识的延伸，从而发展数学核心素养	

二、衍生"统整素养"

（一）问题解决的分析框架

为解决基于数学课程统整中医药文化的学习问题，学习模块三铺展了相应的解决之道，由此除了注重学习进程中的及时评价外，还可以构建相应的问题解决框架，来形成"是否解决问题"的评价载体，进而评析统整素养在问题解决过程中得到怎样的发展，并提出教学改进建议。这一框架见表3-2-6。

表3-2-6　数学统整课"解问题育素养"统整化学习分析框架

统整问题		数学课程统整中医药文化的学习问题		
统整路径		发现型统整	探索型统整	实践型统整
统整目标		由统整问题出发，基于发现型统整路径而研拟的数学课程学习目标	由统整问题出发，基于探索型统整路径而研拟的数学课程学习目标	由统整问题出发，基于实践型统整路径而研拟的数学课程学习目标
统整历程	问题求解	针对发现型统整路径，呼应统整总问题，提出数学课程统整中医药文化具体的学习问题	针对探索型统整路径，呼应统整总问题，提出数学课程统整中医药文化具体的学习问题	针对实践型统整路径，呼应统整总问题，提出数学课程统整中医药文化具体的学习问题
	任务解答	为解决发现型学习问题，分解出相应的学习任务	为解决探索型学习问题，分解出相应的学习任务	为解决实践型学习问题，分解出相应的学习任务
	成果展示	在完成发现型学习任务后，以一定方式进行数学课程统整中医药文化的成果展示	在完成探索型学习任务后，以一定方式进行数学课程统整中医药文化的成果展示	在完成实践型学习任务后，以一定方式进行数学课程统整中医药文化的成果展示
	文化传创	基于数学课程，随着发现型统整的问题求解、任务解答、成果展示，传承与创新相应的中医药文化	基于数学课程，随着探索型统整的问题求解、任务解答、成果展示，传承与创新相应的中医药文化	基于数学课程，随着实践型统整的问题求解、任务解答、成果展示，传承与创新相应的中医药文化
素养评析		基于数学课程发现型统整路径而铺排的学习历程，围绕统整素养的培育情况，进行评价与分析	基于数学课程探索型统整路径而铺排的学习历程，围绕统整素养的培育情况，进行评价与分析	基于数学课程实践型统整路径而铺排的学习历程，围绕统整素养的培育情况，进行评价与分析
改进建议		对数学课程发现型统整教学，提出相应的改进建议	对数学课程探索型统整教学，提出相应的改进建议	对数学课程实践型统整教学，提出相应的改进建议

（二）问题解决的成果分析

立足于数学课程统整化学习，运用"数学统整课'解问题育素养'统整化学习分析框架"，针对学习模块三的学习铺展，是否有效地解决了统整问题，以促进学生统整素养的发展，进行整体性评析，以及提出教学改进建议，最终形成表3-2-7的成果分析。

表3-2-7 《营养午餐》统整课"解问题育素养"统整化学习成果分析

统整问题		饮食如何养生？药膳如何养生？		
统整路径		发现型统整	探索型统整	实践型统整
统整目标		1. 能从问题"饮食如何养生"出发，根据专家建议，运用数学思想方法和排列组合、统计知识，分析午餐营养成分，学会调配营养午餐，乐于养成科学的饮食习惯 2. 能从问题"药膳如何养生"出发，根据食物相宜与相忌搭配营养午餐，制作药膳，发现特殊人群饮食的搭配之道	1. 能从问题"饮食如何养生""药膳如何养生"出发，制作药膳，确定适宜人群与不适宜人群，绘制"今日药膳"表 2. 能从问题"饮食如何养生""药膳如何养生"出发，对饮食与药膳进行探究性学习，懂得科学、合理的营养饮食的重要性，养成良好的饮食习惯	1. 能从问题"饮食如何养生""药膳如何养生"出发，学会运用简单的排列组合、统计知识解决问题 2. 能从问题"饮食如何养生""药膳如何养生"出发，运用数学思想方法分析、调配药膳午餐 3. 能从问题"饮食如何养生""药膳如何养生"出发，克服偏食、挑食的毛病，养成科学饮食习惯
统整历程	问题求解	1. 针对已学，提出问题：饮食、药膳如何养生 2. 学习准备，分组初探：自由组队，试搭配营养午餐	1. 药膳午餐怎么选：学会"对症下药" 2. 药膳午餐怎么配：为健康人群与特殊人群搭配药膳午餐	1. 播放美食节音乐相册：小厨师如何搭配营养午餐 2. 初次搭配食材，引发思考：三种食材如何配药膳

（续表）

统整路径		发现型统整	探索型统整	实践型统整
统整历程	任务解答	1．探究与发现1：菜肴搭配要根据营养标准判断 2．探究与发现2：菜肴要按营养进行搭配 3．探究与发现3：菜肴要根据食物的特性进行搭配 4．探究与发现4：特殊人群的饮食要特殊搭配	1．自主学习，初探问题 2．调查探究，制作修改 3．总结信息，提出建议	1．专家建议我采纳 2．运用指标，学会判断 3．实践调配
	成果展示	1．确定成果展示形式 2．有效推进成果展示	1．确定成果展示形式 2．有效推进成果展示	1．确定成果展示形式 2．有效推进成果展示
	文化传创	由浅入深地了解我国饮食文化，在生活中向身边人介绍、普及中医药饮食养生文化	调查药膳食材功效，展开膳食搭配与调配，绘制"今日膳食"表，学会用数学解决问题	将中医药饮食养生文化融入日常饮食习惯中，讲究营养均衡，并深入探索与传创中医药文化

（续表）

统整路径	发现型统整	探索型统整	实践型统整
素养评析	1. 自主学习。学生在获得充分从事数学活动的机会下，自主探索，理解和掌握基本的数学知识与技能、思想与方法，获得丰富的数学活动经验 2. 合作探究。学生通过动手实践、自主探索与合作交流进行学习，充分培养了创新精神和实践能力，调动了自觉积极参与教育的过程	1. 自主学习。在自主探索和合作交流过程中，学生理解和掌握了基本的数学知识与技能、思想与方法，获得丰富的数学活动经验 2. 合作探究。学生通过动手实践、自主探索与合作交流进行学习，充分培养了创新精神和实践能力，调动起自觉积极地参与教育的过程	1. 自主学习。经历有目的、有设计、有步骤的活动，结合实际情境，体验发现和提出问题、分析和解决问题的过程 2. 合作探究交流。以问题为载体，以学生自主参与为主，引导学生主动探索、合作交流，帮助学生理解和掌握基本的数学知识与技能，培养学生的应用意识
改进建议	略	略	略

（课例设计：何丽香、张金玲、黄萍玲、陈丽芬）

第四章

英语统整中医药文化

统整设计	朱文维、陆丹、李婉琳、陈雪妮、杨卉茹、李佩珊、邱晨曦、黄文静、李翠红
统整理念	整合资源，联系生活，提升学习素养。教师和学生从英语课程的学习出发，共同生发出联结生活情境的"统整问题"，并由此驱动对中医药文化的拓展性学习、探究性学习，进而在解决问题与展示成果的历程中发展英语核心素养，同时传承乃至创造相应的中医药文化，获得综合素养的提升
统整资源	英语课程与中医药文化。广州版小学英语教科书的U4 *I like green*（一上）、U4 *What do you see?*（一下）、U1 *What can you do?*（二上）、U3 *Please take me to the park*（二下），教科版（主编：龚亚夫&鲁宗干）小学英语教科书的U7 *A picture of my family*（三上）、U8 *Apples are good for us*（三下）、U3 *Welcome to my house*（四上）、U3 *It's time to get up*（四下）、U7 *Do you want coffee or tea?*（五上）、U1 *What's your favourite season?*（五下）、U6 *The secret to good health*（六上）、U6 *Early years of Deng Jiaxian*（六下）共12例课程，及其相关的实地类、视听类、文本类中医药文化资源
统整性质	拓展性课程、探究性课程
统整对象	一至六年级学生
统整样态	基于课堂教学、活动展现、环境活化三大途径，以"问题求解—任务解答—成果展示—文化传创"为主要历程，展开多样态的统整性学习，并通过课堂化评价、活动化评价、环境化评价来判断、分析课程统整目标的达成

◇ 课程设计：本草文化传四方

本设计是英语教师和学生展开课程统整教学的行动指南，分三部分七方面展开，主要阐明英语课程统整中医药文化的方向、路径、成效。

壹 课程统整方向

一、需求分析

（一）学生发展的需要

根据《义务教育英语课程标准（2022年版）》的课程目标指示，学生通过英语课程的学习培育文化意识，能够了解不同国家的优秀文明成果，比较中外文化的异同；加深对中华文化的理解和认同，树立国际视野，坚定文化自信。中医药文化是中医药的根基和灵魂，是中华优秀传统文化的重要组成部分。在小学英语教学过程中，融入传统的中医药文化，对于学生以后的发展是十分有利的。这不仅可以让小学生掌握一些中医药的知识、理论，还可以通过日常的教育教学活动，让其了解到中国传统的文化历史，培养核心素养文化意识，增强家国情怀和人类命运共同体意识，涵养品格，提升学生对中医药的认知和兴趣，增强中小学生的健康意识，对提升中小学生的健康素养和医药素养都有积极意义。

（二）教师发展的需要

《义务教育英语课程标准（2022年版）》的课程理念提出，英语课程以习近平新时代中国特色社会主义思想为指导，落实立德树人的根本任务，发挥核心素养的统领作用，以培养有理想、有本领、有担当的时代新人为出发点和落脚点。英语学科具有德育功能，在小学英语课堂中，深度挖掘教材内容，并与中华传统文化相融合，可以使得英语道德教育的功能逐渐显现出来，且它对于小学生传承中华优秀传统文化、构建新的思想起着十分重要的作用。中医药文化博大精深，对当代教学改革，特别是对培养学生的英语核心素养有很多启示，在教学过程中遵循英语课程育人理念，结合中医药文化指导教学，将会对英语课堂教学有一定的借鉴意义，对英语教师发展有积极的影响。教师在小学英语教学过程中，融入中医药文化，引导学生用英文介绍我国的中医药文化，能够提高教师的文化自信，促进教师的职业发展，推动中医药英语教师队伍建设。

（三）学校发展的需要

中医药文化是中华民族的瑰宝，是中华优秀传统文化的精粹。中医药文化作为中华传统文化的组成部分，其中包含的健康生活理念、知行合一精神等优秀文化基因，在落实立德树人方面有着重要价值。学校是育人的主阵地，是培育学生核心素养最主要的场所。推动中医药文化进校园是传承发展中华优秀传统文化的重要路径，对学校课程建设有着积极意义，这不仅是打开中华文明宝库的钥匙，也是滋养学生心灵、增强他们文化自信的良器。通过开展中医药文化进校园工作，学校得以进一步传承优秀文化，弘扬中医国粹，让广大学生通过学习中医药文化知识，了解我们国家的优秀文明成果，更多地了解中医、感受中医、学习中医、认同中医，丰富卫生健康知识，养成积极健康的生活方式，提升自身中医药健康素养，提升自身英语综合素养。

二、资源分析

（一）教科书资源

1. 一年级上册 U4 *I like green*

（1）教材内容。

本课的主题是颜色，以彩虹为引导，通过歌曲、韵律诗等向学生介绍不同的颜色，以掌握各个颜色的正确表达；根据学生言语交际的需要，通过游戏进行句型的拓展训练，以此来丰富学生的语言积累；同时通过身边的实体事物来练习，灵活地进行不同颜色转换的表达。

本课的目标词汇：purple、blue、green、yellow、orange、red。

本课的目标句型："What's this?""What colour is it?"。

（2）关联中医药。

通过不同实物进行颜色单词学习后，关联不同颜色的中药材进行学习，如柠檬（lemon）、薄荷（mint）、蒲公英（dandelion）、山药（Chinese yam）、橘红果（orange fruit）等。

2. 一年级下册 U4 *What do you see* ?

（1）教材内容。

本单元的主题是房间里的家具和摆设，是学生日常生活中每天都接触到的，通过介绍不同房间以及不同房间里的摆设来学习，能有效激发学生的学习兴趣，也有利于他们把课堂上学到的知识应用到现实生活中。课文介绍了"图片"的表达，比如"厕所的图片"a picture of toilet、"房间的图片"a picture of bedroom 等。

本课的目标词汇：sofa、closet、sink、toilet。

本课的目标句型："What's this？""Where is it？"。

（2）关联中医药。

在教授"a picture of ..."的时候，也可以结合上学期学习过的中草药进行图片展示。复习中草药的英语名称后，引导学生对图片进行短语或句子的表达，比如 a picture of lemon、a picture of mint、a picture of dandelion 等。

3. 二年级上册 U1 *What can you do* ?

（1）教材内容。

本单元的主题是讨论自己和他人的能力，这是每个学生都有话可讲的话题，能够激起学生的分享欲，因为他们都乐于分享自己能做的事。通过教学游戏设计，学生学会如何谈论别人的能力。课文主要是围绕一些小动物和小朋友的能力来开展的。

本课的目标词汇：dance、skate、play the piano、skip rope。

本课的目标句型："What can you do？""I can ...""Somebody can ..."。

（2）关联中医药。

通过对小动物和小朋友会做的事情的内容教学后，教师引出自己能够做的事情"I can grow Chinese herbs. Do you want to have a look？"，然后开始向学生展示一些简单常见的中草药图片及其英语名称，例如金银花（honeysuckle）、没药（myrrh）。

4. 二年级下册 U3 *Please take me to the park*

（1）教材内容。

本单元的主题是介绍自己最喜欢的地点，并回答自己要去的地点及简单原因。课文里涉及的都是一些较有趣的地方，例如 zoo、supermarket、park 等。这激起了孩子们表达的欲望，想分享某个自己想去又有趣的地方。

本课的目标词汇：zoo、park、bookstore、supermarket。

本课的目标句型："Where are you going？""I am going to ..."。

（2）关联中医药。

通过课堂教学中教师组织学生互相分享或上台分享他们最喜欢的地点，在听完同学们的分享后可以抛出问题："Do you want to know my favourite place？""My favourite place is the herb garden."。然后借助PPT或者视频，带领同学们领略中草药园的风景，并介绍一些较常见的中草药，如牛黄（bezoar）、黑芝麻（black sesame）、胖大海（boat-fruited scaphium seed）。课后，教师也可以布置学生拍一个介绍学校百草园的视频，运用本节课的重点句型"I am going to the herb garden. This is ... That is ..."来介绍百草园里的中草药。中草药的英文名称如果难读，说出中文名称也是可以的。

5. 三年级上册 U7 *A picture of my family*

（1）教材内容。

本单元主要学习内容是掌握与家庭成员（family）相关的单词，学会用英语句子"This is ...""That is ..."介绍家庭成员，家庭成员之间互相支持，一起创造美好的生活。

本课的目标词汇：brother、sister、father、mother、uncle、aunt、picture、family、young、cute、strong、thin、pretty。

本课的目标句型："What's this？""It's ...""This is my father."。

（2）关联中医药。

中药也有"家族"，中药"参"就是一个家族。自古以来，参一直是一种滋补中药，体弱多病的人经常服用参来调理身体和治疗疾病。实际上，人参只是参的一种。参的家族成员众多，除了人参、西洋参（花旗参）和高丽参外，还有丹参、苦参、玄参、沙参、党参、东洋参、太子参和明党参等。虽然它们的名字中有"参"一字，但这并不意味着它们"同姓三分亲"。它们各有自己的功效和禁忌。当调理身体时，我们必须根据症状选择，否则，我们不仅无法达到调理和治疗的效果，而且可能适得其反。课堂上，教师可以通过展示不同参的图片让学生认识，并且简单讲解它们的功能，让学生进行匹配练习，还可以通过"family tree"的思维导图引导学生认识参的家族，说出它们之间的联系。

6. 三年级下册 U8 *Apples are good for us*

（1）教材内容。

本单元的学习主题是水果（fruit），主要渗透多吃水果有益身体健康的意识，目标句型有 "Can I have ...？" "What fruit do you like？" 等，通过本单元的学习将以上句型和水果单词运用于实际交际中。

本课的目标词汇：apple、banana、pear、grape、watermelon、strawberry、kiwi、dragon fruit 等。

本课的目标句型："Can I have some fruit？" "What fruit do you like？" "I like grapes." "Apples are good for us."。

（2）关联中医药。

其实，生活中还有很多水果可以提高我们身体的免疫力，保护我们的健康。例如：奇异果、香蕉、苹果有助于我们的睡眠。熟的香蕉膳食纤维含量很高，钾含量很高，有助于润肠通便。火龙果有诸多功效：排毒解毒，保护胃壁；抗衰老，预防脑细胞变性，抑制痴呆症发生；美白皮肤，养颜；减肥，降血糖，润肠滑肠，预防大肠癌发生；等等。

7. 四年级上册 U3 *Welcome to my house*

（1）教材内容。

本单元主要学习如何谈论房子的各个居室，以及在不同居室里的常见活动，并在交际中表达欣赏和赞美。主要句型有 "There is/are ..." "What's in/on/under ...？" 等。课文中介绍了 living room、bedroom、study 等房间，学生掌握了各种房间的单词，以及如何使用英语描述不同房间里进行的活动。

（2）关联中医药。

教学后期可拓展中医药店称"堂"的来历，让学生了解"堂"的来源及相关文化。我国一些老字号的中医药店，多以"堂"命名，诸如"同仁堂""济生堂""长春堂""四知堂"等。有些药店演变到后来发展成制药厂，仍然保留着这些老字号作为厂名，如北京的"同仁堂"、天津的"达仁堂"、杭州的"胡庆余堂"、石家庄的"乐仁堂"、安阳的"明善堂"等，至今仍名扬海内外。

8. 四年级下册 U3 *It's time to get up*

（1）教材内容。

本单元的主题是"daily routine"，课文描述的是 Ben 一天的时间安排，主

要句型有 "It's time to/for ..." "What time is it？ It's ..."。Ben 早上7时起床，9时45分睡觉，这符合中小学生的作息时间。这一单元要求运用本课所学句型谈论日常所做的事情，同时结合课文内容，培养学生良好的生活作息习惯。

（2）关联中医药。

如果学生平时能养成良好的生活习惯，可防御某些疾病，有益于身体健康。良好的作息习惯包括早睡早起、按时吃早餐、适当运动等。学生最好在早上7时至8时之间起床，在早餐前做一些运动，在9时之前吃早餐。这有利于精气从9时至11时在脾经络中运行时的吸收，可以更好地吸收营养。晚上11时就寝，中医认为晚上11时至半夜1时精气运行于胆经，半夜1时至3时精气运行于肝经，这段时间要休息睡觉，否则不利于健康。而且晚上11时到半夜2时是调整内分泌的最佳时机，最好进入睡眠状态。

9. 五年级上册 U7 *Do you want coffee or tea*？

（1）教材内容。

本单元的主要话题是 "foods and drinks"，其内容生活化，使用频率高，语言交际性强，是学生感兴趣的生活话题。主要句型涉及询问他人想喝什么、点餐、报价等；单词以饮料及量词为主。课文中介绍了很多不同的饮料，学生在学习新单词的同时也学会了如何描述饮料。

（2）关联中医药。

其实有的饮品也有药用功效，这一课可拓展不同的饮品对人体有不同的作用。牛奶是人们日常生活中喜爱的饮品之一。它营养丰富，容易被人体消化吸收，是最理想的天然饮品。牛奶中含有丰富的钙、维生素D等，包括人体生长发育所需的氨基酸，消化率高达98％，具有安眠、补钙、美容养颜等功效。柠檬汁含丰富的维生素C，止咳化痰，有助于消除体内毒素。葡萄汁调节心脏，补血安神，有利于加强肾脏和肝脏的功能，帮助消化。梨汁能维持心脏、血管正常运作，能去除体内毒素。拓展相关知识能让学生了解饮品的药用功能，培养健康意识并运用于日常生活中。

10. 五年级下册 U1 *What's your favourite season*？

（1）教材内容。

本单元主要围绕"我最喜欢的季节"展开教学内容，旨在让学生了解并逐渐掌握与四季相关的词汇和句型。在这节课中，学生将会学习到四季的单词，与四季相关的动词短语，以及如何用英语描述喜欢的季节。

（2）关联中医药。

学生喜欢某个季节除了天气、服装、活动的原因外，也可以拓展学习观察药用动植物的生长变化。在四季变换中，春天温暖湿润，万物萌发，夏天炎热，日照充足，秋天凉爽，迎来丰收，冬天寒冷干燥。中医药文化包含着丰富的内涵，可以加深学生对自然变化的理解。

11. 六年级上册 U6 *The secret to good health*

（1）教材内容。

本单元的主要话题是"如何保持健康生活"。课文中讲到 Mr Li 一个外表看起来只有60岁的80岁老人，如何保持青春活力的秘密：Mr Li 每天至少睡8小时，保持良好的饮食习惯，多吃蔬菜少吃肉，少吃甜食和油腻的食品，合理地做运动，保持乐观的心态，多笑。

本课的目标词汇：secret、simple、least、finally、smile、even、diet、less、oily。

本课的目标短语：the secret to good health，stay/keep healthy，at least，oily food，the most important thing，worry too much，eat more vegetables and less meat，do some simple things，get plenty of rest，keep a good diet，take plenty of exercise，healthy life，have a smile on one's face.

本课的目标句型："First，get plenty of sleep ..." "Second，keep a good diet ..." "Third，take plenty of exercise ..." "Finally，Mr Li thinks the most important thing for a healthy life is to be happy."。

（2）关联中医药。

良好的饮食习惯是保持健康生活的一个重要因素，合理的饮食可以使人身体强壮，益寿延年。而饮食不当，则是导致疾病和早衰的重要原因之一。根据中医法则，如何吃才是健康饮食习惯呢？第一，多吃粗粮，帮助消化；第二，荤素搭配，各种荤素食物中含有人体必需的各种营养物质，需要合理搭配食用；第三，吃饭七分饱，中医自古以来就主张吃饭不要过饱，《黄帝内经》中说"饮食有节""饮食自倍，脾胃乃伤"，意思是如果饮食不节制，就会损伤脾胃。

12. 六年级下册 U6 *Early years of Deng Jiaxian*

（1）教材内容。

本单元的主要话题是让学生谈论自己喜欢的伟人，并且说出原因。课文讲述了邓稼先先生的丰功伟绩，他是中国核武器研制与发展的主要组织者、领导者，他始终在中国核武器制造的第一线，领导许多学者和技术人员成功地设计了中国第一颗原子弹、氢弹和中子弹，把中国国防自卫武器提升至世界先进水平。

本课的目标词汇：scientist、atomic、province、professor、university、physics、several。

本课的目标句型：

① The great scientist Deng Jiaxian （1924—1986） is often called the father of Chinese atomic science.

② During his life he helped China to become a stronger and safer country.

③ After finishing his university study in 1945， he taught physics at several middle schools and later at Beijing University.

④ In 1948 Deng went to the United States to study for a doctor's degree in physics.

（2）关联中医药。

李时珍（1518—1593），湖北蕲春县（今博士街）人，我国古代著名的医药学家。其祖父是草药医生，父亲李言闻是名医。李时珍自1552年起，先后到武当山、庐山、茅山、牛首山及湖广、安徽、河南、河北等地收集药物标本和处方，并拜渔人、樵夫、农民、车夫、药工、捕蛇者为师，参考历代医药等方面书籍925种，历经27年，于1578年完成了192万字的巨著《本草纲目》初稿，后又经过修改。《本草纲目》全书收录诸家本草所收药物1 518种，在前人基础上增收药物374种，合1 892种，其中，植物1 195种；共辑录古代药学家和民间单方11 096则；书前附药物形态图1 100余幅。这部伟大的著作，吸收了历代本草著作的精华，尽可能地纠正了以前的错误，补充了不足，并有很多重大发现和突破，是到16世纪为止中国最系统、最完整、最科学的一部医药学著作。

（二）中医药资源

1. 视听类

可观看《中医九针英语》《中医药与中华传统文化》课程宣传片等。

2. 实地类

可参观学校"百草园"、中医药企业等。

3. 文本类

可阅读《草物素问》《中医典故》《陕西中医药史话（中英文版）》等。

三、目标预设

（一）学科学习目标

1. 一年级上册 U4 *I like green*

（1）英语初步学习。

能听懂、表达不同的颜色，掌握和主题相关的颜色单词，并跟唱课文的歌曲和韵律诗，学会运用英语句型"It's ..."自主地表达不同物体的颜色。

（2）英语深入学习。

能利用多媒体课件，基于提供的"I like ..."的句型表达，对随机物体或者身边物体进行自主提问和回答。

（3）英语拓展学习。

能通过"look, listen and act"部分的练习，融合不同物品颜色的表达学习重点句型"I like ... one"，并根据言语交际的需要，自主表达对应颜色和物品喜好；通过图片、视频等拓展中医药方面相关知识，了解课文主题与中医药文化的结合与延伸。

2. 一年级下册 U4 *What do you see* ?

（1）英语初步学习。

能听懂并指认出不同的房间，以及不同房间里面的摆设，流利、有感情地跟唱。

（2）英语深入学习。

能建立起单词和实物之间的联系，根据单词的发音认出相应的单词，用词组"A picture of ..."来表达图片，并学会运用英语句型"It's a picture of ..."自主地表达不同物体的颜色。

（3）英语拓展学习。

能融合中医药的图片进行英文表达，初步先会认，比如看到不同中医药的图片可以用"a picture of ..."表达出来，再深入进行拼读，让学生通过自然拼读尝试读一读不太熟悉或者还未接触过的中医药名称，比如 a picture of herb、a picture of ginseng、a picture of cubilose。

3. 二年级上册 U1 *What can you do*？

（1）英语初步学习。

能听懂并指认出 dance、ride a bike、skate、skip rope 等动词或动词短语；跟唱课文的歌曲和韵律诗。

（2）英语深入学习。

能自由、流利地讨论自己或他人能够做的事情；懂得合理运动和体育锻炼对自己身体的好处。

（3）英语拓展学习。

能了解合理的体育锻炼有利于身体的健康成长，并热爱运动，拓展运动方式。

4. 二年级下册 U3 *Please take me to the park*

（1）英语初步学习。

能学会多个地方的英语表达，如 park、supermarket、playground 等，并会表达自己最喜欢的地方和要去的地方。

（2）英语深入学习。

能掌握句型问答 "Where are you going? I am going to ..."，表达自己想去的地方，并阐述简单的理由。

（3）英语拓展学习。

能以图片和视频的方式，领略中草药园的风景，并结合学校百草园的实地参观，认识更多中草药，了解它们的一些用处，培养对传承与创新中华优秀传统文化的自豪感。

5. 三年级上册 U7 *A picture of my family*

（1）英语初步学习。

能掌握和家庭成员（family）相关的单词 brother、sister、father、mother、uncle、aunt、picture、family，并学会运用句子 "This/That is ..." 来介绍家庭成员或物品。

（2）英语深入学习。

能看懂家谱图，说出家庭人物之间的关系，如 "He is my father's father."

"She's Jiamin's sister."；能初步了解名词所有格。

（3）英语拓展学习。

能用"a picture of ..."来介绍中草药图片，如 a picture of herb、a picture of ginseng 等，并用"family tree"方式画出"参"家族，或者用图片做贴画。

6. 三年级下册 U8 *Apples are good for us*

（1）英语初步学习。

能听懂和认读常见水果（fruit）的英文单词 apple、banana、pear、grape、watermelon、strawberry、kiwi、dragon fruit，能听懂句子"Can I have ...?""What fruit do you like?"的含义，并做出正确的回答。

（2）英语深入学习。

能用本课所学的水果单词和句型询问同伴喜欢什么水果，并做出正确的回答。

（3）英语拓展学习。

能把生活中常见的水果词汇在课堂上交流和在语言实践等活动中表达出来，了解水果对人体的不同作用，比如有些水果是寒性的，有些是热性的，有些是温和的，养成爱吃水果的习惯，并根据不同的身体情况选择合适的水果。

7. 四年级上册 U3 *Welcome to my house*

（1）英语初步学习。

能掌握各种房间的单词，如 study、living room、kitchen 等，以及可用于描述各种房间的形容词。

（2）英语深入学习。

能用英文介绍各种房间，如"This is my ..."，在交际中表达赞美之词，如"It's nice."。

（3）英语拓展学习。

能用英文句子描述房子的居室和在不同居室中进行的常见活动，如"There is a big living room in my house.""I watch TV in the living room."。

8. 四年级下册 U3 *It's time to get up*

（1）英语初步学习。

能描述 Ben 一天的时间安排，掌握时间的正确表达，学会运用主要句型"It's time to/for ...""What time is it? It's ..."。

（2）英语深入学习。

能正确用英文表达时间，用 "It's time to/for ..." "What time is it？ It's ..." 谈论日常所做的事情。

（3）英语拓展学习。

能结合本课语言及中医药知识，合理规划一日的健康作息，并制作个人作息时间表 "My Time Table"。

9. 五年级上册 U7 *Do you want coffee or tea*？

（1）英语初步学习。

能掌握本课以饮料及量词为主的单词，在学习新单词的同时掌握如何描述饮料。

（2）英语深入学习。

能用英文询问他人想喝什么、点餐、报价等。

（3）英语拓展学习。

能在实践中用 "What do you want for ...？" "I think I will have ..." "Can I have ..., please？" 等进行交流，拓展中医凉茶的英文表达 herbal tea。

10. 五年级下册 U1 *What's your favourite season*？

（1）英语初步学习。

能围绕本单元主题 "我最喜欢的季节" 展开学习，了解并逐渐掌握与四季相关的一些单词和句型。

（2）英语深入学习。

能掌握与四季相关的动词短语，以及如何用英语句子 "... is the best time for doing ..." "I don't like ... and I don't like ... either." "What's your favourite season？" 描述喜欢的季节和不喜欢的季节。

（3）英语拓展学习。

能通过四季的学习，学会如何描述喜欢的季节，表达喜欢的原因，比如天气、服装、活动，也可以拓展到并非一年四季都适合喝中药。

11. 六年级上册 U6 *The secret to good health*

（1）英语初步学习。

能听、说、读本课的目标单词和短语 secret、simple、least、at least、finally、smile、even、diet、keep a good diet、less、oily，并理解课文内容。

（2）英语深入学习。

能流利地朗读课文，掌握本课目标句型"First, get plenty of sleep, … Second, keep a good diet, … Third, take plenty of exercise, … Finally, Mr Li thinks the most important thing for a healthy life is to be happy."，并用目标句型讨论保持健康的养生秘诀。

（3）英语拓展学习。

能根据课文画出关于"healthy life"的思维导图，从Mr Li的生活习惯延伸到讨论自己的生活和饮食习惯，并根据思维导图写出"How to keep a healthy life"的小短文。

12. 六年级下册 U6 *Early years of Deng Jiaxian*

（1）英语初步学习。

能掌握本课的单词 scientist、atomic、province、professor、university、physics、several，并理解本篇课文内容。

（2）英语深入学习。

能流利地朗读课文，掌握本课的目标句型"（1）The great scientist Deng Jiaxian（1924—1986）is often called the father of Chinese atomic science;（2）During his life he helped China to become a stronger and safer country;（3）After finishing his university study in 1945，he taught physics at several middle schools and later at Beijing University;（4）In 1948 Deng went to the United States to study for a doctor's degree in physics."，并用目标句型讨论邓稼先的伟大事迹。

（3）英语拓展学习。

能通过本课学习，学会谈论自己喜欢的伟人，说出原因，并通过小组讨论合作的方式，学会用思维导图厘清文章脉络。

（二）中医药学习目标

1. 一年级上册 U4 *I like green*

（1）问题求解。

能基于 U4 *I like green* 的学习，生成与中医药文化相关联的问题（如"What colour is it?""你知道哪些中草药？它们是什么颜色？"），展开统整性学习。

（2）任务解答。

能根据问题"What colour is it?"，用"It is + 颜色"句式，完成回答不同颜色的中草药等学习任务。

（3）成果展示。

能根据提供的不同颜色的中草药图片，用完整句型问答，进行个人或小组英文抢答比赛，并展示成果。

（4）文化传创。

能随着统整性学习，围绕不同颜色中草药的探索，不断加深对中医药文化的理解，培养传承和传播中华优秀传统文化的自觉。

2. **一年级下册 U4** *What do you see*？

（1）问题求解。

能基于 U4 *What do you see*？的学习，生成与中医药文化相关联的问题（如"你知道这是什么图片吗？"），展开统整性学习。

（2）任务解答。

能针对已学过的中草药图片，用"a picture of ..."来表达，以完成相应的统整性学习任务。

（3）成果展示。

能以制作手抄报的形式，画一种自己感兴趣的中草药，用"a picture of ..."标注，并适当描述外表（如颜色），进而展示成果。

（4）文化传创。

能随着统整性学习，不断探索自己感兴趣的中草药，加深对中医药文化的理解，培养传承和传播中华优秀传统文化的自觉。

3. **二年级上册 U1** *What can you do*？

（1）问题求解。

能基于 U1 *What can you do*？的学习，生成与中医药文化相关联的问题（如"What can you do？Can you speak out the name of these Chinese Herb？"），展开统整性学习。

（2）任务解答。

能通过图片和教师的介绍认读3个简单中草药英文名称，通过多样的操练方法掌握它们的读音，并提问"Can you speak out the name of these Chinese Herb？"，回答"Yes，I can."，说出相应中草药的名称。

（3）成果展示。

能针对询问 "Who can introduce the name of these Chinese Herbs？"，学做中草药介绍小达人，并展示成果。

（4）文化传创。

能随着统整性学习，围绕"学做中草药的介绍小达人"的探索，不断加深对中医药文化的理解，培养传承和传播中华优秀传统文化的自觉。

4. 二年级下册 U3 *Please take me to the park*

（1）问题求解。

能基于 U3 *Please take me to the park* 的学习，生成与中医药文化相关联的问题（如 "Where are you going？" "Do you want to know what's in the herb garden？"），展开统整性学习。

（2）任务解答。

能通过观看图片和视频的方式，领略中草药园的风景，并结合学校百草园的实地参观，展开 "I am going to the herb garden, my favourite place is the herb garden." 的表达，完成统整性学习任务。

（3）成果展示。

能以"我是小小解说员"的身份，用课堂上学习的简单的英文介绍百草园以及里面已学过的中草药，学会运用 "I am going to the herb garden." "This is ... It can ..." 进行表达，并展示成果。

（4）文化传创。

能随着统整性学习，围绕百草园和中草药的英文介绍的探索，不断加深对中医药文化的理解，培养传承和传播中华优秀传统文化的自觉。

5. 三年级上册 U7 *A picture of my family*

（1）问题求解。

能基于 U7 *A picture of my family* 的学习，生成与中医药文化相关联的问题（如"看到图片后能否认出中草药并用英文介绍？""能否用 'a picture of ..., this is ..., that is ...' 来介绍中草药？"），展开统整性学习。

（2）任务解答。

能用 "a picture of ..., this is ..., that is ..." 来介绍中草药，完成统整性学习任务。

（3）成果展示。

能制作以中草药为主题的卡片，用英文标注，并展示成果。

（4）文化传创。

能随着统整性学习，围绕中药"参"家族的探索，不断加深对适合的"参"搭配可强身健体的理解，培养传承和传播中华优秀传统文化的自觉。

6. 三年级下册 U8 *Apples are good for us*

（1）问题求解。

能基于 U8 *Apples are good for us* 的学习，生成与中医药文化相关联的问题（如"为什么苹果有利于我们身体健康？除了苹果，还有别的水果也有利于我们的身体吗？有些什么好处呢？"），展开统整性学习。

（2）任务解答。

能从生活出发，对多种水果进入药膳进行探索，了解这些药膳是否有利于身体健康，完成统整性学习任务。

（3）成果展示。

能基于中医药常规性知识，展开英语普及比赛，并展示成果。

（4）文化传创。

能随着统整性学习，围绕水果药膳的探索，不断加深对中医冬季健康生活的理解，培养传承和传播中华优秀传统文化的自觉。

7. 四年级上册 U3 *Welcome to my house*

（1）问题求解。

能基于 U3 *Welcome to my house* 的学习，生成与中医药文化相关联的问题（如"中医药店为何称'堂'呢？"），展开统整性学习。

（2）任务解答。

能就中医药店老字号"堂"进行探索，发现"同仁堂""济生堂""长春堂""四知堂"等药店堂号的来龙去脉，通过上网查阅资料，研究北京"同仁堂"、天津"达仁堂"、杭州"胡庆余堂"、石家庄"乐仁堂"、安阳"明善堂"等药店演变成制药厂的历史，完成相应的统整性学习任务。

（3）成果展示。

能设计自己理想的药堂，学会用英文进行介绍和分享，并展示成果。

（4）文化传创。

能随着统整性学习，围绕中医药店堂号的探索，不断加深对中医药店堂号文化的理解，培养传承和传播中华优秀传统文化的自觉。

8. 四年级下册 U3 *It's time to get up*

（1）问题求解。

能基于 U3 *It's time to get up* 的学习，生成与中医药文化相关联的问题（如"你的作息时间如何呢？ What time do you usually get up/go to bed？"），展开统整性学习。

（2）任务解答。

能向学生介绍和传递中医理念，辨别健康的生活习惯，并从中医角度，规划和调整个人生活习惯，培养良好的生活作息习惯。

（3）成果展示。

能开展"My Time Table"英文个人日常生活作息表制作大赛，并展示成果。

（4）文化传创。

能随着统整性学习，围绕生活作息习惯的探索，不断加深对作息习惯与中医药文化的理解，培养传承和传播中华优秀传统文化的自觉。

9. 五年级上册 U7 *Do you want coffee or tea*？

（1）问题求解。

能基于 U7 *Do you want coffee or tea?* 的学习，生成与中医药文化相关联的问题（如"不同的茶类有什么不同的作用？"），展开统整性学习。

（2）任务解答。

能结合 *Do you want coffee for tea?* 一课的问题情境，说一说自己家中平时都喝什么茶；通过上网搜索、查阅书籍、询问家人等方式，了解不同种类的茶有什么作用，并在课堂上交流自己最喜欢的茶类，介绍其风味、特色及功效；观看制作茶的视频，感受中医药文化的魅力，同时学习更多茶类知识。

（3）成果展示。

能用手抄报或者书签的形式，画出自己最喜欢的茶类，并写英文简介；写茶类知识运用于生活实际的日记，或做英文手账，并与同学分享。

（4）文化传创。

能随着统整性学习，围绕牛奶等饮品的探索，不断加深对饮品药用功能的理解，培养传承和传播中华优秀传统文化的自觉。

10. 五年级下册 U1 _What's your favourite season_？

（1）问题求解。

能基于 U1 _What's your favourite season?_ 的学习，生成与中医药文化相关联的问题（如"在服用中药时，是否要顺应自然规律和节气的变化呢？"），展开统整性学习。

（2）任务解答。

能结合 _What's your favourite season?_ 一课的问题情境，说一说不同季节和节气的特征以及自己的感受，并在课后通过上网搜索、查阅书籍、询问家人等方式，了解不同节气适合做的事情以及健康生活与节气的关系，进而制作PPT，在课堂上展示自己的调查成果，向展示者提问，互相沟通交流。

（3）成果展示。

能针对中医药与节气的关系这一基础知识，运用英文进行宣传讲解，并以合适的方式进行成果展示。

（4）文化传创。

能随着统整性学习，围绕按季节服用中药的探索，不断加深对中药治病的理解，培养传承和传播中华优秀传统文化的自觉。

11. 六年级上册 U6 _The secret to good health_

（1）问题求解。

能基于 U6 _The secret to good health_ 的学习，生成与中医药文化相关联的问题（如"Mr Li 是如何保持青春活力的？""为什么良好的饮食习惯非常重要？"），展开统整性学习。

（2）任务解答。

能结合 _The secret to good health_ 一课的问题情境，说一说如何拥有健康的身体；课后通过上网搜索、查阅书籍、询问家人等方式，了解拥有健康的方法，并制作PPT，在课堂上展示调查成果，同时向展示者提问，互相沟通交流。

（3）成果展示。

能采用图文结合的形式，运用所学的英语句子或短语，制作个人健康生活饮食表，并以合适的方式进行成果展示。

（4）文化传创。

能随着统整性学习，围绕饮食习惯的探索，不断加深对饮食文化的理解，培养传承和传播中华优秀传统文化的自觉。

12. 六年级下册 U6 *Early years of Deng Jiaxian*

（1）问题求解。

能基于 U6 *Early years of Deng Jiaxian* 的学习，生成与中医药文化相关联的问题（如"李时珍是做什么的？他有哪些成就？"），展开统整性学习。

（2）任务解答。

能谈论关于李时珍的生平事迹；课后通过上网搜索、查阅书籍等方式，了解李时珍的生平事迹以及成就，并组成四人小组学习如何用英文介绍李时珍，同时小组之间互相评价。

（3）成果展示。

能制作实际介绍李时珍的英语思维导图，并以合适的方式展示成果。

（4）文化传创。

能随着统整性学习，围绕李时珍生平及事迹的探索，不断加深对《本草纲目》的理解，培养传承和传播中华优秀传统文化的自觉。

贰　课程统整路径

一、内容预选

（一）一年级上册 U4 *I like green*

1. 学科课程学习

本单元的主题是认识不同的颜色，这非常贴近日常生活，也是学生易于接受和表达的话题。

课文主要围绕彩虹，以及呈现不同物体的不同颜色进行教学。

每个学生都能围绕物品或自己的喜好进行学习和交流，而游戏化的学习活动更有利于学生学会自主地表达自己喜欢的颜色。

2. 中医药文化学习

（1）问题求解。

课文以彩虹为引导，介绍不同颜色的表达，进而引申出生活中不同颜色的物品。看了不同颜色的中草药图片，请你想一想："What is this? What colour is it? Do you know the name of it？"。

（2）任务解答。

看一看：展示不同中草药的图片，认识几种中草药的颜色和外形。

说一说：复述中草药名称，并根据学习过的颜色，对该中草药的颜色进行表达。

比一比：分组进行比赛，抢答中草药的名称以及颜色，要求对名称以及颜色进行正确表达。

（3）成果展示。

在课堂上了解到的知识性资料。

口头输出过程中的录音或音频资料。

（4）文化传创。

通过自查了解中医药英文小常识，寻找更多不同颜色的中草药，了解正确的表达，扩大中医药英文知识储备量。

（二）一年级下册 U4 *What do you see*？

1. 学科课程学习

本单元的主题是房间里的家具和物品，是学生居家每天都会接触到的内容。

本课通过介绍不同房间以及不同房间里的摆设来开展学习。

由于每间房的特点各异，家具摆设也不同。房间的细节展示，可以让学生拍摄自己房间的照片，用自己实际的房间来介绍，以有效激发学习兴趣，从而把课堂上学到的知识应用到现实生活中。

2. 中医药文化学习

（1）问题求解。

课文以不同房间的图片为引导，介绍不同房间以及房间内不同东西的表达，除了细节化的物品表达，还能引申提问这是一幅什么图片。看了这些不同颜色的中医药图片，请你想一想："What kind of picture is this？"。

（2）任务解答。

看一看：展示不同中草药的图片，认识几种中草药的颜色和外形。

说一说：独立表达这是一幅什么中草药的图片，并准确表达这是什么中草药的图片。

做一做：学习制作或绘制一幅中草药的图片，并写出这是"a picture of ..."，分组比赛，简单地描述该中草药的颜色或者外形。

（3）成果展示。

在课堂上了解到的知识性资料。

口头输出过程中的录音或音频资料。

制作或绘制的中草药图片。

（4）文化传创。

自查了解中医药英文小常识，寻找更多的中医药，了解正确的表达，扩大中医药英文知识储备量，同时通过细致的观察，了解中草药的特点，将中草药制作或绘制得更准确。

（三）二年级上册 U1 *What can you do*？

1. 学科课程学习

本单元的主题是讨论自己和他人的能力，这是每个学生都有话可讲的话题，能够激起他们的分享欲望，因为他们都乐于分享自己会做的事。通过游戏化的教学活动设计，学生学会如何谈论别人的能力。课文主要围绕展现一些小动物和小朋友的能力来开展教学。

2. 中医药文化学习

（1）问题求解。

课文中提到 Amy、Andy、Koto 等几只小动物能够跳舞、跳绳、骑自行车、游泳等，请你想一想："What can you do? Can you speak out the name of these Chinese Herb？"。

（2）任务解答。

看一看：观看关于中草药的视频，认识几种中草药的外形和读音。

说一说：把所学习的中草药名称和图片对应起来，并根据图片说出某个中草药的英语名称。

做一做：参考背景素材，选择喜爱的方式，将自己了解到的中草药简单画出来，并标注英文名称，在班级内展示、评比。

（3）成果展示。

在课堂上了解到的知识性资料。

口头输出过程中的录音或音频资料。

制作的书画作品。

（4）文化传创。

学生通过自查了解中医药英文小常识，扩大自身的中医药英文知识储备量，再通过简单的口语表述，提升自身的口头表达能力。学生经过前期对中医药文化的学习，制作与中医药相关的作品，更加深刻体会中医药文化的魅力。

（四）二年级下册 U3 *Please take me to the park*

1. 学科课程学习

本单元的主题是介绍自己最喜欢的地方，要求学生能够回答自己最喜欢去的地方及其简单理由。

课文里涉及的都是一些比较有趣的地方，例如 zoo、supermarket、park 等，学生很有表达的欲望，想分享某个自己想去的有趣的地方。

2. 中医药文化学习

（1）问题求解。

教师通过分享自己最喜欢去的地方，并让同学们观看一些新奇的中草药图片，请同学们想一想："Where are you going? Do you want to know what's in the herb garden?"。

（2）任务解答。

看一看：观看关于中草药的视频，认识几个中草药的外形和读音。

说一说：把所学习的中草药名称和图片对应起来，并根据图片说出某个中草药的英语名称。

做一做："我是小小解说员"用简单的英文介绍百草园，以及里面已学过的中草药 "I am going to the herb garden." "This is ... It can ..."。

（3）成果展示。

在课堂上了解到的知识性资料。

口头输出过程中的录音或音频资料。

（4）文化传创。

学生通过自查了解中医药英文小常识，扩大自身的中医药英文知识储备量，再通过简单的口语表述，提升自身的口头表达能力。学生经过前期对中医药文化的学习，制作与中医药相关的作品，帮助学生更加深刻地体会中医药文化的魅力。

（五）三年级上册 U7 *A picture of my family*

1. 学科课程学习

本单元的主要话题是家庭成员，贴近学生生活，使用频率高，语言交际性强，是学生感兴趣的生活话题。主要句型涉及询问他人这是什么，这是谁等；单词内容主要是家庭成员。

2. 中医药文化学习

（1）问题求解。

课文中介绍了家庭成员的表达方式，学生在学习新单词 family、brother、sister、father、mother、grandma、grandpa 后，请想一想：人和动物有家族，那么中药材是否有家族呢？

（2）任务解答。

查一查：组成小组，开展中药材家族的调查，通过询问家人朋友，或借助网络资源、相关书籍报刊、大众媒体等多种形式，了解中药材的家族关系。

说一说：开展中药材家族调查交流分享会，各小组用英文分享自己收集到的资料和图片。

做一做：部分同学整理好各个小组的图片资料，并整合成一本中药材家族相册（family album）。

（3）成果展示。

收集、打印中药材的图片，并用英文制作成一个家族图谱。

录制视频，用英文介绍中药材家族。

（4）文化传创。

本单元的主题是介绍家庭成员，通过查阅资料、开展交流会、制作族谱和介绍视频等活动，学生可以使用英语介绍我们的中药材家族，加深对中医药文化的了解和增强文化自信，把我国的优秀中医药文化传播到全世界。

（六）三年级下册 U8 *Apples are good for us*

1. 学科课程学习

本单元的话题是水果，课文内容涉及常见的水果，以及如何表示对水果的喜好（"What fruit do you like? I like ..."）。

重要句型包括：表达某水果对人体健康是有好处的（... are good for us.）。

2. 中医药文化学习

（1）问题求解。

课文中提到苹果对人体健康是有好处的（Apples are good for us.），这与中医药文化中的饮食健康息息相关，请想一想："Are there any other fruits good for us? What are they? What can they do for us？"。（拓展中医药膳中常见的药方和功效，了解不同的水果和食物对人体健康的不同作用）

（2）任务解答。

查一查：分小组，通过上网搜索、阅读书籍等方式查阅资料，收集5种水果的功效和禁忌。

说一说：通过小组展示的方式，把收集到的资料用英文进行分享和汇报。

做一做：可以在家制作药膳方子，配以图片以及制作过程的英文介绍和成品。

（3）成果展示。

收集到的文字性（英文）和图片资料。

用英文做小组分享和汇报时的视频和照片。

制作药膳的过程视频和成品图片，以及英文药膳方子。

（4）文化传创。

药膳是我国中医的瑰宝，学生通过查阅资料，交流分享并亲自动手实践制作药膳，加强对中医药的了解。在活动过程中，学生学会如何获取资料，锻炼他们的人际交往能力和英语口语表达能力。

（七）四年级上册 U3 *Welcome to my house*

1. 学科课程学习

本单元主要学习如何谈论房子的各个居室，以及在不同居室里的常见活动，能在交际中表达欣赏和赞美。主要句型有"There is/are ..." "What's in/on/under ...？"。课文中介绍了living room、bedroom、study 等房间，学生在学习中掌握各种房间的单词，以及如何用英语描述不同房间的活动。

2. 中医药文化学习

（1）问题求解。

在中医药知识的学习过程中，我们了解了中医药文化的起源及相关故事，不难发现中医药店多数起名"××堂"。为何中医药店称为"堂"呢？

（2）任务解答。

查一查：分小组，通过上网搜索、阅读书籍等方式查阅资料，收集关于中医药文化及药店的发展故事。

说一说：把收集到的资料，通过小组展示的方式，进行分享和汇报。

做一做：在课后收集感兴趣的中药材，利用纸箱等材料搭建属于自己的药店并起名，用来陈列自己收集的中药材。

（3）成果展示。

查阅并收集关于中医药文化及药店的图片与英文表达。

用英文对药房资料进行介绍和分享。

搭建药房，并提交中医药"堂"相关知识的英文宣传讲解的视频。

（4）文化传创。

通过阅读和探讨，进一步开拓学生的视野；了解关于中医药文化发展的有趣故事，丰富学生的中医药文化素养，让中医药文化的习得更富有趣味性。

（八）四年级下册 U3 *It's time to get up*

1. 学科课程学习

本单元的主题是"daily routine"，通过句型"It's time to/for ..." "What time is it? It's ..."的学习，来谈论每一天的作息安排。通过本课学习，学生能运用本课所学句型谈论日常所做的事情，同时结合课文内容，培养学生良好的生活作息习惯。

2. 中医药文化学习

（1）问题求解。

课文中Ben早上7时起床，晚上9时45分睡觉，这是一个符合中小学生生活习惯的作息时间。那么作为小学生的我们，应该怎样合理制作自己的作息时间表呢？

（2）任务解答。

查一查：阅读教师推荐的相关书籍和网络资料，询问教师、朋友，理解句意。

说一说：在阅读介绍作息最佳时间的内容时做好读书笔记，并在课堂上分享自己的笔记。

做一做：结合查阅等方式获得的中医药文化知识，制作一张"My Time Table"（我的日程表）。

评一评：互相讨论，从中医药文化角度评选出最健康、最合理的日程表。

（3）成果展示。

制作"My Time Table"，并在班级用英文分享自己健康的生活作息习惯。

（4）文化传创。

通过自主阅读、动手体验及相互交流探讨，学生逐步加深对中医药文化的理解和积累。学生在学习和体验中传承中医药文化，获得健康的作息习惯。

（九）五年级上册 U7 *Do you want coffee or tea*？

1. 学科课程学习

本单元的主要话题是"foods and drinks"，其内容生活化，使用频率高，语言交际性强，是有趣的生活话题。主要句型涉及询问他人想喝什么、点餐、报价等；单词主要是饮料及量词。

课文介绍了很多不同的饮料名词，在学习新单词的同时也能学会如何描述饮料。

2. 中医药文化学习

（1）问题求解。

课文中介绍了很多不同的饮料名词，学生在学习新单词 tea、juice、coffee 的同时也可了解其功能及制作过程。结合生活经验，学生提出问题，如：如何制作一款有益于身心健康的饮品？其功效如何？

（2）任务解答。

查一查：组成小组，开展中医药环境文化探寻行动，借助网络资源、书籍报刊、大众媒体等多种形式，寻找有益于身心健康的饮品，了解对应饮品的功效和制作方式。

说一说：开展中医药饮品交流会，分享各小组在探寻行动中的收获，进行整合记录，形成成果。

做一做：部分同学整理好各个小组的资料，并整合成一本中医药饮品集（包含功效及制作方式）；另一部分同学动手制作中医药饮品。

（3）成果展示。

制作英文版的中医药饮品集，加强对中医药饮品文化的理解。

收集开展饮品交流会中形成的各种过程性中英文资料。其中包括交流会上教师分享的图片、视频、各式各样的中医药饮品，外附英文版的包装。

（4）文化传创。

五年级上册 U7 *Do you want coffee or tea*？聚焦于健康的习惯，与中医药文化倡导的健康生活之道不谋而合。学生通过查阅资料、开展饮品交流会、动手制作等活动，从中医药角度了解饮品的相关知识，在动手制作的活动中培养动手能力和合作能力。这在丰富文化活动的同时起到传承中医药饮品文化的作用。

（十）五年级下册 U1 *What's your favourite season*？

1. 学科课程学习

本单元主要围绕"我最喜欢的季节"展开教学，旨在从中了解并逐渐掌握与四季相关的一些单词和句型，以及如何用英语句子"... is the best time for doing ..." "I don't like ... and I don't like ... either." "What's your favourite season？"描述喜欢的季节和不喜欢的季节。

2. 中医药文化学习

探秘中医药文化——共读一本关于某种中药最佳服用时间的英语书。

（1）问题求解。

如何共读一本中医药英语书，了解中医药基本知识呢？（关于某种中药最佳服用时间的医药书）

（2）任务解答。

查一查：通过查阅牛津字典、上网搜索、询问教师朋友等方式理解书中句意。

说一说：在阅读中医药用膳最佳时间时做好读书笔记，并在课堂上分享自己的笔记，从而加深对中医药用膳时间的理解。

拍一拍：通过阅读此书，用英语介绍中医药最佳用膳时间等，并拍成一段段小视频作为记录。

（3）成果展示。

合一合：结合任务解答中的一段段英文小视频，制成一本英文版的中医药用膳时间集。

译一译：把这本英语书翻译成中文书。

（4）文化传创。

通过中医药用膳时间集，可以向外国友人宣传中医药文化，让中医药文化走出国门；同时翻译的中文书也可供中国人阅读。

（十一）六年级上册 U6 *The secret to good health*

1. 学科课程学习

本单元的主要话题是"health"。这是一篇阅读文，主要是在学习 Mr Li 的健康生活方式中意识到保持良好饮食习惯，坚持运动和保持乐观心态的重要性，并在生活中能用英语建议身边的人如何保持健康。

2. 中医药文化学习

（1）问题求解。

现代人的生活压力越来越大，除了每天坚持运动健身外，我们可以结合中医药进行身体的调养，这样可达到事半功倍的效果。但如何正确用药才能拥有健康的身体？如何把博大精深的中医药文化传播到国外？

（2）任务解答。

查一查：组成小组，开展中医药环境文化探寻行动，借助网络资源、书籍报刊、大众媒体等多种形式了解中医药环境的各类资料。

说一说：开展中医药环境生活交流会，分享各小组在探寻行动中的收获，进行整合记录，形成成果。

拍一拍：制作健康生活讲解视频，系统介绍中医药健康生活的知识，丰富对中医药文化的系统认识。

做一做：利用前三个环节中形成的各种成果，制作宣传视频，走向国外开展中医药环境宣传活动。

（3）成果展示。

制作中医药英语生活小册，加强对中医药健康生活环境文化的理解。

开展英语交流会期间形成的各种过程性资料（文字、图片、视频等）。

中医药英语宣传小报以及宣传视频。

（4）文化传创。

六年级上册 U6 *The secret to good health* 聚焦健康的习惯，与中医药文化倡导的健康生活之道不谋而合。通过开展查阅资料、拍摄视频、街头宣传等活动，让学生从中医药的角度了解拥有健康身体的相关知识，从对外宣传的活动中培养学生的民族自豪感和社会责任感，在丰富学生文化活动的同时起到传承中医药文化的作用。

（十二）六年级下册 U6 *Early years of Deng Jiaxian*

1. 学科课程学习

本单元的主要话题是"famous people"。这是一篇阅读文，主要围绕邓稼先的丰功伟绩展开教学内容，旨在从中了解一个人成功与他的努力和家长的教育是离不开的，从而掌握与科学相关的单词和描述生平事迹的句型。

2. 中医药文化学习

（1）问题求解。

邓稼先是中国核武器研制与发展的主要组织者、领导者，他成功地设计了中国原子弹和氢弹，把中国国防自卫武器提升至世界先进水平。除了邓稼先，李时珍也很出色。他是做什么的？有哪些成就？如何借助李时珍的事迹和他的著作《本草纲目》把博大精深的中医药文化传播到国外？

（2）任务解答。

查一查：组成小组，开展李时珍功绩探寻行动，借助网络资源、书籍报刊、大众媒体等多种形式进行了解。

说一说：开展中医药大师李时珍生平及其事迹交流会，分享各小组在探寻行动中的收获，进行整合记录，形成成果。

拍一拍：制作中医药大师李时珍介绍视频，介绍《本草纲目》这一伟大医学著作，丰富对中医药文化的系统认识。

做一做：利用前三个环节中形成的各种成果，制作宣传视频，走向国外开展中医药宣传活动。

（3）成果展示。

用英语制作李时珍和《本草纲目》介绍小册，加强对中医药的了解。

收集交流会期间形成的各种过程性资料（文字、图片、视频等）。

李时珍和《本草纲目》的英语宣传小报以及宣传视频。

（4）文化传创。

从对邓稼先的丰功伟绩的学习，拓展到对李时珍和《本草纲目》的学习。通过开展查阅资料、拍摄视频、街头宣传等活动，让学生从中了解和学习中医药著作，拥有相关的健康知识，从对外宣传的活动中培养学生的民族自豪感和社会责任感，在丰富学生文化活动中起到传承中医药文化的作用，同时引导学生认识并体会到榜样的崇高精神和品格所在，激发学生自律的动机。

二、实施建议

（一）课堂教学

1. 课堂教学的设计

根据《义务教育英语课程标准（2022年版）》，小学英语课程具有工具性和人文性双重性质。因此，英语课程统整中医药文化的教学设计要体现其课程性质，符合学生生理和心理特点，坚持目标和问题导向，遵循语言学习的规律，力求满足不同类型不同层次学生的需求，使每个学生的身心得到健康的发展，让学生在英语课堂上发展基本的英语听说读技能，丰富生活经历，发展跨文化意识，为终身学习奠定基础。

教师要依据英语课程的总体目标，结合教学内容，整合中医药文化，创造性地设计能够贴近学生实际的教学活动，吸引和组织学生积极参与。

教师要为学生提供自主学习和相互交流的机会，以及充分表现和自我发展的空间。

统整性教学设计要能引领学生通过体验、实践、讨论、合作、探究等方式，发展听、说、读、写的综合语言技能。

统整性教学设计要能引领学生通过亲身经历和感悟，在获得情感体验的同时深化思想认识。

2. 课堂教学的开展

对于学科课程的课堂学习，要做到：瞄准学习目标，优化学习过程；强化生活联系，注重文化整合；变革学习方式，学会探究学习。

对于中医药文化的统整性课堂学习，要在四大环节上发力：问题求解，将中医药知识和英语语言知识学习相结合，提出学习问题；任务解答，通过查一查、看一看、画一画、说一说、做一做等方式，结合生活实际和中医药文化知识，提高综合运用语言的能力；成果展示，通过对话交流、视频讲解、手抄报、PPT等形式展现中医药文化学习的成果；文化传创，紧抓课文要素，联系中医药文化知识，体会探索中医药的乐趣和实用价值，了解和传承优秀的中医药文化。

（二）活动展现

1. 活动展现的设计

教师要根据课程统整的活动性质以及学习特点，创造学生喜爱的活动形式，并发挥学生的主体性。

教师要思考和明确课程统整的活动设计目标及意图，明确统整活动的落脚点和价值，从"质"去思考以及取舍。

整个统整活动的设计，要促使学生主动、积极地参与到活动中，并在活动过程中获取知识，深化情感，提升素养。

2. 活动展现的开展

英语课程统整中医药文化的活动开展，教师要提高认识，积极学习，发挥主导作用。

学生经历整个统整活动的开展，要从活动中提升自主学习、探究学习以及合作学习的能力，要在提升英语核心素养的同时，提升综合素养。

（三）环境活化

1. 环境活化的设计

英语课程统整中医药文化在环境活化上，要能根据课程目标和学习特点，准确地选定适合开展活动、有利于课程实施的环境。

在环境活化的设计上，教师要用多种形式设置统整性学习情境，促使学生能身临其境地开展活动、展示成果。

设计有利于活化课程的环境，要重点选材，突出联系。

2. 环境活化的开展

随着环境活化的设计成型，在开展方面要考虑实际，坚持正确导向。

环境活化的开展，要改革创新，运用多种形式，突出英语课程统整中医药文化的价值。

叁 课程统整成效评价

一、评价建议

（一）课堂教学

1. 课堂化评价的标准

以英语课程的"初步学习、深入学习、拓展学习"和中医药文化统整的"问题求解、任务解答、成果展示、文化传创"为评价项目，拟定评价标准，并匹配评价分值，共同构成课堂化评价。其评价量表见表4-1-1。

表4-1-1 英语课程统整中医药文化课堂化评价量表

评价项目	评价标准	分值/分	评分
英语初步学习	能初步掌握相关单词和句型	10	
英语深入学习	能掌握相关单词和句型的运用	10	
英语拓展学习	能运用相关的句型进行对话交流或描述，并联系生活实际	10	
问题求解	能通过自主学习、合作学习等解决问题	15	
任务解答	能基于问题，分组完成系列统整性学习任务，达成解答的目标	15	
成果展示	能够按要求形成成果及完成展示	15	
文化传创	能够传承相关的中医药文化	25	

2. 课堂化评价的操作

学生能够听、说、认、读通过教材延伸出的关于中医药的单词和句子。

学生能根据课程要求，联系生活实际，了解和识记运用中医药的单词和句型。

在课堂上，学生能够运用中医药的单词和句型进行对话交流或者描述，进行深层次的联系和拓展。

学生能够主动提出问题，并通过自主学习、合作学习、探究学习，运用英语知识来解决问题，教师则给予学生积极参与态度、合作程度、成果展示等方面的评价。

学生通过认读相关的中医药单词，掌握与中医药相关的基础英语知识，能够制作简易的装饰、种植盆栽等，并集合小组成员用英语进行简单的介绍。

学生能够自觉弘扬相关的中医药文化，教师从班级氛围和班级文化建设中感受学生的变化。

（二）活动展现

1. 活动化评价的标准

基于英语课程与中医药文化统整，以活动的前、中、后为评价模块，确定评价项目，拟定评价标准，并匹配评价分值，共同构成活动化评价。其评价量表见表4-1-2。

表4-1-2　英语课程统整中医药文化活动化评价量表

评价模块	评价项目	评价标准	分值/分	评分
活动前	活动准备情况	了解学生活动准备的情况，包括心理准备以及材料准备；教师可以让小组长们检查学生相关的材料准备	20	
活动中	活动中对语言的综合运用	学生做好活动记录，教师从活动记录中了解学生是否了解和识记相关的单词和句子，是否能运用所学中医药的单词和句子进行交流和介绍	40	
活动后	有关语言活动的总结与传播	布置相关的活动总结任务，学生可以通过情景交流、配音展示与中医药相关的单词和内容等形式，传播活动内容，弘扬相关的中医药文化	40	

2. 活动化评价的操作

活动前，教师可以通过访谈法、观察法等方法，去了解学生的心理准备状态，检查学生材料的准备情况。

活动中，教师创设情境，通过提问方式检验学生是否识记和了解此类知识；通过情景交流或者配音展示与中医药相关的单词和句型，能够简单地用英文进行中医药方面的介绍分享。

活动后，学生做好总结，通过制作和展示关于延伸教材的中医药相关绘本故事，能适当地用英语表述自己所绘画的内容。

（三）环境活化

1. 环境化评价的标准

基于英语课程与中医药文化统整，以环境的"场域、布局、效能"为评价项目，拟定评价标准，并匹配评价分值，共同构成环境化评价。其评价量表见表4-1-3。

表4-1-3 英语课程统整中医药文化环境化评价量表

评价项目	评价标准	分值/分	评分
环境场域	是否具有相应的中医药文化氛围的布置	20	
环境布局	是否通过多种渠道接受中医药文化的熏陶	40	
环境效能	是否通过环境活化获得更好的学习效果	40	

2. 环境化评价的操作

环境活化有多种形式，如班级文化布置、手抄报、虚拟环境创设等，教师评分时需要辨别环境中是否有相应的中医药文化成分，如是否通过制作和张贴延伸教材的中医药介绍相关宣传资料，加大宣传力度，以更好地对学生进行熏陶。

通过现场中医药单词认读、用简单的英语介绍中医药文化知识等，考查学生通过一段时间的环境活化后是否获得更丰富的中医药文化知识。

二、成果预期

（一）一至二年级

1. 课堂化成果

文本类：教学设计、教学PPT。

非文本类：学生在课堂参与中医药文化活动的照片、视频；学生了解中医药的璀璨文化和历史，懂得中医药相关的一些简单的英文单词。

2. 活动化成果

文本类：学生学习后制作的中医药手抄报、绘本、书签等。

非文本类：学生作品展览与分享；学生制作展览作品过程中的视频、照片与音频。

3. 环境化成果

文本类：中医药手抄报、绘本、书签等墙面装饰。

非文本类：班级文化布置照片。

（二）三至四年级

1. 课堂化成果

文本类：教学设计、教学PPT。

非文本类：学生在课堂参与学习中医药文化活动的照片、视频；学生以小组共学的方式将教材内容与有关中医药文化知识相结合，形成共学报告，主动分享中医药知识在英语课程中的应用，形成乐于传播、乐于分享的中医药文化学习氛围。

2. 活动化成果

文本类：中医药文化书籍读后感。

非文本类：学生阅读一本与中医药文化相关的书，并在班级开展研讨会、进行分享。

3. 环境化成果

文本类：学生通过延伸课外实践活动，以多种形式形成学习成果，如手抄报、思维导图、作文、视频等，将书面文本转化为多种形式带入课堂，带入生活。

非文本类：制作作品过程中的照片、视频等。

（三）五至六年级

1. 课堂化成果

文本类：教学设计、教学PPT。

非文本类：学生在课堂学习如何成为解说员的过程性照片、视频，课堂展示解说的照片、视频。

2. 活动化成果

文本类：中医药文化英文解说稿。

非文本类：学生在探究中收集的中医药文化的照片、视频；解说过程中的照片、视频等。

3. 环境化成果

文本类：学生实地考察中医药相关工作现场，向解说员学习的笔记。

非文本类：学生实地考察过程中的视频、照片。

◇ **课例三问**: *The secret to good health*

本课例基于"英语统整中医药文化课怎么上",以英语课程六年级上册 *The secret to good health* 为例,呈现"解决什么问题""如何解决问题""是否解决问题"的"三问成学链"的英语课程实施理路,展现"为什么统整""怎样统整""统整得如何"的英语课程学习样态。

壹 解决什么问题

——从"健康的秘密"走向"本草文化"

一、基于学科的学习

(1)我们如何保持青春活力:保持青春活力的秘诀是什么?你能否理解课文内容并找到问题的答案?

(2)我们如何保持身心健康:身心健康如何才能保持?你能否用本课的词汇、句型和内容结合自己的生活实际,提出保持健康的建议?

二、基于统整的学习

从中医角度看如何保持健康:我们生活中有一些60岁的人看起来像40岁,一些80、90岁的老人还可以跑马拉松。他们是如何保持健康并且充满活力的呢?你能揭示保持健康的密码吗?

贰 如何解决问题

——从"学科"走向"课程统整"

一、*The secret to good health* 英语化学习

（一）学习目标

（1）能从问题"我们如何保持青春活力"出发，在探索与研讨课文的基础上，找到保持青春活力的秘诀，提炼健康生活规律，并探索与分享自己或家庭成员保持青春活力的秘诀。

（2）能从问题"我们如何保持身心健康"出发，在探索和研讨的基础上，广泛收集、学习健康生活之道，了解如何保持健康，并探索与分享自己在生活中的实践与成效。

（二）学习过程

1. 学习模块一：解决问题"我们如何保持青春活力"

（1）初步探究，试解问题。

步骤一，情景导入，引出课题。

生活中，总有许多年岁已高的人保持活力与童颜。课本中80岁的李先生是如何做到看起来像60岁的呢？你是否想过，保持青春活力的秘诀是什么？

步骤二，任务驱动，展开活动。

学生带着问题，略读课文。学生借助教材文字以及图片，独立解答以下问题：

How old does Mr Li look? 李先生看起来像几岁？

How many hours should we sleep each night? 我们每天晚上应该睡几小时？

What should we not eat or drink? 我们不应该吃或者喝什么？

What does Mr Li do every morning? 李先生每天早上做什么？

What does Mr Li think is the most important thing for a healthy life? 李先生觉得什么东西对健康来说最重要？

步骤三，小组探讨，了解健康。

在学生自主学习课文，尝试解答问题后进行小组合作探讨，根据李先生认为

的健康要素制作成表4-2-1。

表4-2-1　健康生活的"要"与"不要"

A healthy life	
Do	Don't

（2）再次探究，增进认识。

步骤一，分组探究，合作汇报。

学生初步了解李先生的故事后，分小组合作探究问题"What do you think is the most important thing for a healthy life？"。学生围绕"保持健康活力的秘诀"，以小组为单位讨论，由小组合作汇报。

步骤二，情景体验，感受文化。

以健康生活为主题，学生小组合作安排一天的作息和饮食，并进行解说式演绎。

步骤三：观看视频，溯源健康之道。

观看相关纪录片，学生追根溯源，感受中医药的健康之道。

（3）拓展延伸，加深印象。

步骤一，看一看"长寿"。

介绍世界上的长寿老人以及长寿村，感受"长寿之秘"。

步骤二，探一探"长寿"。

探索长寿者和长寿村的奥秘，发现"长寿之秘"。

步骤三，说一说"长寿"。

课堂小结，表达"长寿之秘"。

2. 学习模块二：解决问题"我们如何保持身心健康"

（1）观察生活，总结规律。

步骤一，播放视频，激趣导入。

谈话导学，播放中医药视频；结合视频说一说，在生活中，你和家人有类似的生活经历吗？

步骤二，自查自学，深入生活。

从日常见闻入手，学生讨论自己了解到的以及自己家庭成员保持健康的方法，并由小组分享总结健康规律。

（2）倡导健康，制作海报。

步骤一，谚语学习，自制谚语。

学习课本第35页的健康谚语，选择自己最认可的三句谚语，摘抄下来。

步骤二：深入谚语，巧作翻译。

同桌互相探讨谚语的意思，试着结合中文语境进行翻译。

步骤三：倡导健康，宣传规律。

制作健康标语的海报。

（3）海纳百川，对比发现。

步骤一，健康生活我知道。

学生课前搜索资料，在课堂上介绍健康生活的多种标准。

步骤二，中外生活巧对比。

小组合作探讨中外规律生活的异同，制作表格对比。

步骤三，中外生活在健康。

课堂小结：不论是国内还是国外，人类对健康生活都有着相同的追求，我们应该结合地域、人种以及生活习惯，找到适合自己的健康生活方式。

二、*The secret to good health* 统整化学习

统整化学习主要解决的问题是学习模块三：解决问题"从中医角度看如何保持健康"。

（一）竞赛型统整

1. 学习目标

学生能从问题"从中医角度看如何保持健康"出发，通过竞赛式统整活动，学会判断健康生活的基本标志，了解食物以及草药的功效和作用，学会了解更多国外与健康有关的谚语，学会通过合作收集信息，小组展示健康故事、健康小妙招。

2. 学习过程

（1）问题求解。

针对已学，提出问题：从中医角度看如何保持健康？

组建学习小组，收集相关资料：开展中医药文化探寻行动，通过搜索网络资源、查阅书籍报刊、走访家庭等多种形式，了解中医生活的各种资料。学生从自身兴趣出发，可以选择不同的角度进行研究。

小组整理成果，全班交流成果：开展中医药健康生活会，各个小组分享自己在探究中的收获。分享的形式包括打印的纸质资料、PPT展示、视频资料、读书笔记、书签等。

（2）任务解答。

师生齐定规则，开展知识竞赛：师生商定知识竞赛的规则，如以分组竞赛的形式来学习，看看哪组同学的综合能力最强。规则是，以组为单位，分为四个小组，基础题每回答一轮题目答对加10分，答错不加分也不扣分。抢答题部分每题10分，答对加10分，答错扣10分。同时，展示计分表格，用来记录每组的得分以示公平。

第一阶段，小试牛刀：饮食是健康生活的重要一环，你能向外国人介绍下面的食物和饮品吗？（PPT展示题目）

---

1. What is it made of?（ C ）

A. Potato.　　　　　　B. Tomato.　　　　　　C. Yam.

2. What is it made of?（ C ）

A. Apple.　　　　　　B. Vegetable.　　　　　C. Date.

3. What is it made of?（ A ）

A. Ginger.　　　　　　B. Orange.　　　　　　C. Lemon.

4. What is it made of?（ B ）

A. Cabbage.　　　　　B. Mint.　　　　　　　C. Carrot.

5. What is it made of?（ C ）

A. Sunflower.　　　　　B. Rose.　　　　　　　C. Chrysanthemum.

第二阶段，难度升级，合作共赢：代表抢答题。教师展示题目，包括食物、中草药的功效等，题型为单选题、判断题、填空题。

---

1. The founder of Wuqinxi is Hua Tuo, including five animals,（tiger）,（deer）,（bear）,（monkey）and（bird）.

2. Water is one of the essential nutrients for human body. We can't live without water every day. If we are thirsty at school, what kind of water should you drink best?（ D ）

A. Coke.　　　　B. Juice.　　　　C. Tap water.　　　　D. Purified water.

3. Adequate sleep is very important，especially in autumn. Adults should sleep in autumn （B）.

A. more than 7 hours　　　　　　　B. more than 8 hours

C. more than 9 hours　　　　　　　D. more than 6 hours

4. The best time to soak feet in winter is （B）.

A. just wash your feet casually　　　B. 10~30 minutes

C. 30~50 minutes　　　　　　　　　D. 50~60 minutes

5. Health means that the body has no disease and can work，study and live normally. （×）

6. The sooner you quit smoking，the better. It's never too late.（√）

第三阶段，我是小小翻译官：教师展示英语中与健康有关的谚语，小组讨论翻译，由教师判定给分。判定标准——信、达、雅，体现健康生活方式。

1. 食不言，寝不语。

Eat silently，sleep silently.

2. 大蒜是个宝，常吃身体好。

Garlic is a treasure. It is always good to eat.

3. 人勤病就懒，人懒病就勤。

People have strong immunity when they work hard，but they have low immunity when they are lazy.

4. 药补不如食补。

Food is better than medicine.

5. 一天一个苹果，疾病远离我。

An apple a day keeps the doctor away.

6. 笑一笑，十年少；愁一愁，白了头。

Smile makes one younger，sorrow makes one older.

7. 冬睡不蒙头，夏睡不露肚。

Sleep in winter without covering your head，sleep in summer without revealing your belly.

第四阶段，小组派代表分享健康生活的小故事（组员不得与抢答题同学重复）。

（3）成果展示。

确定成果展示形式：学生探究过程中的照片、视频等资料；学生交流大会、知识竞赛时的照片、视频、竞赛题目等。

有效推进成果展示：针对学习所得，自主制作书签、手抄报，举办班级成果展。

（4）文化传创。

这一统整课将中医药健康生活文化融入 *The secret to good health*，通过开展小组探究、全班交流研讨、知识竞赛等方式，由浅入深地了解中医药饮食文化，深化对中医药文化的了解，加强对中医药文化的认同感，并自觉树立起传播中医药文化的旗帜，在生活中向身边人介绍、普及中医药饮食文化。

3. 学习成效

英语课程 *The secret to good health* 与中医药文化进行统合，构成一个整体课程，意在引发学生对"从中医角度看如何保持健康"等问题的探索，旨在发展学科核心素养的同时，提高统整性学习的观念、品质、能力，而竞赛活动可以激发学生的学习兴趣，发掘学生的学习潜能，培养学生的团队协作意识和创新精神。因此，传承和发扬中医药文化，可以以知识竞赛的形式激发学生深入学习、传播的兴趣，使学习成效更明显。

（二）探索型统整

1. 学习目标

能从问题"从中医角度看如何保持健康"出发，通过小组合作的形式，在课外发现身边长寿健康之人的健康生活秘诀，从中了解中医之道，关注中医药文化，并激发热爱中医药文化的热情，学会如何做一个身心健康的人。

2. 学习过程

（1）问题求解。

针对已学，提出问题：我们生活中有一些60岁的人看起来像40岁，一些80、90岁的老人还可以跑马拉松。他们是如何保持健康并且充满活力的？你能从中医的角度谈谈如何保持健康吗？让我们通过实践探究，揭示健康的密码吧。

组队分工，准备探索：学生选择中医健康生活四个方面（作息、饮食、运动和心态）中的一个，自由分组，每组5~8人，并对如何探索进行研讨。

（2）任务解答。

探索前期。各组根据学习单，展开探索行动，通过搜索网络资源、查阅相关书籍报刊、采访长寿健康人士、走访家庭等多种形式，分别了解作息、饮食、运动和心态对保持健康的影响和作用。

探索中期。①复习回顾，温习旧知：通过回顾课文知识，了解到保持健康的生活需要合理的作息、健康的饮食、适当的运动和良好的心态。②了解过程，激发兴趣：展示课外调查和搜集资料的一些照片，激发实践兴趣。③师生共同制订规则：每组需要将搜集到的图片、文字、视频、读书笔记、书签等资料进行分析、总结并保存。④结合课程情境，谈论如何帮助课程情境中的主人公保持健康。

探索后期。初步搜集好资料后，各小组整理成果，需要将搜集好的资料整理成大纲，以PPT的形式呈现出来，在课堂上进行初步汇报后，小组间互相探讨研究过程及研究方法，最后修改并完善小组成果，并在一周后进行最终展示。

（3）成果展示。

确定成果展示形式：学生探究过程中的照片、视频等过程性资料，可指导学生做成合集；学生初步汇报时课堂照片、制成的PPT等资料。

有效推进成果展示：利用宣传海报和英文介绍视频在班里举办成果展。

（4）文化传创。

这一统整课将中医药文化融入 *The secret to good health*，通过课外实践探索这一方式，不仅让学生对书本上的知识有更深的认识，也能让学生把知识与生活相结合，注重实践这一探究方法。从中医药文化角度看，开展探究型活动还可以让学生由浅入深地了解中医药文化，增强对中医药文化的认同感，提升民族自豪感。

3. 学习成效

中医健康生活探索型统整课的学习成效在于，通过课内学习单，加之课外实践探索路径，让学生能够通过自己的实践和探索了解中医药文化的具体内容。通过团队合作的方式，制作宣传海报一份，并录制英文视频介绍中医的健康生活之道。这一学习历程既锻炼了学生的实践动手能力，增强了他们团结合作的意识，又让学生把课本知识和生活实践结合起来，加强了他们的英语应用能力，也为学生更加深刻地理解源远流长的中医药文化打下了坚实的基础。

（三）展演型统整

1. 学习目标

能从问题"从中医看如何保持健康"出发，通过展演式统整活动的开展，了解如何保持生命的健康与活力，学会从中医视角创作英语海报，并分享自己认可的健康生活之道。

2. 学习过程

（1）问题求解。

针对已学，提出问题：你知道健康达人是如何保持健康与活力的吗？太阳东升西落，一天24小时，让我们想一想，在一整天当中，我们有哪些行为习惯是有利于我们身体健康的呢？

个人团队，准备探索：商讨个人和小组可以从哪些方面进行探索，探索出怎样的成果。

（2）任务解答。

步骤一，自主学习，初探问题。

形成展示小组，搜集相关资料：学生以个人、同桌、小组为单位，个人搜集不同的健康达人保持健康与活力的方法及秘诀，同桌合作搜集保持生命健康与活力的意义，小组搜集良好的生活行为与习惯，形成中医药文化探寻小分队，并运用上网搜索、翻阅书籍、咨询长辈等方式，了解保持生命健康的方法和秘诀，养成健康生活的良好行为习惯，感悟生命健康的重要意义。

交流学习成果，准备实践展演：开展中医药小组交流会，各个小组交流分享自己在探究中的收获，并创作英语海报，准备实践展演与分享。

步骤二，轮番上阵，实践展演。

个人风采展：学生扮演各自了解的健康达人，以达人的口吻讲述自己保持生命健康与活力的故事，辅之相应的动作，使展演更加生动、有趣、形象。表演完后，其他学生自主提问，通过观看风采展和深入提问，初步了解健康生活的相关知识。

同伴互演：同桌两人各自扮演健康达人，通过英语会话的形式分享健康的生活行为和习惯。表演完后，其他学生自主提问，通过观看表演提问，初步了解生活中的相关知识。

小组情景剧：学生以5~6人为一组，表演"大象Boy的烦恼"，以帮助大象消除肥胖的烦恼为情景。表演完后，学生更加深刻地了解健康生活之道。

（3）成果展示。

确定成果展示形式：学生搜集过程中的照片、视频、知识等资料；学生交流会时的照片、视频等资料。

有效推进成果展示：举办班级英语健康生活海报大赛成果展演。

（4）文化传创。

这一统整课将中医药饮食文化融入 *The secret to good health*，通过开展个人风采展、同桌相声说、小组小品说、小组歌舞展等形式，以生动、有趣、形象的方式带领学生一步步走进中医药文化的知识大门，并在活动后更深入地了解中医药文化，乐于向身边人普及中医药文化，以带领更多的人了解、学习与传创中医药文化。

3. 学习成效

在这一统整课中，学生能基于中医药文化知识，从各个维度用英语提出健康生活习惯理念，通过团队合作制作宣传海报，进行中医药文化的传播和交流，进而解决"从中医角度看如何保持健康"的统整性学习问题。

叁 是否解决问题

——"学科素养"与"统整素养"并行

一、聚焦"学科素养"

（一）问题解决的分析框架

为解决基于英语课程英语化学习的两大问题，学习模块一和学习模块二铺展了相应的解决之道，除了注重学习进程中的及时评价外，还可以构建相应的问题解决框架，来形成"是否解决问题"的评价载体，进而评析英语核心素养在问题解决过程中得到怎样的发展，并提出教学改进建议。这一框架见表4-2-2。

表4-2-2　*The secret to good health* 统整课 "解问题育素养"
英语化学习分析框架

学习问题	学习目标	学习历程	素养评析	改进建议
问题1：我们如何保持青春活力	由问题1而研拟的英语课程学习目标	为达成目标，解决问题1而分解的英语课程的学习进程	针对问题1而铺排的学习历程，围绕英语核心素养的培育情况，进行评价与分析	对今后解决问题1的英语课程教学，提出相应的改进建议
问题2：我们如何保持身心健康	由问题2而研拟的英语课程学习目标	为达成目标，解决问题2而分解的英语课程的学习进程	针对问题2而铺排的学习历程，围绕英语核心素养的培育情况，进行评价与分析	对今后解决问题2的英语课程教学，提出相应的改进建议

（二）问题解决的成果分析

立足于英语化学习，运用"英语统整课'解问题育素养'英语化学习分析框架"，针对学习模块一和学习模块二的学习铺展，是否有效地解决了学习问题，以促进学生英语核心素养的发展，进行整体性评析，以及提出教学改进建议，最终形成表4-2-3的成果分析。

表4-2-3　*The secret to good health* 统整课 "解问题育素养"
英语化学习成果分析

学习问题	学习目标	学习历程	素养评析	改进建议
问题1：我们如何保持青春活力	能从问题1出发，在探索与研讨中了解保持生命健康与活力的秘诀，分享健康达人健康的方法及意义	初步探究，试解问题	学生围绕"我们如何保持青春活力"的问题，以自主、合作、探究的方式展开学习，促进了英语核心素养的发展，不仅在自主与合作学习能力方面得以提升，而且在初步探究中，学会自主发现问题，学会尝试解决问题，并获得健康的生活秘诀，了解健康生命的意义	略

（续表）

学习问题	学习目标	学习历程	素养评析	改进建议
问题1：我们如何保持青春活力	能从问题1出发，在探索与研讨中了解保持生命健康与活力的秘诀，分享健康达人健康的方法及意义	再次探究，增进认识	学生借助网络、书籍等载体，基于"我们如何保持青春活力"的问题，进行再次探究，促进了英语核心素养的发展，不仅获得了健康生活的知识和意识，而且在自主学习、合作学习、探究学习能力方面再次得以提升	略
		拓展延伸，加深印象	学生在拓展延伸的学习中获取更多与健康生活相关的知识，促进了英语核心素养的发展，不仅从中感受到维持生命健康与活力的意义，而且借此机会树立良好的健康生活意识，为健康成长奠基	
问题2：我们如何保持身心健康	能从问题2出发，在探索与研讨中了解并分享生活中有利于保持身心健康的方法	观察生活，总结规律	学生围绕"我们如何保持身心健康"的问题，在课内和课外探究中，了解更多良好的行为和习惯，促进了英语核心素养的发展，不仅增强了生命健康意识，还了解并获取了更多的中医药知识和方法，为健康成长奠基	略
		倡导健康，制作海报	学生通过上网搜索，在现实生活中探寻健康生活的秘诀，促进了英语核心素养的发展，不仅强化了对英语课程实践性的认识，学会注重英语学习与社会实践的联系，而且在自主参与丰富多样的活动中，通过认识、体验和实践，促进了正确思想观念和良好文化品质的形成与发展	

（续表）

学习问题	学习目标	学习历程	素养评析	改进建议
问题2：我们如何保持身心健康	能从问题2出发，在探索与研讨中了解并分享生活中有利于保持身心健康的方法	海纳百川，对比发现	学生在进一步的探究学习中，促进了英语核心素养的发展，不仅激发了英语学习的兴趣，在教学活动中培养了自主探究意识，学会将英语学习与生活相联系，还丰富了情感表达与情绪体验，增强了文化理解能力	

二、衍生"统整素养"

（一）问题解决的分析框架

为解决基于英语课程统整中医药文化的学习问题，学习模块三提出了相应的解决之道，除了注重学习进程中的及时评价外，还可以构建相应的问题解决框架，来形成"是否解决问题"的评价载体，进而评析统整素养在问题解决过程中得到怎样的发展，并提出教学改进建议。这一框架见表4-2-4。

表4-2-4　英语统整课"解问题育素养"统整化学习分析框架

统整问题		英语课程统整中医药文化的学习问题		
统整路径		竞赛型统整	探索型统整	展演型统整
统整目标		由统整问题而研拟的英语课程统整中医药文化的竞赛型学习目标	由统整问题而研拟的英语课程统整中医药文化的探索型学习目标	由统整问题而研拟的英语课程统整中医药文化的展演型学习目标
统整历程	问题求解	为达成目标解决统整问题而分解的学习进程一，提出具体的竞赛型学习问题，由此引发学生分组求解	为达成目标解决统整问题而分解的学习进程一，提出具体的探索型学习问题，由此引发学生分组求解	为达成目标解决统整问题而分解的学习进程一，提出具体的展演型学习问题，由此引发学生分组求解

统整路径		竞赛型统整	探索型统整	展演型统整
统整历程	任务解答	为达成目标解决统整问题而分解的学习进程二，提出具体的竞赛型学习问题，由此引发学生分组完成竞赛型学习的若干任务	为达成目标解决统整问题而分解的学习进程二，提出具体的探索型学习问题，由此引发学生分组完成探索型学习的若干任务	为达成目标解决统整问题而分解的学习进程二，提出具体的展演型学习问题，由此引发学生分组完成展演型学习的若干任务
	成果展示	为达成目标解决统整问题而分解的学习进程三，推进具体的竞赛型成果展示活动，由此引发学生分组展示竞赛型学习成果	为达成目标解决统整问题而分解的学习进程三，推进具体的探索型成果展示活动，由此引发学生分组展示探索型学习成果	为达成目标解决统整问题而分解的学习进程三，推进具体的展演型成果展示活动，由此引发学生分组展示展演型学习成果
	文化传创	为达成目标解决统整问题而融入学习进程一、二、三的学程，呈现学生在整个统整学程中以竞赛方式传承与创造的中医药文化	为达成目标解决统整问题而融入学习进程一、二、三的学程，呈现学生在整个统整学程中以探索方式传承与创造的中医药文化	为达成目标解决统整问题而融入学习进程一、二、三的学程，呈现学生在整个统整学程中以展演方式传承与创造的中医药文化
素养评析		针对统整问题而铺排的学习历程，围绕课程统整素养的培育情况，评价与分析学生基于竞赛型统整学习，所展现的问题求解能力、任务解答能力、成果展示能力、文化传创能力的提升事实	针对统整问题而铺排的学习历程，围绕课程统整素养的培育情况，评价与分析学生基于探索型统整学习，所展现的问题求解能力、任务解答能力、成果展示能力、文化传创能力的提升事实	针对统整问题而铺排的学习历程，围绕课程统整素养的培育情况，评价与分析学生基于展演型统整学习，所展现的问题求解能力、任务解答能力、成果展示能力、文化传创能力的提升事实

（续表）

统整路径	竞赛型统整	探索型统整	展演型统整
改进建议	对竞赛型统整教学，提出相应的改进建议	对探索型统整教学，提出相应的改进建议	对展演型统整教学，提出相应的改进建议

（二）问题解决的成果分析

立足于英语课程统整化学习，运用"英语统整课'解问题育素养'统整化学习分析框架"，针对学习模块三的学习铺展，是否有效地解决了统整问题，以促进学生统整素养的发展，进行整体性评析，以及提出教学改进建议，最终形成表4-2-5的成果分析。

表4-2-5　英语统整课"解问题育素养"统整化学习成果分析

统整问题		从中医角度看如何保持健康		
统整路径		竞赛型统整	探索型统整	展演型统整
统整目标		能从统整问题出发，在师生共同策划与组织的知识竞赛活动中，判断健康生活的基本标志，了解食物以及草药的功效和作用，了解更多与健康有关的谚语，并小组合作收集信息，展示健康故事、健康小妙招	能从统整问题出发，通过小组合作的形式，在课外发现身边长寿健康之人的中医健康生活秘诀，从而了解中医之道，积极地关注我国的中医药文化，学会如何做一个身心健康的人	能从统整问题出发，通过展演式统整活动的开展，了解如何保持生命健康与活力，学会基于中医视角创作英语海报，并分享自己认可的健康生活之道
统整历程	问题求解	1. 提出问题：从中医角度看如何保持健康 2. 组建学习小组，收集相关资料 3. 小组整理成果，全班交流成果	1. 探究问题：健康长寿的人是如何保持健康且充满活力的？你能从中医角度谈谈如何保持健康吗 2. 组队分工，准备探索	1. 针对已学，提出问题：健康达人如何保持健康与活力？在一整天当中有哪些行为习惯是有利于我们身体健康的 2. 个人团队，准备探索

统整路径		竞赛型统整	探索型统整	展演型统整
统整历程	任务解答	1．自主学习，探问备赛 2．制订规则，分段竞赛	1．探索前期。自由组队，分探"作息""饮食""运动""心态" 2．探索中期。复习回顾，温习旧知；了解过程，激发兴趣；师生共同制订规则 3．探索后期。成果梳理，分组展示	1．自主学习，初探问题：形成展示小组，搜集相关资料；交流学习成果，准备实践展演 2．轮番上阵，实践展演：个人风采展；同伴互演；小组情景剧
	成果展示	1．确定成果展示形式 2．有效推进成果展示	1．制作健康生活宣传英文海报 2．录制健康生活宣传英文视频	1．确定成果展示形式 2．有效推进成果展示
	文化传创	在 *The secret to good health* 统整中医药文化的学习中，随着小组探究、全班研讨、全员竞赛的展开，学生基于对中医药饮食文化与健康生活文化的了解，自觉地在生活中向身边人进行介绍与普及	在 *The secret to good health* 统整中医药文化的学习中，随着实践探索的展开，基于对中医药文化的认识，学生自觉地把知识与生活相结合，开展中医健康生活之道的传播，以及更持续深入的探索	在 *The secret to good health* 统整中医药文化的学习中，随着个人风采展、同桌相声说、小组小品说、小组歌舞展的展开，学生一步步走进中医药文化大门，并乐于向身边人普及中医药饮食文化，带动大家的传创

（续表）

统整路径	竞赛型统整	探索型统整	展演型统整
素养评析	学生以竞赛活动的方式，依托英语课程与中医药文化的统整，经历问题求解、任务解答、成果展示的学习，不仅在自主、合作、探究学习中，学会统合中医药文化知识，而且在生活化学习情境中，学会将英语课程与自身生活、社会实践相关联，整体性地融通生活中的中医药文化，同时在共同设计竞赛与制订竞赛规则及组织多样赛事中，促进了正确思想观念和良好道德品质的形成和发展	学生以探索活动的方式，将英语课程与中医药文化相统整，在经历问题求解、任务解答、成果展示的学习历程中，不仅学会整体性地发现、分析、解决、综合统整性学习问题，而且在生活实践中，学会运用英语去探索中医药文化的健康生活之道，整体性地展示所探索的中医药文化成果，同时在小组合作探究与展示的过程中，学会了团队协作，增强了对中医药文化的理解与认同，乃至创新	学生基于中医药文化融合于英语课程，以展演活动的方式，展开问题求解、任务解答、成果展示的统整性学习，不仅提高了相应的统整性学习素养，而且在个人风采展、同伴互演、小组情景剧等展演活动中，富有创意地演绎了健康达人的健康与活力保持之秘，以及日常生活中有益身心健康的行为举止，进而提高了传承与创新中医药文化的能力，形成了相应的正确观念与良好品质
改进建议	略	略	略

（课例设计：朱文维、陆丹、李婉琳、陈雪妮）

第五章

科学统整中医药文化

统整设计	朱美娇、罗贝媛
统整理念	整合资源，联系生活，提升学习素养。教师和学生从科学课程的学习出发，共同生发出联结生活情境的"统整问题"，并由此驱动对中医药文化的拓展性学习、探究性学习，进而在解决问题与展示成果的历程中发展科学核心素养，同时传承乃至创造相应的中医药文化，获得综合素养的提升
统整资源	科学课程与中医药文化。教科版小学科学教科书的《校园里的植物》（一上）、《我们知道的动物》（一下）、《不同的季节》（二上）、《通过感官来发现》（二下）、《水》（三上）、《蚕》（三下）、《食物中的营养》（四上）、《岩石的组成》（四下）共8例课程，及其相关的实地类、文本类、实例类中医药文化资源
统整性质	拓展性课程、探究性课程
统整对象	一至四年级学生
统整样态	基于课堂教学、活动展现、环境活化三大途径，以"问题求解—任务解答—成果展示—文化传创"为主要历程，展开多样态的统整性学习，并通过课堂化评价、活动化评价、环境化评价来判断、分析课程统整目标的达成

◇　课程设计：华夏神草探秘境

本设计是科学教师和学生展开课程统整教学的行动指南，分三部分七方面展开，主要阐明科学课程统整中医药文化的方向、路径、成效。

壹　课程统整方向

一、需求分析

（一）学生发展的需要

科学课程要培养的学生核心素养，主要是指学生在学习科学课程的过程中，逐步形成的适应个人终身发展和社会发展所需要的正确价值观、必备品格和关键能力，是科学课程育人价值的集中体现，包括科学观念、科学思维、探究实践、态度责任等方面。中医药文化蕴含着丰富的哲学思想、道德伦理以及人文精神，彰显出在教育教学中德育、智育、体育、美育以及劳育等方面的育人功能。[①]将中医药文化融入小学科学教育有着十分重要的实践意义。

（二）教师发展的需要

中医药文化是久盛不衰和值得我们研究、传承及创新的文化，教师有义务引领学生学习优秀文化，而且在小学开设中医药文化教育的科学统整课程，不仅可以为校本课程提供多种选择，也能打造自身的校本课程特色。中医药文化博大精深，包罗万象，其中也蕴含着传统文化的精髓。对于小学科学教师来说，将中医药文化融入科学课程，既有利于提升教师的中医药文化素养，推动中医药文化融入学习，又能促进优秀中医药人才的正确培养。

（三）学校发展的需要

中医药文化来源于中华传统文化，这两者是如鱼在水、休戚与共的关系。学校作为弘扬和传播中华优秀传统文化的重要场所，就要肩负起以文化人、以文育人的重要使命。玉鸣小学附近的中医药企业，为学校建设中医药校本课程提供了

---

① 刁丽霞. 中医药文化融入小学生思想政治教育的对策研究：以成都市四所小学为例［D］. 成都：成都中医药大学，2020.

丰富宝贵的可利用资源。我们充分利用在地资源，既有利于学校建设特色校园文化，营造文化育人软环境，又有利于学校丰富育人精神资源和办学底蕴，还有利于学校稳固文脉根基和筑牢文化之魂，激发办学的内生动力和发展活力。我们将中医药文化融入小学科学课堂，不仅是落实中医药文化进校园的重要举措，也有助于传承和发扬中华优秀传统文化，让传统文化的种子从小就在孩子的心中生根发芽，在潜移默化中增强小学生对传统文化的认同感和归属感，学会传承和发扬优秀传统文化。

二、资源分析

（一）教科书资源

1. 一年级上册《校园里的植物》

（1）教材内容。

这一课主要分为聚焦、探索、研讨三大学习模块，主要分为两大活动：其一，走出教室，对校园里的植物进行观察、记录；其二，分享交流，对观察过程中的新发现和研讨中遇到的新问题进行研讨。通过本课学习，学生要能在学习中观察、记录和认识校园里的植物名称、特征、生长特点，发现室内观察之外的新信息。

（2）关联中医药。

认识校园里这些植物的药用价值，从而学习有关植物的中医药知识，传承与创新中医药文化。

2. 一年级下册《我们知道的动物》

（1）教材内容。

教材从学生所熟悉的"我们知道的动物"这一话题引入学习活动。通过列举自己知道的、喜欢的动物，引导学生把已知的关于动物的认识说出来，同时通过对多种动物的列举来体会动物的多样性。"分小组观察一种动物，说说这种动物有什么特点，把它画下来。"教材中这句话指向对动物外形特征的认识，通过语言的描述、图示等，使学生对不同动物的特点有一个初步的认识，同时培养学生观察、表达、记录的能力。通过多种动物的比较，引导学生描述出动物都有生命、会运动、需要吃食物、能繁殖、会生长、需要空气等共同特征。最后，通过动物与玩具熊的比较活动，帮助学生进一步理解动物的共同特征，在培养学生证据意识的同时，指向"动物是生物，是有生命的"这一单元核心概念。

（2）关联中医药。

中医认为，运动养生，特别强调意念、呼吸和躯体运动的结合，即意守、调息、动形的统一。意守指意念专注，调息指呼吸调节，动形指形体运动，统一是指三者之间的协调配合，也就是要达到形神一致，意气相随，形气相感，使形体内外和谐，动静得宜，方能起到养生、健身的作用。认识动物体形并进行模仿活动，对身体有一定好处。

3. 二年级上册《不同的季节》

（1）教材内容。

在不同的季节，我们的家园发生了哪些变化？这些变化对地球生命带来了怎样的影响？这是本课要探究的主要内容。

（2）关联中医药。

"天人相应"是中医学的重要理念。人体作为自然的一部分，应顺应自然规律，在预防疾病及诊治疾病时应注意自然环境以及阴阳、四时、气候等诸因素对健康与疾病的影响。

4. 二年级下册《通过感官来发现》

（1）教材内容。

在这一课的学习中，学生将有意识地主动利用眼、耳、鼻、舌、皮肤的感觉功能去观察周围的事物。同时他们会发现，每个感觉器官都有自己能够感知的信息（能做的事情）和不能够感知的信息（不能做的事情），综合使用感觉器官能够帮助他们更全面地认识周围的事物。

（2）关联中医药。

司外揣内是中医一种独特的科学思维方法。它有四诊法，分别为"望""闻""问""切"。望色诊病是中医司外揣内方法中的一种，在中医治疗中起着重要的作用。

5. 三年级上册《水》

（1）教材内容。

水是地球上一种十分重要的物质，本单元以"水"为探究主题，引导学生探究物质状态之间的变化。

（2）关联中医药。

水作为五行之一，以此为引，可以引导学生学习五行知识，知道五行间存在生克关系，了解事物的五行属性归类，知道五行学说可用于防治疾病。

6. 三年级下册《蚕》

（1）教材内容。

本单元以蚕的一生为载体，由蚕的一生延伸到昆虫的一生，再到更多动物的一生。

（2）关联中医药。

蚕在人类经济发展中发挥着重要作用。蚕对人类的奉献不只是蚕丝，它还有很好的药用价值。在蚕的每一个发育阶段，蚕宝宝的每个身体部位乃至它的代谢物，都是一味珍药。蚕有自然之偏性，即中医之药性。

7. 四年级上册《食物中的营养》

（1）教材内容。

学生在之前已经对一天中吃过的食物进行调查、统计和分类，发现人们一天需要吃很多不同的食物来保持身体健康。这一课，将对食物所含有的营养成分进行探究，认识到人们一天需要从食物中获得丰富的营养，让学生懂得营养全面、均衡的基础知识。

（2）关联中医药。

我国是中医大国，民以食为天，食补也称食养，是在中医理论的指导下，利用食物的特性来调理身体、预防疾病的一种方法。食补取材方便，经济实惠，副作用小，而且可以起到药物难以达到的作用。

8. 四年级下册《岩石的组成》

（1）教材内容。

这一课主要学习岩石是由矿物组成的，以花岗岩为例子，让学生对石英、长石、云母进行观察，掌握三种矿物的特性，最后向学生介绍更多的矿物，丰富他们对矿物的认知，了解有些矿物如雄黄可用作中药。

（2）关联中医药。

砒霜（三氧化二砷）是矿物之一。中医历来有"以毒攻毒"之说，科学家张亭栋发现三氧化二砷可以治疗白血病。

（二）中医药资源

1. 实地类

（1）玉鸣小学"百草园"。

"百草园"是玉鸣小学传播和普及中医药知识的实践平台，作为塑造校园传统文化的重要一环，园内植被品种繁多，有近40种中草药，可谓是"百草和鸣"。

百草园中百草和鸣，让校园中皆是悠悠百草香，皆是浓浓中医药文化情。

（2）中医药企业。

在广州市69家拥有药品生产许可证的中医药企业中，黄埔区占18家，数量位列全市第一。玉鸣小学位于黄埔区，有着得天独厚的环境。

2. 文本类

（1）《药用植物自然笔记》。

本书汇集大量民间中医药传说故事，可以丰富小学生的文化视野，感受本土文化的多姿多彩。其中有40幅手绘药用植物美图，可以引导小学生了解植物细节，开启科学绘画大门。每一种植物都有一则植物小百科和药用小知识的文字介绍，启蒙中医药和植物学兴趣，适合小学生阅读。

（2）《中小学生四季保健》。

《中小学生四季保健》分为四章，即中小学生春季保健、中小学生夏季保健、中小学生秋季保健、中小学生冬季保健。每一章首先介绍该季的时令概念与气候特点、气候变化对中小学生的影响，其次介绍该季中小学生的饮食保健、起居保健及中药保健，最后介绍该季中小学生好发疾病及其预防保健等知识。本书可供中小学生阅读学习。

（3）《小药工：中医传统手工制作活动》。

这是一本关于中医手工制作的图书。书中收集的10余种中医传统手工制作，如做四季香囊、熬中药、制痱子粉等，都与小朋友的日常生活息息相关。其通过趣味性较强的传统中药手工体验，可以使中医药科学文化在学生心中萌芽生根，还能解决生活中经常遇到的一些小问题，如鼻炎、积食、长痱子等。

3. 实例类

怎样才能让中医药文化融合于教育？浙江省的做法是实施"中医药文化知识纳入中小学地方课程"工程。浙江省中医药管理局对这一在全国率先启动的创新项目进行了阶段性评估。项目实施后，已取得教材通俗易懂、教育点多面广、教学覆盖层面延伸等多项进展。

浙江省2016年由省中医药管理局牵头，会同省教育厅、省财政厅启动了"中医药文化知识纳入中小学地方课程"工程。2017年秋季开始，适用于小学五年级学生教育的《中医药与健康》进入全省所有小学五年级课堂。

该教材按36学时设计教学内容，遴选了36个和中医药有关的故事，具有一定的趣味性、科学性和实用性，主要通过"一人一事""一物一叙""一课一体验"的方式，传递丰富的中医药知识，展示浓厚的中医药文化内涵。

三、目标预设

（一）学科学习目标

1. 一年级上册《校园里的植物》

（1）科学初步学习。

能在实地观察中，发现不同地点生长着不同的植物，知道它们有各自的特征和名称。

（2）科学深入学习。

能在教师指导下，通过画图和记录，来描述植物的形态。

（3）科学拓展学习。

能了解一些常见植物的药用价值。

2. 一年级下册《我们知道的动物》

（1）科学初步学习。

能说出生活中常见动物的名称及其特征。

（2）科学深入学习。

能观察一种动物，用语言、图示描述观察和发现的特征。

（3）科学拓展学习。

能通过图片展示虎、鹿、熊、猿、鸟五种动物的运动形态，并模仿其运动形态，进而练习五禽戏，形成中医养生的观念。

3. 二年级上册《不同的季节》

（1）科学初步学习。

能描述一年中季节变化的典型现象，会拼贴四季变化图。

（2）科学深入学习。

能举例说明季节变化对动植物和人类生活的影响。

（3）科学拓展学习。

能通过相关资料，了解穿衣和四季的关系，体现人与自然和谐统一的中医理念。

4. 二年级下册《通过感官来发现》

（1）科学初步学习。

能知道眼、耳、鼻、舌、皮肤是我们的感觉器官，且可以帮助人们认识周围的事物及其变化等。

（2）科学深入学习。

能明白每个感觉器官都有自己能做的事情，也有不能做的事情。

（3）科学拓展学习。

能通过视频，了解中医利用感官来诊病，并通过望、闻、问、切知道病因，领略中医医术的神奇之处。

5. 三年级上册《水》

（1）科学初步学习。

能认识到水是地球上十分重要的资源。

（2）科学深入学习。

能初步感受、体验物质状态的变化以及它的可逆性，形成保护水和空气，珍爱生命的情感、态度与价值观。

（3）科学拓展学习。

能通过视频认识五行，知道五行间的生克关系，并对简单事物进行五行属性归类。

6. 三年级下册《蚕》

（1）科学初步学习。

能基于观察和记录，描述蚕一生经历的生命过程。

（2）科学深入学习。

能认识更多动物的一生。

（3）科学拓展学习。

能通过查阅相关资料，来了解蚕的药用价值，并知道蚕是常见的中药材。

7. 四年级上册《食物中的营养》

（1）科学初步学习。

能通过阅读资料获取信息，丰富对食物中的营养成分、营养类别等方面的认识。

（2）科学深入学习。

能认识到人类可以运用一定的技术辨别食物中的营养成分。

（3）科学拓展学习。

能通过查阅相关资料，了解中医的食补，感受食补对身体的益处。

8. 四年级下册《岩石的组成》

（1）科学初步学习。

知道岩石是由一种或几种矿物组成的。

（2）科学深入学习。

能用科学方法，观察矿物的颜色、条痕、透明度和光泽等特征。

（3）科学拓展学习。

能通过查阅相关资料，知道砒霜（三氧化二砷）的药用价值——治疗白血病等。

（二）中医药学习目标

1. 一年级上册《校园里的植物》"认识药用植物"

（1）问题求解。

能从"认识药用植物"课程出发，生成统整性学习问题，开启药用植物的探索。

（2）任务解答。

能通过茎和叶辨认药用植物，能根据花和果实辨认药用植物，通过"形色"APP辨认药用植物。

（3）成果展示。

能用画图、做标本、调查记录等形式，形成药用植物学习成果。

（4）文化传创。

能在了解植物小百科和药用小知识的基础上，获得中医药和植物学的启蒙，并激发学习兴趣。

2. 一年级下册《我们知道的动物》"跟动物朋友学做运动"

（1）问题求解。

能从"跟动物朋友学做运动"课程出发，生成统整性学习问题，开启五禽戏的探索活动。

（2）任务解答。

能通过故事，说出五禽戏的由来；通过观察图解，辨识五禽戏中五种动物的名称；通过观察图解，说出五禽的主要运动特征。

（3）成果展示。

能展示五禽戏的基本动作，并在平时运用到身体锻炼中。

（4）文化传创。

能模仿五禽戏，感受中国的传统健身方法，引发对传统文化的兴趣。

3. 二年级上册《不同的季节》"春捂秋冻"

（1）问题求解。

能从"春捂秋冻"课程出发，生成统整性学习问题，开启人的身体特征（如阳气多少）与气候特征的探索。

（2）任务解答。

学会解释中医学"天人相应"理念的内涵。

（3）成果展示。

能用图片连线形式，制订简易的四季穿衣指引图解，并能从中医养生的角度口述四季穿衣的理由。

（4）文化传创。

能运用中医知识做一个健康智慧的择衣时尚小达人，并影响身边的亲友，用喜闻乐见的小创意宣传健康生活方式，做"天人相应"中医理念的传播者。

4. 二年级下册《通过感官来发现》"扁鹊望色诊病"

（1）问题求解。

能从"扁鹊望色诊病"课程出发，生成统整性学习问题，开启中医司外揣内的诊病原理的探索。

（2）任务解答。

能通过中医司外揣内的有关视频，知道中医司外揣内有四种诊断手段，知道望色诊病的简要方法，了解中医司外揣内的诊病原理。

（3）成果展示。

能通过学习望色诊病方法，学会简单地进行健康诊断。

（4）文化传创。

能通过学习，感受中医望色诊病方法的神奇，激发对我国传统中医学的学习兴趣，以及选择中医治病的意识。

5. 三年级上册《水》"妙用五行"

（1）问题求解。

能从"妙用五行"课程出发，生成统整性学习问题，开启中医五行的探索。

（2）任务解答。

能通过学习了解事物的五行属性如何归类，知道五行学说如何用于防治疾病。

（3）成果展示。

能用思维导图、表格、画图等形式，对常见的事物进行五行归类。

（4）文化传创。

能通过学习，传承五行分类技能，并能结合新的科技创新成果重新解读五行。

6. 三年级下册《蚕》"蚕的药用价值"

（1）问题求解。

能从"蚕的药用价值"课程出发，生发统整性学习问题，开启蚕对人类贡献的探索。

（2）任务解答。

知道蚕的哪些部位具有药用价值，了解蚕的代谢物具有的药用价值，知道蚕在中药制作上的应用。

（3）成果展示。

能采用手抄报的形式，将所学的中医药知识以图文呈现出来。

（4）文化传创。

能通过学习，掌握养蚕的基本技能，并尝试探究将蚕蛹收集、储存，并创意化制作含有蚕蛹的手工品等活动。

7. 四年级上册《食物中的营养》"药补不如食补"

（1）问题求解。

能从"药补不如食补"课程出发，生发统整性学习问题，开启对神医孙思邈经历故事的探索。

（2）任务解答。

能知道食物有热性、温性、寒性、平中之分，了解人的体质有哪几种类型，不同体质的人适合吃哪些不同的食物。

（3）成果展示。

能用连线的形式分辨食物的性质，以及不同体质的人适合选择的食物。

（4）文化传创。

能通过学习，掌握合理选择食物的技能，并通过改善饮食搭配，创造性地改变饮食结构，使之符合不同状态下的个体。

8. 四年级下册《岩石的组成》"白血病克星——砒霜"

（1）问题求解。

能从"白血病克星——砒霜"课程出发，生发统整性学习问题，开启砒霜（三氧化二砷）能治白血病的探索。

（2）任务解答。

能了解砒霜（三氧化二砷）治疗白血病的原理，以辨识中医的"以毒攻毒"。

（3）成果展示。

能继续调查其他矿物，发现其中医药性，形成调查记录表。

（4）文化传创。

能通过对"以毒攻毒"的了解，感受中医的内涵，引发学生对中医药文化的兴趣。

贰 课程统整路径

一、内容预选

（一）一年级上册《校园里的植物》

1. 学科课程学习

（1）聚焦。

到校园里去观察和认识植物。（注意：不拔起、不采摘或不伤害植物）

提示：按小组分不同地点观察；选定一棵植物，并把它画下来；了解这棵植物的名称。

（2）探索。

我们要做哪些准备呢？如何观察？带上我们的工具，像科学家那样去观察校园里的植物。

（3）研讨。

我们观察了校园里的哪些植物？我们有哪些新发现？遇到了哪些新问题？

2. 中医药文化学习（认识药用植物）

（1）问题求解。

从学校中药活动展览教室的中药柜中，选择9种中草药并说出其名称，认一认这些中草药来自植物的哪一部分。

（2）任务解答。

初步观察中草药植物，了解中草药的名称，并进一步观察发现中草药特征。

（3）成果展示。

观察植物的特征，借助"形色"APP帮助识别，并确定中草药的名称。

（4）文化传创。

用学到的方法观察校园中的3种药用植物，观察这些植物的特征，并了解它们的药用价值。

（二）一年级下册《我们知道的动物》

1. 学科课程学习

（1）聚焦。

说说我们知道和喜欢的动物。

（2）探索。

分小组观察一种动物，说说这种动物有什么特点，把它画下来；也可以观察标本和图片。

（3）研讨。

动物有哪些相同的特点？玩具熊是动物吗？

2. 中医药文化学习（跟动物朋友学做运动）

（1）问题求解。

我们知道适度的运动能使人身心愉悦，身体健康，比如广播体操。中国古代也有一套流传久远的锻炼身体的方法，它是由神医华佗创编的五禽戏。仔细观看五禽戏的教学视频，回答问题：五禽戏的动作有什么特点？说一说五禽戏的意义。阅读教材中的文字，概括地说一说五禽戏的作用和意义，明白适度锻炼给人们带来的好处。

（2）任务解答。

观看五禽戏的教学视频，了解五禽戏的特点和动作；了解五禽戏的由来和意义，提高中医药文化素养。

（3）成果展示。

练习简单的五禽戏动作：集体练习相应的动作；两人一组，一边练习，一边纠正，相互学习，说说练习后的体会。

（4）文化传创。

五禽戏有养精神、调气血、益脏腑、通经络、活筋骨、利关节的作用，是一种适合很多人锻炼的方法。锻炼一定要适度，不能过度锻炼，否则会伤害身体健康。回家做个小老师，让家人一起来学学简单的五禽戏动作吧，让锻炼带给我们健康和快乐！

（三）二年级上册《不同的季节》

1. 学科课程学习

（1）聚焦。

在不同的季节，我们的家园发生了哪些变化？

（2）探索。

展示我们收集到的有关四季的资料。

举例说说，在不同的季节，动物、植物和人们的衣着有何变化。

拼贴一张四季变化图，提示：将一张白纸分成4个区域，分别标上"春""夏""秋""冬"，将词语剪下来并贴在相应的区域。

（3）研讨。

我们的地球家园在不同的季节有哪些不同？

季节变化对动植物和人有哪些影响？

（4）拓展。

收集秋季各种植物的叶子和种子，做一个"季节礼盒"。

2. 中医药文化学习（春捂秋冻）

（1）问题求解。

通过看课本剧"捂出来的感冒"，分享看完课本剧之后收获的新信息或感受。

看图辨析穿衣宝典（两张PPT，一张是夏末秋初20摄氏度左右，学校里的学生、大街上人们的穿衣一般是T恤、单衣等；另一张是冬末春初，气温也高达20摄氏度左右，人们穿的还是线衣，甚至羽绒衣等）。辨析：差不多的气温，不同穿衣的原因是什么？

看资料辨析长高宝典（一份世界卫生组织对世界各地青少年生长发育的统计资料），说说为什么身体在春夏季长得快，秋冬季长得慢。

（2）任务解答。

观看课本剧，了解穿衣需要注意的事项，不然对健康有影响。

观察PPT图片，知道夏末秋初，天气刚刚转凉，身体的阳气还在升发状态，大地表面的气温以及周围的一切事物阳气相对旺盛，所以穿得少一点也不会冻着。

冬末春初，乍暖还寒，万事万物（包括人体）的阳气刚刚开始生发，自然界的阴气还比较重，而且人体的阳气要从冬季的封藏状态转变为生发状态，需要慢慢调整，人体要适应了温暖的天气后，再脱去棉衣，这样才不易感冒。

将四季的变化规律"春生、夏长、秋收、冬藏"与人体一年四季新陈代谢的能力对应起来，从而揭示长高的秘密。

（3）成果展示。

为自己制订一份四季衣着的简要方案。

（4）文化传创。

知道中医养生一个重要的理念"天人相应"，并跟家人分享。我们的穿衣、起居等要根据四季的变化规律，做出相应的调整，才能少生疾病，确保健康。

（四）二年级下册《通过感官来发现》

1. 学科课程学习

（1）聚焦。

眼、耳、鼻、舌和皮肤是我们的感觉器官，感觉器官可以帮助我们感知周围的世界。

（2）探索。

交流：我们的器官能告诉我们什么信息？

观察图片，说说我们看到的和我们想到的，并用词汇记录下来。

用五种感官实际感知物品，再次用词汇记录我们的发现。

（3）研讨。

只用眼睛和使用五种感官所获得的信息有什么不同？

通过上面的活动，我们能分别说说眼、耳、鼻、舌和皮肤的作用吗？

（4）拓展。

调查有视力障碍、听力障碍的人，他们会遇到哪些困难？又是怎样生活的？我们能为他们做些什么？

2. 中医药文化学习（扁鹊望色诊病）

（1）问题求解。

看脸色、看舌头、看眼睛、看喉咙、摸额头等，都是中医常用的诊疗手段。这些做法在中医中又有什么诊疗秘密呢？我们一起来看一则历史典故吧。

（2）任务解答。

学习"讳疾忌医"的典故，了解司外揣内及望色诊病。

（3）成果展示。

学习望色诊病方法，简要判断可能存在的健康问题。

（4）文化传创。

司外揣内是中医独特的科学思维方法，它包含望、闻、问、切四诊法。本课让学生学习了解一些简要的望色诊病方法。通过这一次统整课程的学习，我们进一步走近中医的诊病技艺。希望大家课后去了解更多、更具体的中医诊病方法，多关注自己的健康问题，培养早发现、早治疗的意识。

（五）三年级上册《水》

1. 学科课程学习

水是我们身边最常见的液体。生活中的水以哪些形态存在？它们是怎样相互转化的呢？

水又是一种特殊的物质，很多物质都能溶解在水里。正是由于水具有这种特性，动物、植物和人类才能在地球上生存。

让我们来研究一下水吧，看看不同的物质在水中会发生哪些有趣的事情。

2. 中医药文化学习（妙用五行）

（1）问题求解。

一年分为春、夏、秋、冬四个季节，每个季节都有不同的特点，同学们能说一说每个季节的特点吗？你们了解什么是五行吗？五行与季节有什么关系呢？通过学习，知道了五行的生克关系，你能列举生活中有关五行生克的现象吗？分析小故事，你能说一说脾肾虚寒的人为什么会出现五更泻①吗？四神丸为什么能治疗五更泻呢？

（2）任务解答。

通过讲解五行的概念，了解五行；通过讨论，了解五行与季节的关系；通过讲解，了解五行的生克关系；通过发言，了解生活中的五行生克现象；通过分析小故事，知道脾肾虚寒的人会出现五更泻的原因和四神丸能治疗五更泻的原因。

（3）成果展示。

列举生活中常见的现象，熟悉五行之间的生克关系。

找找生活中常见的调料和食材，按五行属性进行归类。

（4）文化传创。

知道中医五行理论是古人对日常生活现象的观察、总结、提炼而成的，是指导治疗疾病的学说，不是迷信。它可能不完美，但是有其存在的价值。

---

① 五更泻：亦称"肾泄"，泄泻的一种。

（六）三年级下册《蚕》

1. 学科课程学习

每一种动物的一生都会经历出生、成长、繁殖、死亡的过程，这样的生命过程一代一代循环往复，使种族得以延续。

饲养动物，是了解动物一生的好方法，在这个过程中还可以知道关于动物更多的知识，让我们通过养蚕来进一步研究吧！

2. 中医药文化学习（蚕的药用价值）

（1）问题求解。

蚕对人类的奉献远远不只有蚕丝。其实呀，蚕全身都是宝。我们一起来学习蚕的每个部位，乃至探究它的代谢物都具有什么样的药用价值吧。

（2）任务解答。

以图文呈现蚕的身体构造，了解蚕的每个身体部位，乃至它的代谢物具有的药用价值及其应用。

（3）成果展示。

采用手抄报的形式，将所学的关于蚕的中医药知识以图文呈现出来。

（4）文化传创。

通过学习，认识到蚕在人类经济发展中发挥着重要作用，激发对蚕的深入研究的兴趣。

（七）四年级上册《食物中的营养》

1. 学科课程学习

（1）聚焦。

每天我们都会食用种类丰富的食物，这会给我们的身体带来怎样的益处呢？

（2）探索。

让我们通过实验的方法了解食物中有哪些营养成分。检测食物中是否含有淀粉，在每一种食物上滴几滴碘酒，仔细观察各种食物和碘酒的颜色变化。检测食物中是否含有脂肪，挤压食物，观察其在白纸上留下的油渍情况，并完成实验记录。检测食物中是否含有蛋白质的实验，可以在教师或家人的指导下进行。有些营养成分难以通过简单的实验方法检验得出，而食品包装上的"营养成分表"会给我们提供很多有用的信息。

（3）研讨。

丰富的食物给我们提供了哪些营养成分？有没有一种食物含有所有的营养成分？我们如何简单地辨别食物中含有的营养成分？

2. 中医药文化学习（药补不如食补）

（1）问题求解。

食物不仅能够提供营养，还能治疗疾病。在日常生活中，你曾经通过吃什么食物治疗过什么疾病？或者，你曾经目睹谁利用什么食物治疗过什么疾病？

（2）任务解答。

分享食补及其故事（如"孙思邈巧用食物治病"），探索食补的益处。

（3）成果展示。

初步学会分辨食物的习性，能根据人体的特性合理选择食物。

（4）文化传创。

药补不如食补，同学们养成对食物的习性多加了解和关注的好习惯。

（八）四年级下册《岩石的组成》

1. 学科课程学习

（1）聚焦。

所有的岩石都是由矿物组成的，有些岩石由多种矿物组成，有些仅由一种矿物组成。研究岩石的一种方法就是寻找岩石中的矿物。矿物是什么样的？有哪些方法可以帮助我们识别矿物呢？

（2）探索。

观察花岗岩的组成。先用肉眼观察，再用放大镜观察，并对花岗岩的组成进行描述。

观察几种矿物的颜色、纹路、透明度和光泽。此外，硬度、形状也是观察矿物的重要线索；将花岗岩的颗粒分别与这几种矿物进行比较，辨别这些颗粒中哪些是石英，哪些是长石，哪些是云母。

（3）研讨。

对于矿物，我们可以用什么方法去观察？对于岩石和矿物，我们有哪些新的认识？岩石和矿物有什么相同和不同之处？

2. 中医药文化学习（白血病克星——砒霜）

（1）问题求解。

2008年，考古队员在整理光绪帝的遗物时，意外发现了他的头发，从而证实光绪帝死于砒霜中毒。你们知道吗？砒霜虽然有剧毒，却可以用来治病。从科学家张亭栋发现砒霜（三氧化二砷）能治白血病，并研制新药的故事，解释为什么砒霜能治白血病。

（2）任务解答。

通过光绪帝因砒霜中毒死亡的故事，初步了解砒霜；通过阅读，初步知道砒霜（三氧化二砷）可以治疗白血病及其原因。

（3）成果展示。

在学习这一课的基础上，继续调查其他矿物的中医药性，并形成调查记录表。

（4）文化传创。

通过对"以毒攻毒"的了解，感受中医的内涵，引发对中医文化的兴趣。同学们可以在生活中多观察、多思考、多学习，了解更多有毒性的中药材。

二、实施建议

（一）一至二年级课程实施

1. 课堂教学

教师要利用多种途径快速了解中医药。在消化和吸收学到的知识之后，从简单常见的中医药知识出发，认识中草药的外部特征，知道生活中常见的中草药的药用功效及其生长环境。树立科学观念。在课堂上引导学生通过口述、绘画、画思维导图等方式表达自己的想法。

2. 活动展现

在课堂教学的基础上，还要注重理论与实践的结合，做到科学课程标准要求的探究实践。设计与开展相应的实践活动，以拓展学生的实践技能，增强学习的趣味性。在课堂教学之外，教师所设计与组织的实践活动，要做到体验性强，如制作标本、模仿五禽戏的动作等。

3. 环境活化

科学课程统整中医药文化还要与学校文化有机结合起来，营造良好的学习中医药文化的氛围。例如，可以在校园内放置经典医药学家的雕塑，在教室走廊上张贴名医警句、摆放药植标本。开设小型的中药材种植园，作为劳动课的场所，可以种植金银花、紫苏、薄荷、含羞草、跳舞草等特性明显的植物，让学生在教师的带领下为植物浇水、施肥和除草。在此期间，学生通过观察记录植物的生长过程，可以感受植物的生命之美，既能锻炼动手能力，也能近距离接触与了解中医药，活化中医药文化。

（二）三至四年级课程实施

1. 课堂教学

科学课程统整中医药文化要使学生感兴趣，就必须贴近学生生活。《义务教育科学课程标准（2022年版）》强调："义务教育科学课程是一门体现科学本质的综合性基础课程，具有实践性。"同样，小学科学课程统整中医药文化，首先应以普及中医药文化常识、了解基本的中医文化概念为主，由浅入深、循序渐进地开展。这就要注重按合理的课堂结构设计，并开展教学。

2. 活动展现

小学生更喜欢中医典故、实践操作等内容，科学课程统整中医药文化的活动中应注重以学生为本，让学生从做中学。比如，"妙用五行"一课中，学生能对小故事进行分析，进一步明确五行学说可以用来防治疾病。又如，"药补不如食补"一课中，学生初步学会分辨食物的习性，能根据人体的特性合理选择食物，并动手为自己做一道美食。

3. 环境活化

在新媒体时代，应该重视"互联网+中医药"的有机结合，充分利用社交软件、中医药网站、短视频平台等新兴媒介来宣传中医药文化。科学课程统整中医药文化可以利用多元化的新媒体途径，以大众喜闻乐见、通俗易懂的方式，宣传中医药文化的科学性、实用性，普及推广中医保健和养生的方法理念，推动中医药文化传承和传播。

叁　课程统整成效评价

一、评价建议

（一）课堂教学

1. 课堂化评价的标准

以科学课程的"初步学习、深入学习、拓展学习"和中医药文化统整的"问题求解、任务解答、成果展示、文化传创"为评价项目，拟定评价标准，并匹配评价分值，共同构成课堂化评价。其评价量表见表5-1-1。

表5-1-1　科学课程统整中医药文化课堂化评价量表

评价项目	评价标准	分值/分	评分
科学初步学习	能初步掌握科学学科的基础知识	10	
科学深入学习	能通过合作探究、讨论、动手实践等方式学习和理解科学更深层次的知识并发展科学核心素养	10	
科学拓展学习	能基于生活实际，研究与课文有关的中医药知识	10	
问题求解	能自主提出有价值的问题，通过自主学习、合作学习等解决问题	15	
任务解答	能基于问题，分组完成系列统整性学习任务，达成解答的目标	15	
成果展示	能按要求形成成果并保证质量，顺利完成展示	15	
文化传创	能通过写作、演讲、报告等形式传承相关的中医药文化	25	

2. 课堂化评价的操作

（1）学生对教师讲授的中医药知识了解、知晓，并且能够进行复述。这有助于学生学习和巩固知识。

（2）学生能够将教师讲授的中医药知识应用到科学的学科学习中。这有助于提升学生迁移学习的能力。

（3）学生在课后能够自主寻找与中医药文化相关的知识，并且能够进行更深层次的联系与拓展。

（4）学生能够主动提出问题，并通过自主学习、合作学习、探究学习来解决问题。教师视其问题价值以及解决问题的方法、态度和结果来评价学生。

（5）学生能够采取独特的方式完成任务，如进行技术创新。教师要求制作手抄报、手工作品，学生可以利用电脑制作相应的幻灯片或者视频，进行多样化展示。

（二）活动展现

1. 活动化评价的标准

基于科学课程与中医药文化的统整，以活动的"前、中、后"为评价模块，确定评价项目，拟定评价标准，并匹配评价分值，共同构成活动化评价。其评价量表见表5-1-2。

表5-1-2　科学课程统整中医药文化活动化评价量表

评价模块	评价项目	评价标准	分值/分	评分
活动前	活动准备情况	了解学生活动准备的情况，包括心理准备以及材料准备。教师可以让小组长们检查学生相关的材料准备	20	
活动中	活动中的思考与创新	学生做好活动记录，教师从活动记录中了解学生是否有足够的思考和一定的创新	40	
活动后	有关活动的总结与传播	布置相关的活动总结任务，学生可以通过展示实物、标本、视频等形式传播活动内容，弘扬相关中医药文化	40	

2. 活动化评价的操作

（1）活动前，教师可以准备相关的心理小测试，也可以通过谈话法、观察法了解学生的心理准备状态。至于材料的准备，可以让学生自行准备一些简单易得的材料，让学生互相检查，从而强化学生的主人翁意识，让学生成为自己学习的主体。

（2）活动中，教师要对学生进行持续的观察，也可以让学生互相观察，填写一张互评表格，选出最佳观察者和最佳记录者，让学生更加有动力地参与活动的观察和记录，让学生学有所得。

（3）活动后，需要学生做好总结，并且在课堂上进行展示。这样才能让活动获得更好的教育效果。而弘扬中医药文化是我们进行活动的目的，我们需要通过一些现代化、信息化的手段宣传我们的活动并弘扬中医药文化。

（三）环境活化

1. 环境化评价的标准

基于科学课程与中医药文化统整，以环境的"场域、布局、效能"为评价项目，拟定评价标准，并匹配评价分值，共同构成环境化评价。其评价量表见表5-1-3。

表5-1-3　科学课程统整中医药文化环境化评价量表

评价项目	评价标准	分值/分	评分
环境场域	是否具有相应的中医药文化氛围的布置	20	
环境布局	布置方式是否合理，设计是否新颖	40	
环境效能	环境布置是否起到了传播优秀中医药文化的作用	40	

2. 环境化评价的操作

（1）环境活化有多种形式，如班级文化布置、手抄报制作、虚拟环境创设等，教师评分时需要辨别环境中是否有相应的中医药文化成分。环境潜移默化的影响是"润物细无声"的，能更好地对学生进行熏陶。

（2）通过现场知识问答、介绍中医药文化知识等，考查学生通过一段时间的环境活化后是否接收到了更丰富的中医药文化知识。

二、成果预期

（一）一至二年级成果

1. 文本类

用画图、做标本、调查记录等形式，形成药用植物学习成果。

学会简单的望色诊病方法，初步掌握简单的健康诊断方法。

2. 非文本类

学会五禽戏中的基本动作，能在平时运用到身体锻炼中。

从中医养生的角度，说出四季穿衣的理由。

（二）三至四年级成果

1. 文本类

用画、写等方式，对常见的事物进行五行属性归类。

采用手抄报的形式，让学生将所学有关蚕的中医药知识以图文呈现出来。

2. 非文本类

学会分辨食物的习性，能根据人体的特性合理选择食物。

动手为自己和家人做一道具有中医药智慧和价值的美食。

◇　课例三问：《校园里的植物》

本课例基于"科学统整中医药文化课怎么上"，以科学课程一年级上册《校园里的植物》为例，呈现"解决什么问题""如何解决问题""是否解决问题"的"三问成学链"的科学课程实施理路，展现"为什么统整""怎样统整""统整得如何"的科学课程学习样态。

壹　解决什么问题

——从"校园里的植物"走向"华夏神草"

一、基于学科的学习

（1）如何观察植物：我们校园有很多植物，如何观察它们呢？我们要做哪些准备呢？带上我们的工具，像科学家那样去观察校园里的植物吧。大家通过逛校园，肯定都观察了不少植物，你们能说一说它们的名称吗？它们都有哪些特点呢？

（2）如何爱护植物：在观察植物的过程中应该怎么做，才能使植物不受伤害呢？

二、基于统整的学习

药用植物有什么功效：看到清新的植物，你们是不是很舒心？植物能够给我们带来美好的感受。下课后，走出教室能够呼吸新鲜的空气，舒缓疲劳，这也是植物的功劳。然而，植物的功劳还有很多，比如可以入药，救死扶伤。你知道哪些常见植物的药用价值？它可以治疗哪些疾病或疼痛呢？

贰 如何解决问题

——从"学科"走向"课程统整"

一、《校园里的植物》科学化学习

（一）学习目标

（1）能从"如何观察植物"出发，利用以前学过的观察植物的方法，观察校园里的不同植物，了解植物名称，发现这些植物的特征。

（2）能从问题"如何爱护植物"出发，逛一逛校园百草园，学会在观察植物的过程中，不让植物受到伤害，树立珍爱生命、爱护植物的意识。

（二）学习过程

1. 学习模块一：解决问题"如何观察植物"

步骤一，图片导入，引出课题。

生活中，你见过这些植物吗？在哪里见到的？你知道它的名称吗？你是如何知道的呢？今天，我们就一起到校园里观察植物吧。

步骤二，任务驱动，展开活动。

说一说：很高大的树木怎么观察？

议一议：我们该怎样观察户外的植物呢？

想一想：如何观察校园里的植物？

看一看：观看视频，学习如何观察一棵植物，用准备的记录本和铅笔把观察到的植物画在表格中，写上所观察的植物的名称。

步骤三，成果展示，拓展课题。

展一展：分小组上台展示记录卡，看看大家都观察了校园里的哪些植物。

说一说：我们有哪些新发现？遇到了哪些新问题？

2. 学习模块二：解决问题"如何爱护植物"

步骤一，观察图片，初步判断。

在观察植物的过程中，同学们做到爱护植物了吗？我们来看图片上的小朋友在观察植物的时候，都做对了吗？

步骤二，深化认识，提出做法。

那么，我们应该怎么去做呢？

二、《校园里的植物》统整化学习

统整化学习主要解决的问题是学习模块三：解决问题"药用植物有什么功效"。

（一）竞赛型统整

1. 学习目标

能从问题"药用植物有什么功效"出发，学会认识药用植物的名称，并知道一些植物的药用价值，将其运用到日常生活中。

2. 学习过程

（1）问题求解。

看到校园里清新的植物，你们是不是很舒心？植物能够给我们带来美的感受。下课后，走出教室能够呼吸新鲜的空气，舒缓疲劳，这也是植物的功劳。然而，植物的功劳还有很多，比如可以当作药材。你知道哪些常见的植物可以当作药材吗？它可以治疗哪些疾病或疼痛呢？

今天，我们一起来看看视频，了解植物的一些药用价值吧。看完视频，你们是不是也想自己制作药用植物卡片，并写上它们的功效呢？以小组为单位，看哪个小组制作的卡片多。

（2）任务解答。

步骤一，自主学习，探问备赛。

组建学习小组，收集相关资料：开展植物药用价值探寻行动，借助网络资源、书籍报刊，走访实地如广东省凉茶博物馆、医药企业，了解药用植物的功效；学生分小组展示药用植物卡片，并讲解药用植物的功效。

步骤二，制订规则，进行比赛。

师生齐定规则，开展知识竞赛：确定知识竞赛的规则，比一比谁知道的药用植物多，有哪些药用价值。

（3）成果展示。

确定成果展示形式：学生准备过程中的照片、视频等资料；学生交流大会上、知识竞赛时的照片、视频等。

有效推进成果展示：以学生形成的各种成果，完成中医药文化竞赛式成果展。

（4）文化传创。

了解植物小百科和药用小知识，启蒙对中医药和植物学的探究兴趣。

3. 学习成效

这一科学统整课的学习成效主要体现在两方面：一方面，学生通过自主探究，了解药用植物的药用知识；另一方面，学生通过组织与参加竞赛活动，激发了学习兴趣，挖掘了学习潜能，培养了团队协作意识和创新精神，同时又以独特方式传承与创新了中医药文化。

（二）展演型统整

1. 学习目标

能从问题"药用植物有什么功效"出发，了解有关植物的中医药知识，会制作药用香包，并以展演方式呈现对中医药文化的传承与创新。

2. 学习过程

（1）问题求解。

通过各种途径，我们了解了药用植物知识，同学们想不想利用我们百草园的植物做一些香包呀？

了解方法，讨论种类。今天，我们就以小组为单位来制作香包，先来看一段视频。同学们学会了吗？以小组为单位，想一想你们要制作具有什么功效的香包，以及需要什么植物。写在记录卡里吧！学生从自身兴趣出发，可以选择制作不同功效的香包，如驱蚊香包、安神香包、香薰包、驱寒香包等。

（2）任务解答。

步骤一：分组合作，制作香包。

基于已有的小组分工，展开合作：寻找、采摘、研碎、装袋、贴标签等。

步骤二：展示香包，讲解功效。

每个小组展示自己制作的香包，并讲解用了哪些植物，香包的功效是什么，为什么制作这样一种香包。

（3）成果展示。

确定成果展示形式：学生制作香包过程的照片、讲解和讨论香包的视频、香包成品。

有效推进成果展示：以学生形成的各种成果，完成中医药文化展演式成果展。

（4）文化传创。

在这一统整课中，学生通过学习制作香包活动，感受中国传统工艺的智慧，并能结合自己的兴趣和所见所闻，创新性地增加新时代元素，将这一文化传承和发扬出去，让更多人知晓和喜欢。

3. 学习成效

经过展演型统整课的学习，在制作香包的过程中，学生知道了不同类型的香包和制作方法，提高了自己的动手实践能力，从而以独特方式传承与创新了中医药文化。

（三）发现型统整

1. 学习目标

能从问题"药用植物有什么功效"出发，学会在百草园或家里种一种药用植物，并通过画图或拍照方法记录它的生长情况；学会查阅资料，了解自己种植的植物的药用价值和食用方法；学会通过种植药用植物，自主探索，自主发现问题、解决问题，培养探究中医药文化的精神。

2. 学习过程

（1）问题求解。

了解了植物的药用价值，你们想不想自己亲手种上一株药用植物？如何种一株药用植物呢？

研讨"种药"。同学们以小组为单位讨论：如何种一株药用植物？学生讨论之后分享小组看法，通过观看种植视频，总结注意事项。

（2）任务解答。

步骤一，尝试"种药"。

利用课后时间，在家里种植一株药用植物。以画图或拍照的形式记录在记录本上，并将了解到的药用价值和食用方法写在背面。

步骤二：展示"种药"。

展示植物，讲解药用与用法：展示自己种植的药用植物，根据图示或照片讲解不同时期的生长情况，并说一说其药用价值及食用方法。

（3）成果展示。

确定成果展示形式：学生自己种植的药用植物、记录植物生长情况的卡片、学生讲解的视频或照片。

有效推进成果展示：以学生形成的各种成果，完成中医药文化发现式成果展。

（4）文化传创。

学生通过种植药用植物，并了解其功效，提高对中医药文化的认同感，以及传承与创新的意识与能力。

3. 学习成效

经过这一统整课的学习，学生学会了自己种植药用植物，知道药用植物来之不易，需要很长的时间才能长成，并且提高了观察能力和动手能力，发展了传承与创新中医药文化的能力。

叁 是否解决问题

——"学科素养"与"统整素养"并行

一、聚焦"学科素养"

（一）问题解决的分析框架

为解决基于科学课程科学化学习的两大问题，学习模块一和学习模块二铺展了相应的解决之道，除了注重学习进程中的及时评价外，还可以构建相应的问题解决框架，来形成"是否解决问题"的评价载体，进而评析科学核心素养在问题解决过程中得到怎样的发展，并提出相应的教学改进建议。这一框架见表5-2-1。

表5-2-1　《校园里的植物》统整课"解问题育素养"科学化学习分析框架

学习问题	学习目标	学习历程	素养评析	改进建议
问题1：如何观察植物	由问题1而研拟的科学课程的学习目标	为达成目标，解决问题1而分解的科学课程的学习进程	针对问题1而铺排的学习历程，围绕科学课程核心素养的培育情况，进行评价与分析	对今后解决问题1的科学课程教学，提出相应的改进建议
问题2：如何爱护植物	由问题2而研拟的科学课程的学习目标	为达成目标，解决问题2而分解的科学课程的学习进程	针对问题2而铺排的学习历程，围绕科学课程核心素养的培育情况，进行评价与分析	对今后解决问题2的科学课程教学，提出相应的改进建议

（二）问题解决的成果分析

立足于科学化学习，运用"科学统整课'解问题育素养'科学化学习分析框架"，针对学习模块一和学习模块二的学习铺展，是否有效地解决了学习问题，以促进学生科学核心素养的发展，进行整体性评析，以及提出教学改进建议，最终形成表5-2-2的成果分析。

表5-2-2　《校园里的植物》统整课"解问题育素养"科学化学习成果分析

学习问题	学习目标	学习历程	素养评析	改进建议
问题1：如何观察植物	能利用学过的观察植物的方法，观察校园里不同植物的特征，并了解植物名称	图片导入，引出课题 任务驱动，展开活动 成果展示，拓展课题	1. 在实地观察中，发现不同的地点生长着不同的植物，它们有各自的特征和名称，体现了科学概念理解的科学素养 2. 在教师指导下，能用图画描述和记录植物形态，能从植物的观察中提出感兴趣的问题，体现了科学探究能力的科学素养 3. 在科学探究活动中，学会主动地与他人合作，积极参与交流和讨论，体现了科学态度的科学素养	略

（续表）

学习问题	学习目标	学习历程	素养评析	改进建议
问题2：如何爱护植物	能在逛百草园的过程中，养成珍爱生命、爱护植物的意识	观察图片，初步判断	在观察图片和交流中，形成珍爱生命、爱护植物的意识，体现了科学态度的科学素养	略
		深化认识，提出做法		

二、衍生"统整素养"

（一）问题解决的分析框架

为解决基于科学课程统整中医药文化的学习问题，学习模块三铺展了相应的解决之道，除了注重学习进程中的及时评价外，还可以构建相应的问题解决框架，来形成"是否解决问题"的评价载体，进而评析统整素养在问题解决过程中得到怎样的发展，并提出相应的教学改进建议。这一框架见表5-2-3。

表5-2-3 科学统整课"解问题育素养"统整化学习分析框架

统整问题	科学课程统整中医药文化的学习问题		
统整路径	竞赛型统整	展演型统整	发现型统整
统整目标	由统整问题而研拟的科学课程统整中医药文化的竞赛型学习目标	由统整问题而研拟的科学课程统整中医药文化的展演型学习目标	由统整问题而研拟的科学课程统整中医药文化的发现型学习目标

统整路径		竞赛型统整	展演型统整	发现型统整
统整历程	问题求解	为达成目标，解决统整问题而分解的学习进程一，提出具体的竞赛型学习问题，由此引发学生分组求解	为达成目标，解决统整问题而分解的学习进程一，提出具体的展演型学习问题，由此引发学生分组求解	为达成目标，解决统整问题而分解的学习进程一，提出具体的发现型学习问题，由此引发学生分组求解
	任务解答	为达成目标，解决统整问题而分解的学习进程二，提出具体的竞赛型学习问题，由此引发学生分组完成竞赛型学习任务	为达成目标，解决统整问题而分解的学习进程二，提出具体的展演型学习问题，由此引发学生分组完成展演型学习任务	为达成目标，解决统整问题而分解的学习进程二，提出具体的发现型学习问题，由此引发学生分组完成发现型学习任务
	成果展示	为达成目标，解决统整问题而分解的学习进程三，推进具体的竞赛型成果展示活动，由此引发学生分组展示竞赛型学习成果	为达成目标，解决统整问题而分解的学习进程三，推进具体的展演型成果展示活动，由此引发学生分组展示展演型学习成果	为达成目标，解决统整问题而分解的学习进程三，推进具体的发现型成果展示活动，由此引发学生分组展示发现型学习成果
	文化传创	为达成目标，解决统整问题而融入学习进程一、二、三的学程，呈现学生在整个统整学程中以竞赛方式传承与创造的中医药文化	为达成目标，解决统整问题而融入学习进程一、二、三的学程，呈现学生在整个统整学程中以展演方式传承与创造的中医药文化	为达成目标，解决统整问题而融入学习进程一、二、三的学程，呈现学生在整个统整学程中以发现方式传承与创造的中医药文化

（续表）

统整路径	竞赛型统整	展演型统整	发现型统整
素养评析	针对统整问题而铺排的学习历程，围绕科学课程统整素养的培育情况，评价与分析学生基于竞赛型统整学习，所展现的问题求解能力、任务解答能力、成果展示能力、文化传创能力的提升事实	针对统整问题而铺排的学习历程，围绕科学课程统整素养的培育情况，评价与分析学生基于展演型统整学习，所展现的问题求解能力、任务解答能力、成果展示能力、文化传创能力的提升事实	针对统整问题而铺排的学习历程，围绕科学课程统整素养的培育情况，评价与分析学生基于发现型统整学习，所展现的问题求解能力、任务解答能力、成果展示能力、文化传创能力的提升事实
改进建议	对竞赛型统整教学，提出相应的改进建议	对展演型统整教学，提出相应的改进建议	对发现型统整教学，提出相应的改进建议

（二）问题解决的成果分析

立足于科学课程统整化学习，运用"科学统整课'解问题育素养'统整化学习分析框架"，针对学习模块三的学习铺展，是否有效地解决了统整问题，以促进学生统整素养的发展，进行整体性评析，以及提出教学改进建议，最终形成表5-2-4的成果分析。

表5-2-4　科学统整课"解问题育素养"统整化学习成果分析

统整问题	药用植物有什么功效		
统整路径	竞赛型统整	展演型统整	发现型统整
统整目标	能认识药用植物名称，并知道一些植物的药用价值，将其运用到日常生活中	能了解有关植物的中医药知识，并会制作药用香包	能在百草园或家里种一种药用植物，通过画图或拍照形式记录生长情况，并查阅资料，了解自己种植的药用植物的药用价值和食用方法

（续表）

统整路径		竞赛型统整	展演型统整	发现型统整
统整历程	问题求解	看了视频，你们是不是想制作药用植物卡片，并写上它们的功效呢？（看哪个小组制作的卡片多，且能够用于治疗日常的病痛）	通过各种途径了解药用植物后，同学们想不想用百草园的植物做一些香包呀？	了解植物的药用价值后，你们想不想自己亲自动手种上一株药用植物呀？（如何种一株药用植物呢）
	任务解答	1. 自主学习，探问备赛 2. 制定规则，进行比赛	1. 了解方法，讨论种类 2. 分组合作，制作香包 3. 展示香包，讲解功效	1. 尝试"种药" 2. 展示"种药"
	成果展示	1. 确定成果展示形式 2. 有效推进成果展示	1. 确定成果展示形式 2. 有效推进成果展示	1. 确定成果展示形式 2. 有效推进成果展示
	文化传创	在了解植物小百科和药用小知识的基础上，启蒙中医药和植物学探究兴趣	制作香包活动，感受中国传统工艺智慧，并增加新时代元素而传承和发扬	学种药用植物，了解其功效，提高对中医药文化的认同感，以及传创意识与能力

（续表）

统整路径	竞赛型统整	展演型统整	发现型统整
素养评析	在解决"药用植物有什么功效"问题的学习历程中，经历科学课程与中医药文化的竞赛型统整，不仅发展了科学核心素养，而且学会了问题求解、任务解答、成果展示，能够自主探究药用植物，赛一赛谁懂得的药用知识更多，还以协作与创新的实践传承与创新了中医药文化	在解决"药用植物有什么功效"问题的学习历程中，经历科学课程与中医药文化的展演型统整，不仅发展了科学核心素养，而且学会了问题求解、任务解答、成果展示，能够独立制作香包，展一展谁做的香包更实用，还以实践与展示的形式传承与创新了中医药文化	在解决"药用植物有什么功效"问题的学习历程中，经历科学课程与中医药文化的发现型统整，不仅发展了科学核心素养，而且学会了问题求解、任务解答、成果展示，能够种植药用植物，看一看谁种得不易但好，还以观察和动手的形式传承与创新了中医药文化
改进建议	略	略	略

（课例设计：朱美娇）

第六章

艺术统整中医药文化

统整设计	陈秋任、汪溪雯、黄怀抒、区广源、植巧妮、冯韵桦、梁文采、陆丽思、余蕾
统整理念	整合资源，联系生活，提升学习素养。教师和学生从艺术课程的学习出发，共同生发出联结生活情境的"统整问题"，并由此驱动对中医药文化的拓展性学习、探究性学习，进而在解决问题与展示成果的历程中发展艺术核心素养，同时传承乃至创造相应的中医药文化，获得综合素养的提升
统整资源	艺术课程与中医药文化。岭南版小学美术教科书的《可爱的小虫》（一年级）、《美丽的叶子》（二年级）、《奇特的热带植物》（三年级）、《泥板植物》（四年级）、《彩塑动物》（五年级）、《写意花卉》（六年级）共6例课程，粤教花城版小学音乐教科书的《多彩的乡音（一）桔梗谣》（三年级）、《茉莉花》（四年级）、《采莲谣》（五年级）共3例课程，及其相关的实地类、视听类、文本类中医药文化资源
统整性质	拓展性课程、探究性课程
统整对象	一至六年级学生
统整样态	基于课堂教学、活动展现、环境活化三大途径，以"问题求解—任务解答—成果展示—文化传创"为主要历程，展开多样态的统整性学习，并通过课堂化评价、活动化评价、环境化评价来判断、分析课程统整目标的达成

◇　课程设计：中药天地醉音画

本设计是艺术教师和学生展开课程统整教学的行动指南，分三部分七方面展开，主要阐明艺术课程统整中医药文化的方向、路径、成效。

壹　课程统整方向

一、需求分析

（一）学生发展的需要

中医药文化是中华优秀传统文化的瑰宝，蕴藏着渊博的人文科学和哲学思想，把中医药文化渗透到小学课程教学中，培养学生以音乐和美术为基础的中医药文化艺术素养，不仅能够满足学生的审美需要，提高学生的能力，而且能使学生以艺术为载体，弘扬中医药文化，也能促进中医药文化深入广大小学生的学习与生活之中，从而树立中医药文化自觉与文化自信。

（二）教师发展的需要

推进中医药文化进校园、进课堂，教师开发艺术与中医药文化相融合的课程，以小学生喜闻乐见的方式呈现出来。不仅能延续发扬中医药文化，也可以丰富教师的美术教学资源，弘扬传统文化，增强民族自信、文化自信，拓展学生的视野，强化学生的中医药信心和传播中医药文化的内生动力，从而落实艺术课程的美育教育。

（三）学校发展的需要

玉鸣小学的校训是"金玉和鸣，有志竟成"。"和鸣""百家争鸣""共鸣"有和谐以及发展蓬勃的意味，而这正是中医药文化发展的方向之一。开启"一花园、一课堂、一读物"中医药文化进校园活动，中医药文化走进校园，种进学生的心田。玉鸣小学校园开设"百草园"和中医药文化长廊，不仅有利于学生近距离了解中医药、接触中医药的形态、知识和种类，也有利于教师组织经验、活动经验的积累，有效地建设艺术课程，更有利于学校形成学科课程统整中医药文化的办学特色，营造良好的学习中医药文化的校园氛围。

二、资源分析

（一）教科书资源

1. 一年级：岭南版美术《可爱的小虫》

（1）教材内容。

《可爱的小虫》选自岭南版《美术》教材一年级上册第三单元第十课，属于造型表现领域。一年级的学生活泼好动，对大自然有着强烈的好奇心，但是接受知识的能力不强，注意力的持续性较弱。因此，这门课可从教学重点出发，引导学生认识各种色彩斑斓的昆虫，在感受昆虫造型美感的同时对昆虫等相关的自然科学知识进行解惑；引导学生用对称细分的方式分析昆虫的对称性，了解昆虫奇异的特征，用整体对称和局部对称的方式画出昆虫的奇异外形、斑斓色彩和独特花纹；介绍有关昆虫的生活习性和历史发展的进化过程，让学生了解昆虫不断改变自身特点适应环境的进化历程，从而引导学生从小养成善于观察生活、热爱自然的品质。

（2）关联中医药。

《神农本草经》列出的虫药有29种，明代名医李时珍的《本草纲目》则将虫药扩充到106种，我国中医的药用昆虫达300种之多，如蚂蚁、蜜蜂、蟑螂（卵荚）、蝉壳、斑蝥、螳螂、家蚕和苍蝇等。目前，有大量入药的昆虫进行了人工养殖，在医药、食品、工艺美术等诸多领域发挥着极大的作用。

课堂上教师可以引导学生通过绘画昆虫了解其药用价值，如蜜蜂具有解毒杀虫、燥湿止痒止痛的功效，性味甘平。基于美术课的学习而关联更多中医药知识，让学生学会辨认不同虫类的形状、功效，在日常生活中积累中医保健知识。

2. 二年级：岭南版美术《美丽的叶子》

（1）教材内容。

本课选自岭南版《美术》二年级上册第三单元第七课，属于造型表现领域。本课重在引导学生观察身边不起眼的自然物象，运用不同方式表现叶脉的构成美；通过观察叶子的线条、形状、色彩、肌理等，了解植物的基本特征，感受叶子的造型特征；关联叶类植物的药用知识、价值等，从而设计美丽的叶子，从小养成热爱大自然和保护环境的意识。

（2）关联中医药。

树叶在生活中随处可见，将树叶用于治疗疾病是历经几千年的科学实践，历代中医师总结出了很多简明扼要、物有所值的治病方法，都有着强大的功效。有些鲜嫩无污染的树叶可用于治病，如枇杷叶能清肺热，降肺气以止咳，常用于治疗肺热咳嗽；桃叶可以治疗干燥性鼻炎等。

3. 三年级：岭南版美术《奇特的热带植物》

（1）教材内容。

本课选自岭南版《美术》三年级上册第五单元第十四课，属造型表现领域。本课重在引导学生观察和认识热带植物的形态、特征、生活环境及相关自然科学知识，感受热带植物的形态美、纹理美、色彩美等，从小养成对大自然的热爱之情，培养环保意识。

（2）关联中医药。

关联并介绍有关的生存环境及生活特征，从中体会中草药的生存能力、品质及药用价值。芦荟是百合科热带常绿草本植物，多肉质，常见于海南岛西部海滨的石缝中或仙人掌丛中，具有广泛的价值，被称为"万能药草"，用于治病、保健、美容。

学生通过对常见热带植物用药的学习，可以掌握常见热带植物的用药价值和保健知识，激发对热带植物药用价值的挖掘。

4. 四年级：岭南版美术《泥板植物》

（1）教材内容。

本课选自岭南版《美术》四年级上册第二单元第三课，属造型表现领域。本课重在引导学生使用黏土等重复性强的工具材料，通过观察身边植物花、果、叶、茎、形状、色彩的不同，引入浮雕概念，并介绍有关植物的生存环境及生活特征，从中体会植物的生存能力，通过黏土制作综合技法和概括夸张的艺术手法塑造植物，激发学生表现不同植物的兴趣，培养热爱大自然的情感。

（2）关联中医药。

学生在泥板植物的制作中关联具有类似药用价值的植物，探究学习课程中与之息息相关的中医药知识，例如植物的根、茎、叶、芽、花、果等都具有自身的中医药价值。在学生完成黏土作品后，制作药用价值说明卡片等，能开拓小学生的思维创造力和动手能力，进而感受中医药文化的魅力。

5. 五年级：岭南版美术《彩塑动物》

（1）教材内容。

本课选自岭南版《美术》五年级上册第三单元第七课，通过欣赏不同形态的动物，运用捏、接、贴、压、绘等技法塑造动物造型，了解不同地区的民间动物小彩塑的造型特点。学生以分组合作的形式，用黏土的方式创作"动物小彩塑"，并在合作中寻找乐趣，感受彩塑动物艺术美的熏陶，增强对优秀文化的民族自豪感，为民间艺术的传承和发扬奠定坚实基础，培养小学生保护、爱护动物的环保意识。

（2）关联中医药。

了解全国不同地区的民间动物小彩塑，并了解动物各部位的药用价值。学生以分组合作的形式，用黏土的方式创作"动物小彩塑"，并在合作中分享各自掌握的中医药知识。如：鹿的全身均可入药，鹿角、鹿茸、鹿胎、鹿筋等无一不是珍贵的药材；乌龟具有养阴补血、益肾填精、止血的功效，肉中含有的蛋白质还有一定的抗癌作用，能够抑制肿瘤细胞，增强机体免疫功能；等等。

6. 六年级：岭南版美术《写意花卉》

（1）教材内容。

本课选自岭南版《美术》六年级上册第三单元第九课，此课主要由写意花卉作品欣赏和写意花卉技法学习两大部分内容组成。以花为题材是本单元的重要主题。在我国绘画史上，山水、花鸟、人物为三大题材，花卉作为花鸟画的主要元素，受到古今历代艺术家的喜爱，更成为画家描绘的对象。他们不仅直接描绘花朵的千姿百态、绚丽多彩，表现其神韵风采，更进一步赋予含义，托物寄情。本课选择的花卉题材趋向于传统、经典，如"出淤泥而不染"的荷花。

（2）关联中医药。

了解花卉各部位的药用价值。学生以水墨中国画的形式用毛笔创作荷花。在合作中分享与荷花相关的中医药知识。如：莲子、莲衣、莲房、莲须、莲子心、荷叶、荷梗、藕节等均可药用，荷叶能清暑利湿、升阳止血，藕节能止血、散瘀、解热毒，荷梗能清热解暑、通气行水、泻火清心。

7. 三年级：粤教花城版音乐《多彩的乡音（一）桔梗谣》

（1）教材内容。

《桔梗谣》是朝鲜族民歌。桔梗在朝鲜语中叫"道拉基"，是朝鲜族人民喜欢吃的一种野菜，所以这首民歌又名《道拉基》。歌谣中一共有7个乐句，第3、4乐句是对第1、2乐句的重复与变换，第5乐句的衬词、旋律有了发展。整个歌谣前后统一而有变化。歌曲轻快明朗，生动地刻画了朝鲜族少女勤劳生动的形象。

（2）关联中医药。

桔梗：中药名，是桔梗科植物桔梗的干燥根；春、秋两个季节采挖，洗净，除去须根，趁鲜剥去外皮或不去外皮，进行干燥处理；生于山地草坡、林缘，分布于全国各地区；具有利咽、祛痰、宣肺、排脓的功效，用于治疗咽痛音哑、咳嗽痰多、胸闷不畅。以此整合于课文的学习中，学生可以关联具有同样功效的中医药，挖掘具有类似功效的中药价值。

8. 四年级：粤教花城版音乐《茉莉花》

（1）教材内容。

歌曲旋律优美，曲调清新，体现了江南温婉、柔和、甜美的风情，生动地刻画了一个贤淑文雅的小女孩被茉莉花吸引的画面。该曲为单乐段结构的五声调式，全曲有3个乐句，前两个乐句各有4个小节，第3乐句6小节一气呵成，形成独特的风格。旋律中运用的切分节奏，突出了曲调的轻盈活泼，结尾重复第3乐句，并在此句的第5小节将歌曲推向高潮。

（2）关联中医药。

茉莉花具有清热、解毒、利湿、镇静、安神的作用。中医认为，茉莉花可以治疗目赤肿痛、下痢腹痛、疮疡肿毒等众多病症。茉莉花茶既保持了茶叶的苦、甘、凉功效，又由于加工过程为炮制，因而成温性茶，所以具有多种医疗保健功能。茉莉花茶可以去除胃部不适感，融茶与花香保健作用于一身，可以祛除寒邪、梳理郁气。其作用有以下几点：①行气开郁：茉莉花所含的挥发油性物质，具有行气止痛、解郁散结的作用，可以缓解胸腹的胀痛、下痢里急后重等症状，是止痛食疗的佳品。②抗菌消炎：茉莉花对多种细菌有抑制作用，内服和外用可以医治目赤疮疡、皮肤溃烂等炎性的病症。③养颜排毒：茉莉花茶有养颜、润肤、排毒的功效，还具提神、清火、消食、利尿等保健作用。④安神镇静：可以减轻压力，具有安神、镇静的作用，有助于消除紧张情绪。学生可以设计多个场景，根据茉莉花不同的功效设计情景表演，提高表演与知识整合能力。

9. 五年级：粤教花城版音乐《采莲谣》

（1）教材内容。

《采莲谣》由我国早期音乐教育家、作曲家黄自所作。该作品创作于20世纪30年代。词曲结合紧密，既有古朴典雅的韵味，又描绘了采莲人流连忘返的愉快心情。全曲由4个乐句组成。歌曲旋律流畅，节奏平稳，按"起、承、转、合"的手法，使歌曲统一中又含有变化，创造了情景交融的画面。歌曲运用了很多的力度变化和对比，使歌曲流畅且生动。歌谱有二声部演唱设计，演唱能力强的班级可以尝试二声部合唱，增强歌曲的和声效果，让学生更好地感受歌曲优美的旋律。

（2）关联中医药。

学生可以了解莲子属于药食两用的食材，其食用、药用价值都很高，从而促进对中医药知识的了解与应用，并感悟到中医药存在于我们的身边，要多发现、多学习身边的中医药原材料。

（二）中医药资源

1. 实地类

玉鸣小学"百草园"、中医药企业、药店等。

2. 视听类

国家级中医药宣传片《我们的中医药》。

中华中草药系列儿歌：《薄荷》《白芷》《酸枣仁》《柴胡》《连翘》《灵芝》。

3. 文本类

《本草纲目图鉴（白话全译彩图本）》：长征出版社2009年版，适合小学全学段。

中医药文化启蒙教育系列教材《中药汤头歌诀少儿读本》：王凤丽编，中国中医药出版社2018年版，适合小学一至三年级。

《漫画方剂中药歌诀》：许德甫、谭复成、李道美主编，湖北科学技术出版社2005年版，适合小学四至六年级。

《颜正华中药歌诀500首白话解读》：常章富编，中国中医药出版社2019年版，适合小学全学段。

《中国非物质文化遗产图画书大系——本草》：保冬妮文，刘江萍图，明天出版社2020年版，适合小学全学段。

《本草纲目（少儿彩绘版）（精）》：王秋玲著，斯琴图绘，接力出版社2018年版，适合小学全学段。

《给孩子的自然图鉴——植物图鉴》：沈兆媛著，中信出版社2018年版，适合小学全学段。

"认识中国植物丛书"：郑度主编，广东科技出版社2018年版，适合小学全学段。

三、目标预设

（一）艺术课程学习目标

1. 一年级：岭南版美术《可爱的小虫》

（1）艺术初步学习。

课文欣赏：能认识昆虫具有对称的结构特征，说出昆虫的结构、花纹、色彩和生活习惯。

（2）艺术深入学习。

学习技能：能运用捏、压、揉、粘、卷等技法，用对称细分的方式，徒手制作的昆虫泥塑立体造型。

（3）艺术拓展学习。

积累拓展：能将中医药文化与美术课程的泥塑手工融会贯通，通过小虫动态设计，用搓、压、揉、捏等方式，拓展对中医药小虫每个结构和药用价值的了解，提高对美术手工类课程的兴趣，了解小虫相关的中医药文化知识。

2. 二年级：岭南版美术《美丽的叶子》

（1）艺术初步学习。

课文欣赏：能掌握叶子的形态、色彩、纹理美感和特征。

（2）艺术深入学习。

学习技能：能运用画、剪、贴、印的方法，以点、线、色表现叶子外形与叶纹特征。

（3）艺术拓展学习。

积累拓展：能将中医药文化与美术课程的欣赏、绘画、手工融会贯通，开阔美术视野，通过分解式绘画掌握药材的基本结构，掌握每个结构的功效。

3. 三年级：岭南版美术《奇特的热带植物》

（1）艺术初步学习。

课文欣赏：能认识热带植物的形态特征、生活环境及相关知识，用线条、色彩的方式装饰植物。

（2）艺术深入学习。

过程与方法：能在绘画过程中发现植物的形态美、构成美，培养想象力、创造力。

（3）艺术拓展学习。

积累拓展：能通过欣赏热带植物的生存环境，培养深厚的中医药文化知识，了解植物药用价值，养成关注身边一草一木的习惯，并通过感悟热带植物的外形特征，深入探究中医药文化，传承和发扬中医药文化。

4. 四年级：岭南版美术《泥板植物》

（1）艺术初步学习。

课文欣赏：能感受不同的植物形象，比较花蕊、花瓣等的不同形态特征和色彩特征，认识泥板植物的基本特性。

（2）艺术深入学习。

学习技能：能用泥团、泥条、泥块塑造具备前后层次、凹凸画面的泥板植物。

（3）艺术拓展学习。

积累拓展：能用泥条、泥块表现药用植物浮雕凹凸的画面，了解中草药的形状和特点，并脱离固有的教材，尝试创新的方式，大胆地用美术语言表达对中医药文化的理解、运用，在练习和观察欣赏中加深对中医药文化的了解。

5. 五年级：岭南版美术《彩塑动物》

（1）艺术初步学习。

课文欣赏：能了解民间彩塑创作的艺术特征，将基本形态进行组合、连接、添加、装饰，创作彩塑动物。

（2）艺术深入学习。

学习技能：能体验民间彩塑不同的创作风格和表现方法，学会运用工具创作彩塑动物。

（3）艺术拓展学习。

积累拓展：能利用中医药典籍查阅动物的药用价值和绘画技法，激发对中医药文化的兴趣，学会运用美术技能和创造性思维传承和弘扬民族文化。

6. 六年级：岭南版美术《写意花卉》

（1）艺术初步学习。

课文欣赏：能了解写意花卉的基本知识，感受中国画独特的美。

（2）艺术深入学习。

学习技能：能体验写意花卉的临摹方法，掌握用笔、用墨、用色的基本写意画技法。

（3）艺术拓展学习。

积累拓展：能从绘画学习与欣赏中了解中医药文化，体验写生植物的方法，掌握写生创作的用笔、构图等技巧，培养对花卉写生的审美情趣，以及对自然界中植物美的感受力，在交流的同时激发对中医药文化的热爱和探索精神。

7. 三年级：粤教花城版音乐《桔梗谣》

（1）艺术初步学习。

整体感知：能了解朝鲜族人民的风土人情，感受民族歌曲的美丽。

（2）艺术深入学习。

掌握重难点：能感受歌曲的情绪、节拍、节奏、力度、速度，学习延音线和波音记号，并通过正确的歌唱方法，有感情地歌唱《桔梗谣》。

（3）艺术拓展学习。

拓学药膳：能收集桔梗的中医药效果的资料，了解它的功效及适用病症，并尝试制作桔梗热饮，做好记录，展示制作过程。

8. 四年级：粤教花城版音乐《茉莉花》

（1）艺术初步学习。

整体感知：能通过聆听不同体裁、结构、风格、演唱形式的《茉莉花》，体验音乐作品情感，感受不同民族风格音乐的气质，激发对民族音乐的热爱及对祖国的热爱，学会用正确的演唱方法准确且富有感情地演唱歌曲。

（2）艺术深入学习。

自行编创：能学会运用对比的手法去理解新课、理解歌词，对歌曲进行二度创作，尝试自行编创。

（3）艺术拓展学习。

积累拓展：能充分利用课内外资源，通过音乐与中医药相关文化的联系，了解并积累以中医药形式出现的茉莉花有何特点，从而培养对中医药文化的兴趣，为今后中医药文化的学习奠定基础。

9. 五年级：粤教花城版音乐《采莲谣》

（1）艺术初步学习。

整体感知：能感受歌曲刻画了夕阳西下湖边的美丽景色，体会采莲者美妙的心情，并将采莲者愉悦的心情融入歌曲的演唱中，从而感受与热爱大自然。

（2）艺术深入学习。

掌握重难点：能掌握"mp、p、mf、f"等力度记号标记，并能自如地表现"渐强、渐弱"的力度变化，表现歌曲柔美、荡漾的感觉。

（3）艺术拓展学习。

积累拓展：能了解莲子属于药食两用的食材，其食用、药用价值都很高，了解莲子对人体的功效等，从而促进对中医药知识的了解与应用。

（二）中医药学习目标

1. 一年级：岭南版美术《可爱的小虫》

（1）问题求解。

能在学习《可爱的小虫》过程中，关联中医药文化，并共同探讨"昆虫的结构、生活习性特点和相关的昆虫名家作品"等问题。

（2）任务解答。

能带着需要解决的问题，通过阅读和上网查阅资料、基地实地考察等方式，留意身边具有药用价值的昆虫，与同学交流自己归纳整理的能入药的昆虫。

（3）成果展示。

能随着已解答的任务，通过动手绘制昆虫书签的形式，介绍自己最感兴趣的昆虫，并通过书签分享会的形式，和同学相互传阅。

（4）文化传创。

能通过学习《可爱的小虫》一课，养成关注昆虫的习惯，在贴近生活的美术课堂学习中，了解中医药相关文化，并通过欣赏、绘画、手工的方式，深入探究、传承和发扬中医药文化。

2. 二年级：岭南版美术《美丽的叶子》

（1）问题求解。

能在学习《美丽的叶子》过程中，关联中医药文化，生发问题，并共同观察与探讨"叶子的形状美、纹理美和色彩美的具体表现"等问题。

（2）任务解答。

能带着需要解决的问题，通过收集和观察大自然的叶子，了解叶子的形状美、纹理美和色彩美，并通过阅读《本草纲目》等植物类书籍，了解更多类似植物，进而通过走访植物园、学校百草园等，更生动直观地认识植物叶子，了解更多叶子在中医药文化中的价值。

（3）成果展示。

能随着已解答的任务，画一画叶子的形状脉络图，了解叶子的纹路美，并收集身边的叶子，制作成实物标本，运用团扇作为载体，配上相关的诗句、标本，组织一场诗配画的团扇叶子作品展览。

（4）文化传创。

能通过学习《美丽的叶子》一课，从叶子的形状、纹理和色彩等角度了解叶子的美，并通过对叶子的了解和学习，了解相关的艺术标本制作方法，激发深入探索中医药文化的兴趣。

3. 三年级：岭南版美术《奇特的热带植物》、粤教花城版音乐《桔梗谣》

（1）问题求解。

能在学习《奇特的热带植物》《桔梗谣》过程中，关联中医药文化，生发问题，并共同观察与探讨"身边哪些植物有药用价值，了解基本的植物医药文化知识"等问题。

（2）任务解答。

能带着需要解决的问题，通过收集和观察大自然的植物，了解身边有药用价值的植物，并选择一两种自己喜欢的植物，用画笔记录下来，和同学分享。

（3）成果展示。

能随着已解答的任务，通过唱一唱、演一演身边植物的方式，以及结合美术实践动手做一做的方式，录制桔梗热饮的制作过程，并展示微视频。

（4）文化传创。

能通过《奇特的热带植物》《桔梗谣》的学习而整合中医药文化，了解和发现日常生活常见植物的药用价值，并探索如何发挥其药性，进而通过中医药文化与艺术学科的融合，学习博大精深的中医药文化，深入探索中医药文化的内涵。

4. 四年级：岭南版美术《泥板植物》、粤教花城版音乐《茉莉花》

（1）问题求解。

能在学习《泥板植物》《茉莉花》的历程中，关联中医药文化，生发问题，并共同探讨"茉莉花及植物类的药用价值在哪"等问题。

（2）任务解答。

能带着需要解决的问题，通过走访中医药馆、阅读和观看《神农本草经》等中医典籍及视频，了解身边有药用价值的花卉植物，并通过唱一唱、你画我猜的方式，介绍自己感兴趣的药用植物。

（3）成果展示。

能随着已解答的任务，用图文并茂的方式，绘制相关的植物及花卉结构的分解图，并通过创编歌曲的方式介绍该药用植物。

（4）文化传创。

能通过《泥板植物》《茉莉花》两课统整中医药文化的学习，了解更多花卉植物的中医保健知识，并通过中医药文化与艺术课程的融合，传承与创新中医药文化，提升文化自信和健康素养。

5. 五年级：岭南版美术《彩塑动物》

（1）问题求解。

能在学习《彩塑动物》的过程中，关联中医药文化，生发问题，并共同探讨"身边哪些动物有药用价值，不同部位功效如何"等问题。

（2）任务解答。

能带着需要解决的问题，通过实地调研药店、阅读书籍等方式，了解自然界中可入药的动物部位，并通过故事分享的形式，深入了解动物的中医药功效。

（3）成果展示。

能随着已解答的任务，通过画一画的方式，介绍作品中动物各部位入药的功效。

（4）文化传创。

能通过《彩塑动物》一课学习，探索动物相关的保健知识，感受中医药文化的形成和发展是融合了中华民族智慧的结果，进而主动传承与发扬中医药文化和精神。

6. 五年级：粤教花城版音乐《采莲谣》

（1）问题求解。

能在学习《采莲谣》的过程中，了解莲的各个部位，关联中医药传统知识，探讨莲藕、莲子各有什么药用价值，可以给予人们哪方面的身体机能调理。

（2）任务解答。

能带着共同探讨的问题，通过上网搜索、翻阅书籍、实物调查等方式，了解莲子、莲藕的药性和药理，并通过手抄报、PPT等形式，深入地了解莲的药用价值。

（3）成果展示。

能在已完成任务的基础上，在家中与家长一同完成各种莲藕汤、莲子膳等，拍视频进行存档、展示，并制作成PPT向同学介绍、解说。

（4）文化传创。

能通过《采莲谣》一课的学习，探索了解莲的相关知识，促进对中医药知识的了解与应用，感受到中医药存在于身边，并多发现、多学习中医药知识，激发深入探索中医药文化的兴趣。

7. 六年级：岭南版美术《写意花卉》

（1）问题求解。

能在学习《写意花卉》的课程中，运用自然环境资源及校园、社区的资源进行学习，并通过歌曲和绘画的学习，探讨有药用价值的植物有哪些，它们各自具备哪些药用价值和功效。

（2）任务解答。

能带着需要探讨的问题，选取部分有药用价值的花卉植物进行研究，如金银花、月季、玫瑰、菊花、花生等，在植物园、学校百草园等地进行实地调查、观察，采撷、晾晒、制作标本，并通过上网搜索、观看纪录片和阅读书籍等方式，进一步深入了解、获取其药用价值和功效的相关知识。

（3）成果展示。

能在完成任务解答的基础上，通过各种理论知识与活动实践结合，对研究成果进行不同层面的展示，并在家里与家长一同完成植物的冲泡（金银花、玫瑰、菊花）、煲汤羹（金银花、花生），将过程拍成视频进行展示，进而采撷有药用价值的植物，制作植物标本，写上各部位名称，以及配上诗歌。

（4）文化传创。

能在《写意花卉》美术学习中，了解植物的药用价值与功效，通过任务解答、成果展示，关联养生保健知识，促进良好生活习惯的养成，并在贴近中医药文化的艺术课堂中，了解中医药文化的博大精深，激发对中医药文化探索的求知精神，树立文化自信。

贰 课程统整路径

一、内容预选

（一）一年级：岭南版美术《可爱的小虫》

1. 学科课程学习

（1）感受与表达。

感受小虫各种形态美，认识昆虫具有对称的结构特征，说出昆虫的结构、花纹。

（2）制作与分享。

运用捏、压、揉、粘、卷等技法，用对称细分的方式，徒手制作生动而富有趣味的昆虫泥塑立体造型。

2. 中医药文化学习

（1）问题求解。

自然界许多昆虫都可入药，如红蚂蚁、蝉等，数不胜数。你还知道哪些昆虫可以入药？它们的功效又有哪些？

（2）任务解答。

查一查：通过查找资料、实地考察等方式，留意身边具有药用价值的昆虫；观察、拍照、记录它们的样子，了解它们的药用功效。

说一说：通过图片、实物等方式，交流自己找到的昆虫，展示收集到的相关资料。

（3）成果展示。

画一画：用绘画的形式，介绍自己最感兴趣的昆虫，可以通过绘画色彩、线条及标注等方式展示，最后在班级进行作品展示。

说一说：通过图片的形式，向同学介绍你最感兴趣的昆虫。

（4）文化传创。

中医药文化作为一种优秀的传统文化，既是中华民族智慧的结晶，也是国粹，我们可以参观、感受、动手参与昆虫类中药的半成品的制作，利用昆虫类中药的相关知识举办一场"小小中医解说员"活动，开展一场"中医药——昆虫小聚会"的中医药示范和解答会。

（二）二年级：岭南版美术《美丽的叶子》

1. 学科课程学习

（1）感受与表达。

通过观察叶子的线条、形状、色彩、肌理等，了解植物的基本特征，感受叶子的造型特征。

（2）创作与分享。

运用不同的方式表现叶纹的构成美。

2. 中医药文化学习

（1）问题求解。

自然界许多植物的叶子都是宝贵的药材，都可入药，如薄荷叶、紫苏叶、枇杷叶等。你还知道哪些叶子可以入药？它们的功效又有哪些？

（2）任务解答。

查一查：通过查找资料、实地考察等方式，留意身边具有药用价值的叶子；观察、拍照、记录它们的样子，了解它们的药用功效。

说一说：把具有药用价值的叶子带到课堂，与同学们一起分享它们的药用价值。

（3）成果展示。

画一画：用绘画的形式，把叶子的形状特征描绘出来，最后在班级进行作品展示。

说一说：通过图片的形式，向同学介绍你最感兴趣的叶子。

（4）文化传创。

中医药文化是中华民族智慧的结晶，是国粹。我们可以参观中医药文化展馆，翻阅中医药书籍，了解更多的叶子的药用价值，并加以实践。例如，喉咙不舒服时，用枇杷叶煮水，喝完后感受一下喉咙是否舒服了许多。

（三）三年级：粤教花城版音乐《桔梗谣》

1. 学科课程学习

（1）感受与表达。

感受朝鲜族人民辛勤劳动且乐观向上的精神，培养热爱劳动、热爱生活的情感。

（2）演唱与分享。

有感情地演唱歌曲，注意用正确的发声方式演唱歌曲。

2. 中医药文化学习

（1）问题求解。

自然界有许多像桔梗一样药用价值很高的药材，你还知道哪些具有很高药用价值的药材？它们的功效又有哪些呢？

（2）任务解答。

查一查：课后通过上网搜索、询问家人等方式，了解身边有药用价值的植物，选择自己最感兴趣的一两种记录下来。

说一说：通过图片、实物等方式，交流自己找到的药材，展示收集到的相关资料。

（3）成果展示。

诗朗诵：把药材的功效、形状编成一首小诗，并有感情地朗诵出来。

图配乐：把歌曲搭配药材的图片，以视频形式与同学们交流。

（4）文化传创。

中医药文化是国粹，是中华民族智慧的结晶，是一种优秀的传统文化。我们可以创编小诗歌，用易于记忆、朗朗上口的诗歌形式与同学们交流，并一起分享各自创作的小诗。

（四）四年级：岭南版美术《泥板植物》

1. 学科课程学习

（1）操作与理解。

使用泥土等重复性强的工具材料，学习浮雕概念。

（2）感受与表达。

感知各种"橡皮泥""纸黏土""黏土"塑造的植物泥浮雕，比较其不同的艺术效果。

（3）创作与分享。

用泥条、泥块表现有前后层次、凹凸画面的泥板植物浮雕，并进行分享与展示。

2. 中医药文化学习

（1）问题求解。

自然界有许多中药材的形状、造型、结构都非常独特，像丁香、栀子等，其药用价值都很高。你还知道哪些形状、结构等都非常独特的药材吗？它们的功效又有哪些呢？

（2）任务解答。

读一读：通过诵读有关的诗词歌赋，了解更多与丁香、栀子等有关的传统文化知识，并通过阅读《本草纲目》等类型的书籍，了解其药用价值。

说一说：搜集丁香、栀子等形状独特的药材，并向同学们介绍它们的药用价值。

（3）成果展示。

做一做：以手抄报的形式，介绍自己觉得形状、造型独特的药材。

说一说：通过视频的形式，向同学介绍你觉得独特的中草药。

（4）文化传创。

中医药文化是国粹，是一种优秀的传统文化，是中华民族智慧的结晶，我们可以仔细欣赏中草药植物的造型及教师的范品，认识中草药有不同的花、果、叶、茎，它们的形状、颜色各有特色，并在自主感受、思考的前提下，对中医药材进行观察与研究，进而尝试在日常生活中进一步探索，积极地成为中医药文化的传承者与创新人。

（五）五年级：粤教花城版音乐《采莲谣》

1. 学科课程学习

（1）感受与表达。

感受歌曲刻画了夕阳西下湖边的美丽景色，认识"X·X X"节奏出现的作用；感受渐强、渐弱的力度变化和对比，掌握"mp、p、mf、f"等力度记号标记。

（2）演唱与分享。

学习二声部演唱，增强歌曲的和声效果，更好地感悟歌曲优美的旋律。

2. 中医药文化学习

（1）问题求解。

自然界有许多药食两用的药材，其食用、药用价值都很高，如莲子、花生等。你还知道哪些像莲子一样属于药食两用的药材呢？它们的功效又有哪些呢？

（2）任务解答。

查一查：通过上网查找资料等方式，了解身边药食两用的药材，了解它们的药用价值，并在课堂上交流自己最喜欢的药食两用药材。

说一说：通过图片、实物等方式，课堂上交流自己找到的药材，展示收集到的相关资料。

（3）成果展示。

唱一唱：把最喜欢的药材的功效，以创编歌曲歌词的形式进行演唱。

图配乐：把创编的歌曲搭配上药材的图片，以视频形式与同学们交流。

（4）文化传创。

中医药文化是国粹，是一种优秀的传统文化，是中华民族智慧的结晶。我们可以根据自己在课堂中学习的中医药文化知识，创编歌词，以音乐表演等不同的形式诠释歌曲，传播中医药文化。

（六）六年级：岭南版美术《写意花卉》

1. 学科课程学习

（1）感受与表达。

了解花卉的一些基本知识，学习描绘花、叶、茎的初步技能。

（2）创作与分享。

掌握用笔、用墨、用色的初步技巧，学习临摹方法和步骤，用写意技法创作花卉。

2. 中医药文化学习

（1）问题求解。

自然界有许多花卉都具有很高的药用价值，如金银花、茉莉花等，你还知道哪些花卉具有药用价值吗？它们的功效又有哪些呢？

（2）任务解答。

访一访：通过走访药物植物园、药店、老中医等方式，了解更多植物的花在中医药文化中的价值。

说一说：搜集金银花、茉莉花等花卉类药材，并向同学们介绍它们的药用价值。

（3）成果展示。

画一画：绘制中医药花卉的知识思维导图，介绍花卉的药用价值以及形状、构成等有什么特别之处。

做一做：搜集一株具有药用价值的花卉，并做成标本与同学们交流分享。

（4）文化传创。

中医药文化作为一种优秀的传统文化，是中华民族智慧的结晶，也是国粹。我们从绘画学习与欣赏中了解渗透中医药文化，体验写生植物的方法，掌握写生创作的用笔、构图等技巧，培养对花卉写生的审美情趣，以及对自然界中植物美的感受力、对祖国传统国画艺术的热爱，在国画和花卉艺术的创作中了解花卉的中医药文化知识。例如，金银花的营养价值非常高，用金银花藤煮水，涂抹在皮肤上或者用来洗澡，有助于缓解皮肤瘙痒、消除湿疹等。在交流的同时，我们可以形成对中医药文化的热爱和探索精神。

二、实施建议

（一）课堂教学

1. 设计方式

（1）第一种设计：延伸方式。

模块一，艺术初步学习：完整地表达自我，认识艺术作品中的重难点，整体感知中医药艺术作品的主要内容。

任务一：阅读中医药艺术作品文字，理解内容，体会内容。

任务二：通过自主学习、小组交流、生生互教、教师点拨，找出中医药艺术作品的重难点。

任务三：理解中医药艺术作品，体会主要表达的情感。

模块二，艺术深入学习：在小组合作学习和探究中，通过分析作品、想象中医学画面等方式，感受歌曲中的中医人物形象和品质或景物形象与特点等，体会作品中蕴含的情感。

任务一：开展小组合作学习和探究活动，品悟作品，展开想象，描述或者概括其中医形象特点。

任务二：透过作品文字介绍，通过歌唱中医歌曲、中医美术自由创作、联系生活实际等方式，在创设的情境中感受作者表达的情感。

模块三，艺术拓展学习：主动探索中医药课程相关的学习内容，联系生活实际，拓展延伸到更广阔的艺术学习空间，获得更多的积累和体验。

任务一：在创设的情境中发挥想象，联系所学过的中医药知识和生活实践，分享相关的知识。

任务二：分小组确定课外、博物馆、艺术馆、中医药馆拓展探究的方向和内容，探索更多未知的知识。

（2）第二种设计：融合方式。

传承与弘扬中医药文化是我们的责任，从音画出发，学习歌曲、欣赏画作的同时，深入研究中医药文化知识。当学生熟悉了这一切后，充分发挥学生的想象力，联系生活实际，拓展延伸到生活的各个角落。

2. 设计要则

（1）第一大要则：目标明确。

从备课、上课、作业的确定，到学习的辅导、评价等，需要教师科学的设计，才能使中医药教育教学达到最优化。同时，结合艺术学科的特点，遵循"跳一跳，摘得到"的原则，切实地创设相关的艺术的中医药情境，让学生能够增加对中医药和艺术学习的兴趣。

（2）第二大要则：过程清晰。

艺术类教科书的编排有着自己的特点，每个单元分为几课，其中每一课都有不同的主题。教师要遵循教科书编排的规律，恰当地结合课本教授中医药知识。教学环节紧凑，重难点突出，设计合理，利用中医药文化中的形象、声音、情境引导学生学习新知，激发学习兴趣，发挥学习主动性。

（3）第三大要则：评价见效。

评价要有针对性、技巧性、风格性、多样性以及肯定性。评价是一门艺术，是有效课堂教学中一项得力的措施。随着社会的发展，我们的课堂已具有鲜活性、生命性，我们的评价方式也应具有鲜活性、生命性。

对于小学生而言，了解、传承中医药文化以及把中医药和艺术结合是一个比较艰难的任务，需要艺术教师不断地鼓励。评价方式设计要具有可操作性，通过评价让学生能够清楚地知道自己所处的水平和需要努力的方向。同时要坚持学生自我评价、教师评价、同伴评价、家长评价和社区评价相结合，提升艺术课程评价的科学性、专业性和客观性。

3. 实施要领

（1）日常锤炼。

日常课堂教学中结合中医药文化，重视每一次锤炼课的开展，每节课都深入一线课堂，听课过程中认真捕捉每一个教学细节，课后立即与同事们进行面对面评课，肯定教学成果的同时指出他们在教学过程中的问题，提出具体的、有针对性的改进方法，优化教学策略，手把手引领教学，为教师们的快速成长出谋划策。

（2）定期研讨。

课堂研讨的要求：①瞄准中医药学习目标，优化艺术学习过程；②强化生活联系，注重文化整合；③学会探究学习。

课堂研讨过程：①问题求解——设置真实的背景（创设真实的情境，提出问题），融入合理的条件；②任务解答——提出有层次的任务，融入适宜的策略；③成果展示——准备多样的成果，融入可能的展示（强化小组合作学习的意识）；④文化传创——选择文化的支点，融入化育的艺术中医样态。

（二）活动展现

1. 设计方式

（1）第一种设计：科组方式。

定期举办中医药书画比赛和歌唱比赛。以"小小中医传唱人""我绘百草"为主题，定期举办中医药书画比赛和歌唱比赛，通过比赛使学生掌握中医药文化知识，熟悉中医药的发展史、历代名医的贡献和成就、中医药著述，对中医药文化有较全面的认识，理解中医药文化优势、特色，分析中医药文化成果丰硕的原因。

（2）第二种设计：班级方式。

定期进行班级展示。班级进行评比，每个月完成一幅作品、一首歌，根据完成度评出"小小中医传唱人"和"我绘百草小达人"，可实施小组合作模式，以传播中医药文化的科学知识和精神内涵。

2. 设计要则

（1）第一大要则：目标明确。

教师通过建设艺术统整中医药文化的课程，激发学生对中医药文化的好奇心，以小学生喜闻乐见的方式将中医药文化融入小学课堂教学中，弘扬中医药文化，把中医药文化渗透在日常的学习生活中。

（2）第二大要则：过程清晰。

过程要做到事事有记录、步步有计划，使活动成为科组特色，让学生渗透式学习中医药文化。

（3）第三大要则：评价见效。

以个人为单位完成绘画作品，以小组为单位进行中医药歌曲演唱。对中医药文化的理解程度进行评价，对中医药文化的知识储备量进行评价，对表演的完整度、流畅度等进行评价。

3. 实施要领

（1）日常锤炼。

日常锤炼的环节有多种形式，如班会课、每周一歌、中医药文化角等，其具有的影响是"润物细无声"的，也能更好地对学生进行熏陶。

通过现场知识问答、介绍中医药文化知识等，考查学生是否通过一段时间的活动展现后获得更丰富的中医药文化知识。

（2）定期研讨。

中医药文化作为我国传统文化的重要组成部分，是中华民族对自然的探索、对健康的追求的智慧的结晶。将中医药文化引入小学校园，不仅能培养小学生的健康意识，而且将博大精深的中医药文化融入他们的日常生活中，更有利于国家大力推行的"健康中国"发展战略真正落到实处。[①]因此，如何将中医药优秀文化传承下去，以怎样的教学模式把传统中医药文化融入小学课堂教学中，是我们思考和探讨的课题。在课堂教学中渗透中医药文化，可以增强学生对中医药传统文化的认识，提高中医药传统文化的素养，积极地传承和发扬中医药传统文化。我们要在每周的教研时间内进行中医药内容的研讨交流，把自己的经验与不足分

---

① 胡治国，高娅楠. 中医药文化传承与发展战略的思考［J］. 教育观察，2020，9（27）：47-49.

享出去，做到科组内人人都是主讲人。

（三）环境活化

1. 设计方式

（1）第一种设计：科组方式。

科组定期举办中医药书画比赛，活化校园的中医药文化环境氛围。科组每学期定期举办中医药书画比赛，让学生在创作过程中查阅相关资料，有目的地对中医药博物馆进行参观。通过自主探究结合小组合作，探讨植物的中医药知识，每个小组可用自己的方式进行记录，记录药草的药性，通过拍照、写生、收集馆内相关的资料等，设计植物类的中医药相关作品。科组教师共同听课、研讨，指导学生创作，收集学生的优秀作品，对优秀作品进行评奖与展示，并以之装饰校园的文化环境，活化校园的中医药文化氛围，真正做到让学校每一面墙会说话，潜移默化地影响每一个学生。

（2）第二种设计：班级方式。

通过班级中医药诗配画闯关小达人挑战赛，设置班级文化墙，活化班级中医药文化。

设置班级文化墙，通过班级中医药诗配画闯关小达人挑战赛，帮助学生每周认识和了解一种中医药植物，并进行诗配画创作。对闯关完成和积分最高的小组进行表扬和奖励，收集学生的精彩作品进行展示，活化班级的中医药文化氛围。

2. 设计要则

（1）第一大要则：目标明确。

前期准备要明确任务和量表，教师组织学生查阅资料要有目的地去设计。渐进性地参观中医药博物馆和查阅资料，设计好在参观过程中的探究任务，使活动有目的、有方向地进行。

（2）第二大要则：过程清晰。

过程注意跟进和调整方向，教师要对学生进行持续的观察，也可以让学生互相观察。每个小组的学生将自己在博物馆内的考察所得、疑问进行归纳梳理，并在小组内展开进一步研究、探讨。不断关注和解决量表中的问题，使后续活动不脱离比赛方向。

（3）第三大要则：评价见效。

总结评价要有过程性，教师可以邀请体验者给参观者介绍自己制作时的心得、成败和收获，并请参观者给予一些意见和评价。及时汇总制作者的反思总结，使活动获得更好的教育效果。

3. 实施要领

（1）日常锤炼。

通过班级组织校园内采风活动，学生探究观察后收集的中医药植物进行艺术绘画创作；运用多种综合材料制作中医药植物书签、标本、图鉴等。

学生经历延伸课外实践活动，每个小组将收集的资料、整理的总结、制作的中医药绘本等，集中在美术教室或教学楼的大厅展示角进行展示，让参观者不仅对自己身边的常见植物的药理有一定了解，而且欣赏到它们不同的表现方式带来的美感，装饰和美化校园文化环境，知道我国中医药文化的博大精深。

（2）定期研讨。

中医药文化属于概念性知识和内在方法性知识、价值性知识的融合，即显性知识和隐性知识的结合。因此，需要艺术科组的定期研讨，深入反思并及时调整方向，深刻贯彻落实国家推进中医药文化进校园政策，而不仅仅是停留在浅层性药理知识的学习上。推进中医药文化进校园是一个长期探索的工程，它需要不断研讨，不断了解我国中医药文化的深度内涵，从而带领学生用通俗易懂的方式展现出来。

叁 课程统整成效评价

一、评价建议

（一）课堂化评价

中草药知识竞赛、中医药书画比赛、小小中医传唱人、中医药演唱比赛等，通过活动学习和探索中医药文化，设定评价标准进行评价等。

1. 学分制评价

学分制是以学年为时间段的学生等级评分制度，它的主要目的是考核学生日常学习中医药文化的情况，包括学生的学习态度、活动参与积极性等。

学分评定和等级评定。评价分值建议学分评定：参加活动20分，完成课堂作业20分，课后参与外出参观中医药活动20分，参加各类中医药比赛40分。等级评定：A（85分以上），B（70~85分），C（60~70分），D（60分以下）。

2. 积分升级制度

积分升级制度是一种成就评价系统，这一评价方式将学生每一个与学习相关的事件赋予相应的分值，在这种评价制度中，学生的点滴努力都会获得反馈和回报，并且随着分数的不断累积而等级晋升，使每个学生都在学习中有目标，充满动力。

3. 学期考核评价机制

设计和实施"为学生全面发展而评价"，构建全面的、重过程重创新的考核评价机制，注意对学生学习目的、态度的评价，注意学生想象力、创造力和动手力的评价。

学期总结考核表：设计考核表的主要目的是帮助学生完成对中医药文化统整课程较全面的总结反思和自己的中医药活动成果，包括学习态度、完成作业的数量与质量、参加活动的成果；提高学生的探究能力以及课后运用现代信息技术查阅资料的能力等。

4. 作品评价表

设计作品评价表的主要目的是增加学生与学生之间、学生与教师之间、学生与家长之间的互动，帮助学生养成完成作品之后进行反思的习惯（见表6-1-1）。

表6-1-1 艺术课程统整中医药文化课堂化评价量表

评价项目	评价标准	分值/分	评分
艺术初步学习	能初步掌握艺术学科的基础知识，学习基本技法，了解作品背景，通过预习和查阅资料了解相关的基础知识	10	
艺术深入学习	能通过合作探究，阅读书籍、查阅资料等方式学习和掌握更多的文化内涵	10	
艺术拓展学习	能联系生活实际，研究美术作品或歌曲旋律中有关中医药植物的知识和文化内涵	10	
问题求解	能自主提出有价值的问题，通过自主学习、合作学习等解决问题	15	

（续表）

评价项目	评价标准	分值/分	评分
任务解答	能深入中医药文化的学习，通过艺术学科与中医药文化的融合，体会中医药文化精髓"天人合一"的哲学思想	15	
成果展示	能按要求形成成果并保证质量，顺利完成展示	15	
文化传创	能通过绘画、歌唱、作曲、演讲、报告等形式传承相关的中医药文化	25	

（二）活动展现

1. 活动化评价的标准

基于艺术课程与中医药文化统整，以活动的前、中、后为评价模块，确定评价项目，拟定评价标准，并匹配评价分值，共同构成活动化评价。其评价量表见表6-1-2。

表6-1-2　艺术课程统整中医药文化活动化评价量表

评价模块	评价项目	评价标准	分值/分	评分
活动前	活动准备情况	了解学生活动准备的情况，包括心理准备以及材料准备。教师可以让小组长们检查同学相关的材料准备	20	
活动中	活动中的思考与创新	学生做好活动记录，教师从活动记录中了解学生是否有足够的思考和一定的创新	40	
活动后	有关活动的总结与传播	布置相关的活动总结任务，学生可以通过作曲、绘画、表演、制作手工艺品、制作书签、录制视频等形式传播活动内容，弘扬相关的中医药文化	40	

2. 活动化评价的操作

活动前，教师可以准备相关的音乐知识题、美术知识题，也可以通过谈话法、观察法了解学生的课堂准备状态。至于曲谱、绘画等材料的准备，可以交给学生，让学生互相检查，强化学生的主人翁意识，让学生成为自己学习的主体。

活动中，教师要对学生进行持续的观察，也可以让学生互相观察，填写观察总结，选出最佳思考者和最佳记录者，让学生更加有动力地参与到艺术活动的观察和记录中，让学生学有所得。

活动后，需要学生做好总结。以学生自评占40%、学生互评占30%、教师评价占30%的方式，根据评价标准进行评价。

这样才能让活动获得更好的教育效果，而弘扬中医药文化是我们进行活动的目的，我们需要通过一些现代化、信息化的手段去宣传我们的活动，以弘扬中医药文化。

（三）环境活化

1. 环境化评价的标准

基于艺术课程与中医药文化统整，以环境的"场域、布局、效能"为评价项目，拟定评价标准，并匹配评价分值，共同构成环境化评价。其评价量表见表6-1-3。

表6-1-3　艺术课程统整中医药文化环境化评价量表

评价项目	评价标准	分值/分	评分
环境场域	是否具有相应的中医药文化氛围的布置	20	
环境布局	布置方式是否合理，设计是否新颖	40	
环境效能	环境布置是否起到了传播优秀中医药文化的作用	40	

2. 环境化评价的操作

环境活化有多种形式，如班级文化布置、上课用课件、课堂情境等，教师评分时需要辨别环境中是否含有相应的中医药文化成分。环境的影响是"润物细无声"的，也能更好地对学生进行熏陶。

通过寻找歌曲、图画中的中医药文化知识，发现歌曲、图画中的中医药在生活中的哪里出现过，考察学生通过一段时间的环境活化后是否获得了更丰富的中医药文化知识。

二、成果预期

（一）成果形式

1. 课堂化成果

（1）文本类。

教学设计：《桔梗谣》《茉莉花》《采莲谣》《写意花卉》《泥板植物》《美丽的叶子》《可爱的小虫》艺术课程统整中医药文化的系列教学设计。

教学PPT：《桔梗谣》《茉莉花》《采莲谣》《写意花卉》《泥板植物》《美丽的叶子》《可爱的小虫》艺术课程统整中医药文化的系列教学PPT。

（2）非文本类。

课堂绘画、音乐小练习：中草药书签、中草药手工作品、中草药歌唱作品、中草药知识表演小剧场、中草药舞蹈视频等。

学生在课堂中参与学习小组活动的照片和视频；学生课后探究收集的中医药文化的照片、视频；学生制作的中医药植物书签、标本、图鉴等。

2. 活动化成果

（1）文本类。

观察手抄报：记录中草药的生长过程，表达自己的观察心得等。

草本书签：将学生喜爱的中草药画在书签上。

阅读学单：鼓励学生课后查阅了解中医药文化知识。

思维导图：中医药文化种类以及药用价值等思维导图。

（2）非文本类。

音像资料：在探究中医药文化过程中，学生学习的照片和视频等。

视频音频：学生探究中医药植物发展过程中所拍摄的观察照片及记录性音频、视频等。

3. 环境化成果

（1）文本类。

建立"中医药文化角"：引导学生感受中医药文化的魅力，让学生切身体会到中医药文化真正走进了课堂，可以通过品尝、闻、摸中医药等方式开展各种形式的中医药学习，感受中医药的奥妙，激发学生对中医药文化的热爱之情。

设立"校园文化长廊"：在校园特色长廊处展示中医药文化知识，营造中医药文化校园氛围，科普中医药文化知识。古代中医经典著作、中医名家经典名句、中医养生、古代名医故事等内容都可作为校园文化长廊的素材。

（2）非文本类。

植物装饰画；中医药歌曲；在公众号展示。

（二）成果品质

1. 及时总结，动态提升

通过各年级的课堂化、活动化成果，我们在学生心中埋下一颗信任中医药文化的种子。学生近距离地、由浅入深地接受中医药文化的熏陶，对中医药文化产生较为浓厚的兴趣，喜欢上中医药文化，并以此指导自己的日常生活，逐渐形成良好的生活方式和行为习惯。这不但不会影响学生的学习成绩，反而会促进他们学习中华传统文化、学习文化科学知识的热情，还会带动他们的家庭成员爱中医、学中医、用中医，形成学习中医药文化的良好氛围。

据此，我们要在艺术课程统整中医药文化的课程建设历程中，注重及时总结，形成动态提升课程品质与教学质量的机制，促使学生不断地提高健康素养，把中医的健康知识和养生理念内化为健康生活习惯，培养出一批热爱中医药、使用中医药、传承中医药文化的时代新人，让中医药文化在校园开花、结果。

2. 向内推广，向外推广

（1）向内推广。

一至二年级循序渐进，通过美术课堂图片、课堂写生观察、观看视频等不同方式，认识到蜜蜂、蚂蚁等昆虫（牡丹、杜鹃花、蜡梅等植物）的基本特征、药用价值、品质等，学生对观察大自然更有兴趣。

活动化成果：通过小组合作搜寻药用昆虫（蜜蜂、蚂蚁等）、植物（牡丹、杜鹃花、蜡梅等）的详细资料，绘制昆虫、植物，认识昆虫、植物的结构、用途、药用价值，并通过课堂音乐学习知悉相关中医药文化歌曲、中医药知识。

环境化成果：学会环保，爱护大自然，对动植物抱有和谐共生的心态。

三至四年级循序渐进，通过课堂音乐学习、美术课堂图片、课堂写生观察、观看视频等不同方式，认识有关中草药植物的生存环境及生活特征，从中体会中草药的生存能力、品质及药用价值，认识如百合、芦荟、茉莉花等花卉的基本特征、药用价值、品质，学生对观察大自然更有兴趣。

活动化成果：通过家庭资料收集、小组合作搜寻药用植物如百合、芦荟、茉莉花的详细资料，制作植物日记、绘本的详细资料，绘制昆虫，认识昆虫的结构、用途、药用价值，并通过课堂音乐学习《茉莉花》，知悉相关中医药文化歌曲、中医药知识。

环境化成果：学会环保，爱护大自然，对动植物抱有和谐共生的心态。

五至六年级循序渐进，通过课堂音乐学习、美术课堂图片、课堂写生观察、观看视频等不同方式，认识有关中草药植物的生存环境及生活特征，从中体会中草药的生存能力、品质及药用价值，认识如百合、芦荟、茉莉花等花卉的基本特征、药用价值、品质，学生对观察大自然更有兴趣。

活动化成果：通过家庭资料收集、小组合作搜寻药用植物如百合、芦荟、茉莉花的详细资料，制作植物日记、绘本的详细资料，绘制昆虫，认识昆虫的结构、用途、药用价值，并通过课堂音乐学习《茉莉花》，知悉相关中医药文化歌曲、中医药知识。

环境化成果：学会环保，爱护大自然，对动植物抱有和谐共生的心态。

（2）向外推广。

艺术课程统整中医药文化让学生在中医药文化环境下获得熏陶，能够以一传十地扩散到家长与其他群体中。

以目前人们"体验挑战式"学习为载体，利用校内外活动基地，如植物公园等开展中草药文化综合实践活动，拓宽视野，增强学生对中医药文化的认同感及民族自豪感。

让学生了解中医药文化的内涵，中医药对世界的贡献，中医药文化现在面临的挑战和目前人们对中医药文化的知识误区等，提出问题，让学生集思广益，研究如何把中医药文化推广至身边人。

通过校园广播或植物园义工、做小小讲解员、加强自我修养等方式，边学习边传播中医药文化。

发扬团队精神，增强凝聚力，引导学生在多姿多彩的教学活动中，感受中医药文化的巨大魅力，激发对中草药的热爱之情，珍视祖国中医药文化传统。

◇ 课例三问：《美丽的叶子》

本课例基于"艺术统整中医药文化课怎么上"，以美术课程二年级上册《美丽的叶子》为例，呈现"解决什么问题""如何解决问题""是否解决问题"的"三问成学链"的艺术课程实施理路，展现"为什么统整""怎样统整""统整得如何"的艺术课程学习样态。

壹 解决什么问题

——从"美丽的叶子"走向"中药天地"

一、基于学科的学习

（1）美丽的叶子哪里美：当你看到画家笔下创作的美丽的叶子时，你知道画家是如何运用造型元素来表现叶子构成美的吗？你能选择一种叶子，观察与了解它叶脉纹理的美感吗？

（2）美好的环境谁保障：绿叶植物以太阳光作为能量来源，通过光合作用给人类提供生存必需的营养物质。你知道生活中有哪些类型的叶子吗？你知道叶子的结构由哪几部分组成吗？如果没有叶类植物，我们的生活会怎样？

二、基于统整的学习

（1）植物叶子如何养生：当你创作出一张张精美的作品时，是否思考过一片小小的叶子本身的功效呢？通过内食外敷的叶植搭配是否有益于养生？它的功效有哪些？

（2）叶植混搭功效如何：自然界中的叶植通过光合作用为人类生存提供了必要的营养物质，不同类型的叶子有不同的功效，通过混搭是否能整合其功效，或产生更独特的功效？混搭是否会产生不良影响，是否会伤害我们的身体呢？

贰 如何解决问题

——从"学科"走向"课程统整"

一、《美丽的叶子》艺术化学习

（一）学习目标

（1）能从"美丽的叶子哪里美"出发，在观察与探索的基础上，了解叶子的组成，并分享至少一种叶子的叶脉纹理，感受叶子网状纤维纹理的美感，感受大自然的美。

（2）能从"美好的环境谁保障"出发，在探索与研讨的基础上，了解叶子的形态、色彩、纹理美感和特征，并探索与分享"没有了叶类植物，我们的生活会发生怎样的改变"，从而理解叶子对人类生存的必要性。

（二）学习过程

1. 学习模块一：解决问题"美丽的叶子哪里美"

（1）初步探究，试解问题。

步骤一，实物导入，引出课题。

当你看到画家笔下创作的美丽的叶子时，你知道画家是如何表现叶子的构成美的吗？

步骤二，任务驱动，展开活动。

学生带着问题，观察自己带来的叶子；学生借助教材文字、图片以及教师课件展示，以小组为单位，合作观察叶子的组成部分，并完成表6-2-1。

表6-2-1　叶子的结构和作用特点

结构	作用特点
叶片	叶的主体部分，光合作用和蒸腾作用主要通过叶片进行
叶脉	叶片上分布的粗细不同的维管束，分布在叶肉组织中，起输导和支持作用
叶柄	叶片与茎的联系部分，起输导和支持作用

步骤三，情境体验，感受文化。

学生分享没有叶植将会产生什么后果；创设情境，播放"地球之肺"燃烧的案例，学生从中感受叶植被燃烧产生的一系列不良影响，感受叶植的重要性。

（2）再次探究，增进认识。

学生借助网络、书籍等载体，基于"美丽的叶子哪里美"的问题，再次进行自主学习、合作学习、探究学习，对叶子的形态、色彩、纹理美感和特征等方面进一步加深认识与理解。

（3）拓展延伸，加深印象。

步骤一，看一看，说一说。

观察美丽的叶子的生长过程。

步骤二，展一展，说一说。

学生从拓展延伸的学习中获取更多有关叶子造型的知识，从中感受到叶子多方面的美，培养观察能力，提升人文素养和社会责任感，加深热爱大自然的情感，为健康成长奠基。

2. 学习模块二：解决问题"美好的环境谁保障"

（1）探究叶子，发掘种类。

播放视频，激趣导入。以视频导学，播放校道上植物叶子的视频片段合辑，了解叶片王国，你有什么感受？从日常熟悉的环境出发，学生贴切真实地看一看和感受身边的叶类植物；想一想叶子的外形和叶纹有什么特点。阅读课本第20至22页，和同桌讨论与交流叶子的造型可以分为哪几类；根据教师提供的资料图片，学生延伸至课外，通过小组合作交流，学会用形状分解法概括叶子的造型。

（2）考察校道，探寻叶子。

校道内采风写生。不同类型植物的叶子外形特征不一样，有的植物叶子长得非常相似，甚至需要仔细观察、仔细分辨才能区分。一起到校道逛逛吧！捡起树上掉落的叶子，猜一猜它们是什么植物的叶子。

（3）探究自然，增强文化。

到户外自然中加强认识。结合前面学习的关于植物的知识，再次体会自然界的神奇与美丽。收集中医药方面的素材，设计相关的科学探究活动。

二、《美丽的叶子》统整化学习

统整化学习主要解决的问题是：学习模块三：解决问题"植物的叶子如何养生""叶植混搭功效如何"。

（一）竞赛型统整

1. 学习目标

能从"植物的叶子如何养生""叶植混搭功效如何"出发，在师生共同策划与组织的竞赛活动中，认识各种叶子的药用价值，学习如何混搭才能把效果发挥至最佳。

2. 学习过程

（1）问题求解。

针对已学，提出问题：①当你创作出一张张精美的作品时，是否思考过一片小小的叶子本身的功效呢？通过内食外敷的搭配是否有益于养生？它的功效有哪些？②自然界中的叶植通过光合作用为人类生存提供了必要的营养物质，不同类型植物的叶子有不同的功效，通过混搭是否能整合其功效，或产生更独特的功效？混搭是否会产生不良影响，是否会伤害我们的身体呢？

组建学习小组，收集相关资料：开展中医药饮食养生文化探寻行动，借助查阅书籍报刊、实地走访药店和老中医、走访中医药养生家庭等多种形式，了解"叶子的功效作用"和"中医叶子饮食养生"的各种资料。学生从自身兴趣出发，可以选择不同的角度进行研究，如"哪些叶子相互搭配有益于肠道消化""哪些叶子相互搭配有益于脾胃健康""哪些叶子混搭有益于心脑血管健康"等。

小组整理成果，全班交流成果：开展中医药饮食养生会，各个小组分享自己在探究中的收获。分享形式包括：结合文字资料讲解、诗配画图文展示、PPT展示、视频资料、读书笔记、绘制折扇、书签等。

（2）任务解答。

师生齐定规则，开展知识竞赛：师生共同确定知识竞赛的规则，如以分组竞赛的形式来学习，看看哪组同学的综合能力最强。规则是，以组为单位，分为四个小组，基础题每回答一轮题目答对加10分，答错不加分也不扣分。抢答题部分每题10分，答对加10分，答错扣10分。同时，展示得分表格，用来记录每组的得分以示公平。

第一阶段，基础热身：同学们，善于观察生活是我们获取知识的重要途径，第一场知识竞赛中，题目主要源于书本和生活，做好准备了吗？（PPT展示题目）

---

1. 叶子的基本结构是（　　　　）。（多选）
A. 叶片　　　　　B. 叶柄　　　　　C. 叶托　　　　　D. 叶脉

2. 叶片不需要阳光即可产生氧气。（判断）

3. 叶片是叶的主体部分，通常为一很薄的扁平体，有利于光穿透叶的组织以及最大面积地吸收光、二氧化碳进行光合作用。（判断）

4. 植物的叶片含有大量叶绿素。（判断）

5. 叶的光合作用和蒸腾作用，主要通过叶脉进行。（判断）

6. 请说出一句描述叶类植物的诗歌。（问答）

7. 请说出一幅有关叶子的艺术作品。（问答）

第二阶段，难度升级，合作共赢：基础叶植+课外草药+讨论提升。

基础叶植篇。把校园百草园和校道内的基础叶植的图片进行展示，学生回答名称，以增强观察辨别的能力。分小组开火车回答，错了则重新辨别，看哪一列火车最快顺利开完。每组进行两次，共展示12轮图片。图片或源于书本，或源于网络。

课外草药篇。展示叶子草药图片，学生回答名称。这部分竞赛主要是增强草药的直观性，指定组别回答，共展示6轮图片。

讨论提升篇。把中草药知识上升到能力提升，综合讨论、合作、总结、比较等各方面能力。设置一个问题进行小组讨论，然后由学生推荐一个同学总结发言。问题：枇杷叶能和什么叶子混搭，制作成有益于身体的食谱？

第三阶段，抢答竞赛：你画我猜+归类。

你画我猜篇。出示叶子图片，每组推选一名同学，其他组员在30秒内接力画中，通过画一画的方式让该学生猜一猜是什么叶子。此竞赛的主要目的在于提高学生的学习兴趣，活跃课堂气氛，在营造愉悦氛围的同时提升学生写生观察概括的能力。

归类篇。给出叶子的图片，学生根据提示找出对应的叶子药膳，并给叶子的功效进行分类。

（3）成果展示。

确定成果展示形式：学生探究过程中的照片、视频、手绘书签、折扇诗配画作品等；学生交流大会、知识竞赛时的照片、视频、竞赛题目、你画我猜的作品等。

有效推进成果展示：针对学习所得，通过拓印、线描绘画、叶子制作的标本书签、诗配画等，举办班级成果展。

（4）文化传创。

这一统整课将叶子的药用功效文化融入《美丽的叶子》，通过开展小组探究、全班交流研讨、开展竞赛等方式，由浅入深地了解中医药叶类植物的药用价值，提升学生在固有的教材基础上尝试创新的方式，运用美术语言在画纸上表达对中医药文化的理解，深化对中医药养生文化的了解，传承和发扬中医药文化。

3. 学习成效

这一统整课通过课前学生自行探索中医药知识和对竞赛题目的收集与整理，通过知识竞赛、你画我猜、诗配画等方式，设置特定文化情境，以独特视角了解中医药文化，更能激起学生探索的欲望，让学生以第一视角体验尝试与发现的乐趣，能更进一步深化对药用植物功效的认识。而通过让学生在固有教材的基础上进行创新性学习，则更进一步学用美术语言在画纸上表达对中医药文化的理解、运用与弘扬。

（二）探索型统整

1. 学习目标

能从"植物的叶子如何养生""叶植混搭功效如何"出发，通过小组合作的形式，在课外去发现身边美丽的叶子的药用价值，从而加深对中医药文化的理解与认同。

2. 学习过程

（1）问题求解。

针对已学，提出问题：当我们在创作这些美丽的叶子绘画作品时，是否思考过，其实我们身边这些美丽的叶子也存在着丰富的药用价值呢？那就让我们通过实践探究，找一找身边的美丽的叶子的药用价值吧。

学生自由组队，每组6人，根据学习单，选择身边能看见的美丽的叶子，从"内食"和"外敷"两个方面进行药用价值的研究与探索。

（2）任务解答。

深入探索。①观察叶子的生长过程，了解叶子不同时期的特点：通过观察叶子的生长过程，了解叶子每个生长时期的不同特点。②了解过程，激发兴趣：展示资料照片和视频片段，通过游戏手段，激发实践兴趣。③师生共同制订规则：每组需要说明自己选择的叶子，通过将搜集到的图片和文字制作成小视频，以展示它的生长过程，再通过上网搜索、自主栽培、实地考察等方式，联系中医药知识说一说不同叶子的"内食"和"外敷"，以及相同叶子不同生长期"内食"和"外敷"的药用价值和功效。

整理成果。初步搜集好资料后，各小组须将搜集好的资料整理成大纲，以图文结合的形式总结生长过程和不同时期叶植不同部位的药用功效，通过手绘方式呈现出来，在课堂上进行初步汇报后，小组间互相探讨研究过程及研究方法，最后修改并完善小组成果，为成果展示做好准备。

（3）成果展示。

确定成果展示形式：学生初步汇报时课堂照片、制成的PPT等资料；学生探究过程中的照片、视频、手绘作品等过程性资料，可指导学生做成短视频形式。

有效推进成果展示：最后将做成的视频文件和过程性资料汇总为H5交互展示，举办班级成果展。

（4）文化传创。

这一统整课将中医药中不同叶子的"内食"和"外敷"，以及相同叶子不同生长期"内食"和"外敷"的药用价值和功效，融入《美丽的叶子》，通过观察和实践探索等方式，不仅让学生对书本上的知识有更深的认识，同时也培养学生"艺术源于生活"的发现身边美的能力。从中医药角度看，开展探究型活动还可以让学生由浅入深地了解中医药文化，增强对中医药文化的认同感，提升民族自豪感。

3. 学习成效

这一探索型统整课学习成效在于，学生通过课内基于学习单的学习，课外基于实践探索的方式，能够进一步了解叶子的"内食"和"外敷"功效；通过选择一到两种树叶，把它画下来进行分解，从不同叶子的药用价值到"内食"和"外敷"使用方法进行探究,能够更加深刻地理解课外实践的重要性,拓宽视野,也为更加深刻地理解源远流长的中医药文化打下坚实基础。

(三)展演型统整

1. 学习目标

能从"植物的叶子如何养生""叶植混搭功效如何"出发,通过了解叶类植物的生长过程,感悟不同叶子的奇妙功效,了解不同叶类植物的搭配对我们的健康生活的重要意义。

2. 学习过程

(1)问题求解。

针对已学,提出问题:不同叶子有不同的功效,你知道叶类植物的生长过程吗?我们每天都摄入许多不同种类的叶类食物,通过混搭是否能整合其功效,或产生更独特的功效?混搭是否会产生不良影响,是否会伤害我们的身体呢?

形成展示小组,搜集相关资料:学生以个人、同桌、小组为单位,个人搜集植物(如艾草)生长过程及营养价值,同桌合作搜集不同叶子食用的养生价值,小组搜集不同叶子混搭食用的养生价值,形成中医药文化探寻小分队,通过上网搜索、翻阅书籍、咨询长辈等方式,了解叶类植物的生长过程,以及叶子的药用价值和不同叶子混搭的相关知识,感悟叶类植物的奇妙之处,了解叶类植物本身的药用价值对我们成长的重要意义。

交流学习成果,准备实践展演:开展中医药小组交流会,各个小组交流分享自己在探究中的收获,并确定分享的形式,准备实践展演。

(2)任务解答。

个人风采展:学生装扮成不同的叶类植物,用第一人称讲述该叶子的生长过程以及药用价值,创编该叶子的特色动作,使展演更加深刻有趣。展演完后,其他学生自主提问,通过观看风采展和深入提问,初步了解叶类植物的相关知识。

同桌两人搭档演:同桌两人扮演同一种叶子,一人扮演式讲述该叶子内食的功效及作用、用量;另一人扮演或讲述该叶子外敷的功效以及注意事项,通过场景剧的形式讲述不同叶子混搭的养生价值。表演完后,其他学生自主提问,通过观看场景剧和深入提问,初步了解叶子的"内食"和"外敷",以及相同叶子不同生长期"内食"和"外敷"的药用价值及功效。

小组搭配展示:学生以5~8人为一组,扮演各种叶子,以小组合作演绎的形式讲述各种叶子混搭的养生价值。表演完后，请其他学生分享观后所得，感受中医药文化。

小组歌舞展：学生以5~6人为一组，扮演各种食物，将各种食物混搭的知识以朗朗上口的歌曲或活泼有趣的舞蹈的形式展现。

（3）成果展示。

确定成果展示形式：学生搜集过程中的照片、视频、知识资料等；学生交流会时的照片、视频、知识资料等。

有效推进成果展示：举办班级成果展演。

（4）文化传创。

这一统整课将中医药中不同叶子的"内食"和"外敷"，以及相同叶子不同生长期"内食"和"外敷"的药用价值和功效，融入《美丽的叶子》，通过开展个人风采展、同桌场景剧、小组合作演绎、小组歌舞展等形式，以生动、有趣、形象的方式带领学生一步步走进中医药文化的知识大门，激发学生学习的积极性，并在活动后主动深入地了解中医药文化，乐于向身边人普及中医药文化知识，乐于带领其他人了解、学习、深入。

3. 学习成效

在这一统整课中，学生通过角色扮演、现场展示等方式，基于特定情境，以独特的视角了解中医药文化，能够有效激起探索欲望，并以第一视角分享中医药文化探索成果，用点线色进行装饰，了解所画叶子的中医药价值，进而自觉主动担负起传承中医药文化的使命。

叁 是否解决问题

—— "学科素养"与"统整素养"并行

一、聚焦"学科素养"

（一）问题解决的分析框架

为解决基于艺术课程艺术化学习的两大问题，学习模块一和学习模块二铺展了相应的解决之道，除了注重学习进程中的及时评价外，还可以构建相应的问题解决框架，来形成"是否解决问题"的评价载体，进而评析艺术核心素养在问题解决过程中得到怎样的发展，并提出相应的教学改进建议。这一框架见表6-2-1。

表6-2-1　《美丽的叶子》统整课"解问题育素养"艺术化学习分析框架

学习问题	学习目标	学习历程	素养评析	改进建议
问题1：美丽的叶子哪里美	由问题1而研拟的艺术课程学习目标	为达成目标，解决问题1而分解的艺术课程学习进程	针对问题1而铺排的学习历程，围绕艺术核心素养的培育情况，进行评价与分析	对今后解决问题1的艺术课程教学，提出相应的改进建议
问题2：美好的环境谁保障	由问题2而研拟的艺术课程学习目标	为达成目标，解决问题2而分解的艺术课程学习进程	针对问题2而铺排的学习历程，围绕艺术核心素养的培育情况，进行评价与分析	对今后解决问题2的艺术课程教学，提出相应的改进建议

（二）问题解决的成果分析

立足于艺术化学习，运用"艺术统整课'解问题育素养'艺术化学习分析框架"，针对学习模块一和学习模块二的学习铺展，是否有效地解决了学习问题，以促进学生艺术核心素养的发展，进行整体性评析，以及提出教学改进建议，最终形成表6-2-2的成果分析。

表6-2-2　《美丽的叶子》统整课"解问题育素养"艺术化学习成果分析

学习问题	学习目标	学习历程	素养评析	改进建议
问题1：美丽的叶子哪里美	能从问题1出发，探索与研讨画家如何运用造型元素来表现叶子的构成美，并选择一种叶子，观察与了解叶脉纹理的美感	初步探究，试解问题	学生围绕"美丽的叶子哪里美"的问题，以自主、合作、探究的方式展开学习，促进艺术核心素养的发展，不仅在自主、合作学习能力方面得以提升，而且从初步探究中，学会自主发现问题，尝试解决问题，并获得对农作物及其生产的学习经验	略

学习问题	学习目标	学习历程	素养评析	改进建议
问题1：美丽的叶子哪里美	能从问题1出发，探索与研讨画家如何运用造型元素来表现叶子的构成美，并选择一种叶子，观察与了解叶脉纹理的美感	再次探究，增进认识	学生借助网络、书籍等载体，基于"美丽的叶子哪里美"的问题，进行再次探究，促进艺术核心素养的发展，不仅对叶子的形态、色彩、纹理美感和特征加深认识与理解，而且在自主、合作、探究学习能力方面再次得以提升	略
		拓展延伸，加深印象	学生从拓展延伸的学习中获取更多与叶子造型相关的知识，促进艺术核心素养的发展，不仅从中感受到叶子多方面的美，还培养了观察能力，从而提升人文素养和社会责任感，加深了热爱大自然的情感，为健康成长奠基	
问题2：美好的环境谁保障	能从问题2出发，探索与研讨绿叶植物以太阳光作为能量来源的过程，又如何通过光合作用给人类提供生存必需的营养物质，并探索与分享绿叶植物主要种类，理解它与人们生活的密切关系	探究叶子，发掘种类	学生围绕"美好的环境谁保障"的问题，从课内和课外探究中，了解更多叶子种类，促进艺术核心素养的发展，不仅对绿叶植物的认识得以增强，知道"光合作用"，而且从中受到爱科学的教育，为健康成长奠基	略

（续表）

学习问题	学习目标	学习历程	素养评析	改进建议
问题2：美好的环境谁保障	能从问题2出发，探索与研讨绿叶植物以太阳光作为能量来源的过程，又如何通过光合作用给人类提供生存必需的营养物质，并探索与分享绿叶植物主要种类，理解它与人们生活的密切关系	考察校道，探寻叶子	学生从实地考察、现实生活中探寻叶子，促进艺术核心素养的发展，不仅强化了对艺术课程实践性的认识，从而注重艺术与社会实践的联系，而且在自主参与丰富多样的活动中，通过认识、体验和实践，促进了正确思想观念和良好道德品质的形成与发展	略
		探究自然，增强文化	学生在进一步的探究学习中促进艺术核心素养的发展，不仅激发了保护环境的意识，学会从探究活动中发现科学知识，感受自然的力量，而且强化对艺术人文性的认识，增强了文化自信，形成了对中医药文化的强烈认同感	

二、衍生"统整素养"

（一）问题解决的分析框架

为解决基于艺术课程统整的学习问题，学习模块三提出了相应的解决之道，除了注重学习进程中的及时评价外，还可以构建相应的问题解决框架，来形成"是否解决问题"的评价载体，进而评析学科素养在问题解决过程中得到怎样的发展，并提出相应的教学改进建议。这一框架见表6-2-3。

表6-2-3　艺术统整课"解问题育素养"统整化学习分析框架

统整问题		艺术课程统整中医药文化的学习问题		
统整路径		竞赛型统整	探索型统整	展演型统整
统整目标		由统整问题而研拟的艺术课程统整中医药文化的竞赛型学习目标	由统整问题而研拟的艺术课程统整中医药文化的探索型学习目标	由统整问题而研拟的艺术课程统整中医药文化的展演型学习目标
统整历程	问题求解	为达成目标解决统整问题而分解的学习进程一，提出艺术课程竞赛型学习的统整问题，由此引发学生分组求解	为达成目标解决统整问题而分解的学习进程一，提出艺术课程探索型学习的统整问题，由此引发学生分组求解	为达成目标解决统整问题而分解的学习进程一，提出艺术课程展演型学习的统整问题，由此引发学生分组求解
	任务解答	为达成目标解决统整问题而分解的学习进程二，提出艺术课程具体的统整任务，由此引发学生分组完成竞赛型学习任务	为达成目标解决统整问题而分解的学习进程二，提出艺术课程具体的统整任务，由此引发学生分组完成探索型学习任务	为达成目标解决统整问题而分解的学习进程二，提出艺术课程具体的统整任务，由此引发学生分组完成展演型学习任务
	成果展示	为达成目标解决统整问题而分解的学习进程三，梳理具体的竞赛型学习成果，由此引发学生分组展示相应的学习成果	为达成目标解决统整问题而分解的学习进程三，梳理具体的探索型学习成果，由此引发学生分组展示相应的学习成果	为达成目标解决统整问题而分解的学习进程三，梳理具体的展演型学习成果，由此引发学生分组展示相应的学习成果
	文化传创	为达成目标解决统整问题而融入学习进程一、二、三的学程，呈现学生在整个统整学程中以竞赛方式传承与创造的中医药文化	为达成目标解决统整问题而融入学习进程一、二、三的学程，呈现学生在整个统整学程中以探索方式传承与创造的中医药文化	为达成目标解决统整问题而融入学习进程一、二、三的学程，呈现学生在整个统整学程中以展演方式传承与创造的中医药文化

（续表）

统整路径	竞赛型统整	探索型统整	展演型统整
素养评析	针对统整问题而铺排的学习历程，围绕课程统整素养的培育情况，评价与分析学生基于竞赛型统整学习，所展现的问题求解能力、任务解答能力、成果展示能力、文化传创能力的提升事实	针对统整问题而铺排的学习历程，围绕课程统整素养的培育情况，评价与分析学生基于探索型统整学习，所展现的问题求解能力、任务解答能力、成果展示能力、文化传创能力的提升事实	针对统整问题而铺排的学习历程，围绕课程统整素养的培育情况，评价与分析学生基于展演型统整学习，所展现的问题求解能力、任务解答能力、成果展示能力、文化传创能力的提升事实
改进建议	对艺术课程竞赛型统整教学，提出相应的改进建议	对艺术课程探索型统整教学，提出相应的改进建议	对艺术课程展演型统整教学，提出相应的改进建议

（二）问题解决的成果分析

立足于艺术课程统整化学习，运用"艺术统整课'解问题育素养'统整化学习分析框架"，针对学习模块三的学习铺展，是否有效地解决了统整问题，以促进学生统整素养的发展，进行整体性评析，以及提出教学改进建议，最终形成表6-2-4的成果分析。

表6-2-4 艺术统整课"解问题育素养"统整化学习成果分析

统整问题	植物的叶子如何养生？叶植混搭功效如何？		
统整路径	竞赛型统整	探索型统整	展演型统整
统整目标	能从"植物的叶子如何养生""叶植混搭功效如何"出发，经历多样竞赛活动，认识各种叶子药用价值，学会效果最佳的叶植混搭	能从"植物的叶子如何养生""叶植混搭功效如何"出发，经历小组合作探索活动，发现身边叶子的药用价值，理解与认同中医药文化	能从"植物的叶子如何养生""叶植混搭功效如何"出发，经历对叶类植物生长过程的了解，感悟不同叶子的奇妙功效，了解不同叶类植物搭配的健康生活意义

统整路径		竞赛型统整	探索型统整	展演型统整
统整历程	问题求解	1. 针对已学，提出问题 2. 组建小组，收集资料 3. 整理成果，全班分享	1. 针对已学，提出问题 2. 自由组队，初探叶子	1. 针对已学，提出问题 2. 形成小组，收集资料 3. 交流成果，准备展演
	任务解答	1. 第一阶段，基础热身 2. 第二阶段，难度升级，合作共赢 3. 第三阶段，抢答竞赛	1. 深入探索，分探叶植"内食""外敷" 2. 整理成果，准备分组的多方式展示	1. 个人风采，互动展演 2. 同桌搭档，协作展演 3. 小组搭配，合作展演 4. 小组组合，歌舞展演
	成果展示	1. 确定成果展示形式 2. 有效推进成果展示	1. 确定成果展示形式 2. 有效推进成果展示	1. 确定成果展示形式 2. 有效推进成果展示
	文化传创	随着问题求解、任务解答、成果展示的学程推进，以竞赛的方式传承与创造中医药文化，由浅入深地了解中医药叶类植物药用价值，运用美术语言在画纸上表达对中医药文化的理解	随着问题求解、任务解答、成果展示的学程推进，以探索的方式传承与创造中医药文化，进一步理解叶植的内食与外敷功效，并延伸于生活实践之中	随着问题求解、任务解答、成果展示的学程推进，以展演的方式传承与创造中医药文化，一步步演绎不同叶子的内食与外敷，传播相应的药用价值与功效，推进他人融入中医药文化的传承与发扬

（续表）

统整路径	竞赛型统整	探索型统整	展演型统整
素养评析	学生以竞赛活动的方式，融入艺术课程与中医药文化的统整，经历问题求解、任务解答、成果展示的学习，不仅在自主、合作、探究学习中，学会统合知识，整体性地融通中医药文化知识，而且在生活化学习情境中，学会将艺术课程与自身生活、社会实践相关联，整体性地融通生活中的中医药文化知识，同时在共同设计竞赛与制订竞赛规则及组织多样赛事中，促进了正确思想观念和良好道德品质的形成和发展	学生以探索活动的方式，融入艺术课程与中医药文化的统整，经历问题求解、任务解答、成果展示的学习，不仅在自主、合作、探究学习中，学会整体性地发现、分析、综合中医药文化，而且在生活实践中，学会基于艺术课程去探索相关联课程的药用价值，将学科课程与生活实践相融通，整体性地展示所探索的中医药文化成果，同时在小组合作探究与展示的过程中，学会了团队协作，增强了对中医药文化的理解与认同，乃至创新	学生以展演活动的方式，融入艺术课程与中医药文化的统整，经历问题求解、任务解答、成果展示的学习，不仅在自主、合作、探究学习中，学会基于中医药文化进行展演作品的创作，而且在实践探究与分组展演中，学会情境化演绎中医药文化，同时在兴趣正浓的展演型学习中，学会将艺术课程与生活联结，提高参与社会生活的意识，并在实际生活中自然地传播与创新中医药文化
改进建议	略	略	略

（课例设计：陈秋任、陆丽思、梁文采）

第七章

体育统整中医药文化

统整设计	潘嘉明、林润发、刘碧莹、王玉琴、王静、石彬、金鑫
统整理念	整合资源，联系生活，提升学习素养。教师和学生从体育课程的教学出发，共同生发出联结生活情境的"统整问题"，并由此驱动对中医药文化的拓展性学习、探究性学习，进而在解决问题与展示成果的历程中发展体育核心素养，同时传承乃至创造相应的中医药文化，获得综合素养的提升
统整资源	体育课程与中医药文化。人教版小学体育教科书《体育与健康》（水平一）、《体育与健康》（水平二）、《体育与健康》（水平三）共3例课程，及其相关的实地类、视听类、文本类中医药文化资源
统整性质	拓展性课程、探究性课程
统整对象	一至六年级学生
统整样态	基于课堂教学、活动展现、环境活化三大途径，以"问题求解—任务解答—成果展示—文化传创"为主要历程，展开多样态的统整性学习，并通过课堂化评价、活动化评价、环境化评价来判断、分析课程统整目标的达成

◇ 课程设计：太极操里化五禽

本设计是体育教师和学生展开课程统整教学的行动指南，分三部分七方面展开，主要阐明体育课程统整中医药文化的方向、路径、成效。

壹 课程统整方向

一、需求分析

（一）学生发展的需要

中医药文化反映了中华民族对生命、健康和疾病的认识，是中华民族优秀传统文化中体现中医药本质与特色的精神文明和物质文明的总和，是中医药学内在的价值观念、思维方式和外在的行为规范、器物形象的总和。[①]与时俱进地大力发展中医药文化，是促进中医药事业科学发展的重要举措，也是弘扬中华优秀传统文化的重要任务。太极拳是集武术、医术、导引术于一体的科学的人体文化，尤其是杨式太极拳开武术健身之先河，使太极拳易于习练，成为强身健体的体育项目。学生通过学习太极操、五禽戏等传统健身操，能够了解、掌握太极操和五禽戏的基本知识和基本技术，提高学习传统健身操的兴趣，推进武术运动的普及和发展，从而成为发展民族传统体育项目的参与者和倡导者。

（二）教师发展的需要

我国提出"促进中医药振兴发展"的发展战略，这是中医药文化重新焕发青春的机遇，也是传承和发扬中医药文化的重要机遇。中医药文化进校园可以帮助教师了解相关的健身知识，增强健康意识。同时，中医药文化作为中华优秀传统文化的重要内容，教师拥有相关的知识储备以及经验可以丰富自身的知识储备。教师开发中医药校本课程，可以激发专业动机，不断提升专业能力，增强专业意识，提高自己对本学科课程的探究能力。

---

① 王祚桥. 中医文化推动中医药学科走向世界［N］. 光明日报，2015-05-04（7）.

（三）学校发展的需要

中医药学包含着中华民族几千年的健康理念及其实践经验，是中华文明的一块瑰宝，凝聚着中国人民和中华民族的博大智慧。中医药文化是中医药的根基和灵魂，是中华优秀传统文化的重要组成部分。太极操课程建设与教学活动的开展，有利于学校的全面和谐发展。太极文化的核心是和谐。学校的科学发展、师生的发展都离不开和谐，具体表现为学生的全面发展、快乐生活。同时，通过创建中医药特色课程，学校办学水平将得到提升，校园文化建设将得以不断丰富，素质教育将得以不断深化。中医药文化的引入会让校园文化得到更好的发展。体育与健康课程中有许多与校园文化相关的内容，中医药文化的引入可以丰富体育课程，为教师积累丰富的课程建设经验，为学生积淀丰富的课程学习经验。

二、资源分析

（一）教科书资源

1. 《体育与健康》（水平一）

（1）教材内容。

伸展运动为《体育与健康》（水平一）第五章的内容，其第一个八拍的动作包括：1~2拍，半蹲同时两臂前举，掌心向下，含胸，低头；3~4拍，直立，同时两臂前举，掌心相对；5~6拍，半蹲，同时两臂前举，塌腰，挺胸抬头；7~8拍，还原。

扩胸运动第一个八拍的动作包括：1~2拍，右腿半蹲，左脚向左前方伸出，脚跟触地勾脚尖；3~4拍，重心前移，两臂胸前平屈，五指分开，掌心向内；5~6拍，方向相反；7~8拍，左脚收回直立。

全身运动：1~4拍，左脚侧出一步，左转90度成弓步，两臂上举，挺胸抬头；5~6拍，左脚站立，两手叉腰，右腿前踢；7~8拍，右腿后落，两手叉腰。

（2）关联中医药。

第一节：伸展运动（模仿摘苹果），对应太极健身操的猿摘动作。

第二节：扩胸运动（模仿绕电线），对应太极健身操的鹤形动作。

第五节：全身运动（模仿摇小船），对应太极健身操的虎爪动作。

2. 《体育与健康》（水平二）

（1）教材内容。

体侧屈运动为《体育与健康》（水平二）第五章的内容，其第一个八拍的动作包括：预备姿势，直立； 1拍，先左脚侧出一步，同时身体左侧屈，左臂沿腿用力下伸，同时右臂屈肘上提，眼看左手；2拍，还原成开立； 3~4拍同1~2拍，动作相同，方向相反。5~6拍同3~4拍，7~8拍同1~2拍。 第二个八拍动作同第一个八拍，最后一拍还原成预备姿势。

（2）关联中医药。

第四节：体侧屈运动，对应太极健身操的鹿抵动作。

3. 《体育与健康》（水平三）

（1）教材内容。

腹背运动为《体育与健康》（水平三）第五章的内容，腹背运动第一个八拍动作包括：面对踏板直立，1拍，左脚上踏板，同时两臂前平举（掌心相对）；2拍，右脚上踏板，同时两臂经体前上举（掌心相对）；3拍，左脚下踏板，同时右臂胸前平屈（掌心向下），左臂侧平举（掌心向下）；4拍，右脚下踏板，还原成直立。5~8拍同1~4拍，动作相同，方向相反。

（2）关联中医药。

第四节：腹背运动，对应太极健身操的飞鸟动作。

（二）中医药资源

1. 文本类（水平一）

《全国中小学中医药文化知识读本》：孙光荣、王琦主编，中国中医药出版社2020年版，适合低学段。

《图解中医入门——一看就懂》：张银柱著，浙江科学技术出版社2013年版，适合低学段。

这两本书用讲故事的形式将中医药的基础知识融入其中，将一个个通俗易懂、生动有趣的故事娓娓道来，巧妙地诠释中医药深奥的基本概念和基本理论，让孩子们通过读故事慢慢理解与体会中医药所蕴藏的哲学智慧和传统文化思想。

2. 文本类（水平二）

《华佗五禽戏》：夏克平著，人民卫生出版社2016年版，适合中学段。

中医药文化是祖先留给我们的宝贵财富，是中华民族的伟大创造，在中华优秀传统文化中占据着不可替代的重要地位。《华佗五禽戏》参考人体基本运动的动作形式，精选代表性的功法，增加原动作的幅度，延长原调息时程，以五行相生为序，并按照中医气功疗法规范，结合个人运用本功法防治疾病的临床经验，向孩子们传授专业的中医药知识。

3. 文本类（水平三）

《健身气功·八段锦》：国家体育总局健身气功管理中心编，人民体育出版社2018年版，适合高学段。

《传统华佗五禽戏26式》：周金钟、修海燕著，人民体育出版社2016年版，适合高学段。

《健身气功·八段锦》介绍了八段锦的功法功理、功法特点、功法要旨、学练指导等内容。《传统华佗五禽戏26式》主要介绍五禽戏26式的动作图解、要领、意境、歌诀、注意事项等。

三、目标预设

（一）学科学习目标

1.《体育与健康》（水平一）

（1）体育初步学习。

知识：了解青少年身心发展的基本知识，学习并初步掌握基本的身体锻炼方法。

技能：通过练习，感受自身与大自然及其他生物的关系，形成保护环境、爱护动物的思想，提高感觉统合能力，学会关注自身的身体状况与发展，培养关注自身身心变化的意识。

情意：激发体育学习的动机、兴趣，培养坚持锻炼的习惯，传播终身运动的思想，形成热爱体育、注重实践、敢于竞争的积极意识以及团队协作精神，树立规则意识、法制观念，培养遵纪守法、爱国、爱人民、爱集体的意识。

（2）体育深入学习。

知识：掌握身体锻炼的方法，逐渐养成经常运动的习惯。

技能：通过太极操的学习，学会调节自身的情绪，平稳气息，提升对自身动作的控制能力。

情意：在练习过程中，培养自主学习、合作学习与探究学习的能力，发展沟通能力。

（3）体育拓展学习。

知识：初步了解中华传统武术文化，了解太极操等文化。

技能：初步了解传统武术文化的传播途径，学习利用太极操等锻炼身体。

情意：培养对中华传统武术文化的探究兴趣。

2. 《体育与健康》（水平二）

（1）体育初步学习。

知识：通过学习与总结，初步理解太极操的规律与内涵，初步了解太极操的基本功内容和正确要领，并掌握基本的身体锻炼方法。

技能：通过长期练习，初步正确地认识、体会自身身体状况，培养本体感觉，并开始有意识地关注自身变化。

情意：初步正确地、有意识地认识与大自然的关系，并在实际生活中找寻自身与大自然的关系，学会主动与他人协作学习，处理好自身与他人的关系。

（2）体育深入学习。

知识：通过长期练习，学会积极主动地控制、调节情绪，坚定意志，克服困难。

技能：通过长期练习，在各种身体训练过程中能做到呼吸较为平稳，动作较为协调。

情意：能较好地主动与他人协作学习，积极处理自身与他人的关系。

（3）体育拓展学习。

知识：通过太极操练习，达到强身健体的目的，找到适合自己的锻炼身体的方法，发展自身的基本素质，有一个强健的体魄。

技能：运用习得的武术文化和练习手段进行身体锻炼。

情意：更好地理解传统武术文化，增强文化认同感。

3. 《体育与健康》（水平三）

（1）体育初步学习。

知识：通过长期练习与积累，较好地理解太极操的内涵与文化，提高学习传统武术的兴趣，并积极学习传统武术文化，较为深刻地理解传统武术的健身价值。

技能：通过长期练习，熟练掌握完整的太极操基本动作，并能运用于日常锻炼。

情意：积极地运用太极操锻炼身体，形成终身运动的健康意识。

（2）体育深入学习。

知识：通过学习与练习，较好地理解和掌握中华传统武术的文化内涵。

技能：通过太极操练习，学会自主调节情绪，让自己的身心向着良好的、积极的方向发展。

情意：通过练习，提高身体的基本素质，提升自控能力，养成快速凝心聚神的习惯。

（3）体育拓展学习。

知识：培养良好的社会道德品质，增强对中华传统武术文化的自豪感。

技能：认真学习太极操，深刻理解并积极弘扬中华传统武术文化。

情意：通过太极操的学习与练习，进一步培养刻苦学习的精神，坚定顽强拼搏的意志。

（二）中医药学习目标

1.《体育与健康》（水平一）

（1）问题求解。

能在学习太极操、五禽戏的过程中，关联中医药文化，产生对太极文化的疑惑。

（2）任务解答。

能带着须求解的问题，通过查阅资料、亲身练习等方式，与同学交流自己所了解的太极等文化。

（3）成果展示。

能随着已解答的任务，用交流分享的形式，向同学介绍自己最感兴趣的太极操动作。

（4）文化传创。

能通过对太极的学习，了解中医药和中华传统武术作为优秀的传统文化，既是中华民族的智慧结晶，也是国粹，从而浸润在这些优秀传统文化中，形成传承和创新中华优秀传统文化的自觉。

2.《体育与健康》（水平二）

（1）问题求解。

能在学习太极操的过程中，关联中医药文化，生发问题，并共同探讨太极操、五禽戏等传统健身操与现代广播体操之间的关系。

（2）任务解答。

能带着须求解的问题，通过进一步的身体练习，认真体会身体的变化，并通过阅读《传统华佗五禽戏26式》等书籍，比较现代广播体操与太极操、五禽戏动作上的异同。

（3）成果展示。

能随着已解答的任务，通过亲身演示或录制视频等形式，展示自己对太极操的认识和感受。

（4）文化传创。

能通过太极操的学习，感受每个动作的变化，建立强身健体、修身养性、平衡阴阳、调理脏腑等中医健康观念。

3.《体育与健康》（水平三）

（1）问题求解。

能在学习太极操的过程中，关联中医药文化，生发问题，并共同探讨与太极操相关的文化知识，激发对中医传统文化更深的探索兴趣。

（2）任务解答。

能带着须求解的问题，通过查找资料、询问家人等方式，了解太极操的医用价值，并在课堂上与同学交流、分享。

（3）成果展示。

能随着已解答的任务，在课堂上以演讲形式，或用手抄报、思维导图的形式，介绍太极操的详细特点及应用价值。

（4）文化传创。

能通过不断地接触、学习太极文化，更深刻地体会中医药文化的智慧结晶，进而激发传承中医药文化的自觉。

贰 课程统整路径

一、内容预选

（一）《体育与健康》（水平一）

1. 学科课程学习

（1）通过图片、视频等了解东汉末年我国著名的医学家华佗。

（2）学习华佗编排的健身操——五禽戏，了解其由来。

（3）通过学习五禽戏，看看其中都模仿了哪些动物，并与班上的同学交流。

2. 中医药文化学习

（1）问题求解。

自然界有许多的动物，如海豚、毛毛虫，模仿这些动物的动作会有一定的健身效果。你知道我们还可以模仿哪些动物的动作吗？有什么作用呢？

（2）任务解答。

看一看：观看视频，仔细观察毛毛虫等昆虫，记录其动作。

说一说：根据自己的观察，向同学描述、介绍你最感兴趣的一种生物的动作。

（3）成果展示。

画一画：通过绘画的形式，展示自己最感兴趣的一种生物的动作。

做一做：通过动作模仿，向同学展示自己最感兴趣的一种生物的动作。

（4）文化传创。

中医药文化及传统武术文化是中华民族的智慧结晶，是优秀的传统文化，值得我们学习、传承与弘扬。通过对五禽戏的学习和研究，深入了解并培养传承和传播中华优秀传统文化的自觉。

（二）《体育与健康》（水平二）

1. 学科课程学习

（1）学习简单的中医药健身操等。

（2）通过调整呼吸、集中意念、改变姿势，加强人体五脏六腑的功能，增加四肢力量，增强体质。

（3）通过改变呼吸方式、加强运动等，你的身体是否出现了变化？与同学进行交流。

2. 中医药文化学习

（1）问题求解。

健身气功是一种调理人体身心非常有效的手段，在传统的中医文化中非常流行。你知道哪些健身气功的知识？

（2）任务解答。

查一查：通过上网搜索、翻阅书籍等，查阅有关中医文化中健身气功的知识。

访一访：通过访问中医名师，更直接地了解健身气功的种类及其含义。

（3）成果展示。

说一说：向同学介绍自己所了解到的健身气功的种类。

做一做：亲身演示自己所学的不同的健身气功动作。

（4）文化传创。

通过亲身探寻与学习不同种类的健身气功，从中了解博大精深的中医文化，这些是否能激发起你对中医文化及传统武术文化的学习兴趣呢？

（三）《体育与健康》（水平三）

1. 学科课程学习

（1）认真学习传统中医文化中的健身操、健身气功等，并尝试表达自身的感受。

（2）从中医文化的角度体会体育锻炼的益处。

2. 中医药文化学习

（1）问题求解。

太极是中华传统文化和中医药传统文化中的精髓，除了学校，我们能否在其他地方看到太极操的身影呢？经过长期的太极操学习，我们的身体是否产生了明显的变化呢？

（2）任务解答。

访一访：走访公园、公共健身场所，访问老者是否会利用太极操进行身体锻炼。

读一读：通过查阅相关资料，了解前人对太极操的总结与评价。

（3）成果展示。

做一做：经常性地运用太极操进行身体锻炼，并观察自身的身体变化，向同学分享自己的感受。

（4）文化传创。

通过长期的太极操锻炼，观察自身身体的变化，从中了解运动的益处。通过太极操的学习，你有因此更热爱体育吗？

二、实施建议

（一）课堂教学

1. 设计方式

（1）第一种设计：延伸方式。

模块一：体育初步学习。正确完成太极操的练习，认识太极操中模拟的动物的动作。

任务一：学习并练习太极操。

任务二：通过相互交流，探讨太极操中模拟的动物的动作。

任务三：完整完成太极操的练习。

模块二：体育深入学习。在太极操的学习过程中，联想其他动物的动作，尝试模仿后分享个人体会。

任务一：开展小组合作探究学习，仔细观察某一种动物的动作，尝试模仿。

任务二：通过反复模仿，与同学分享个人感受。

模块三：体育拓展学习。

问题求解：激发学生的好奇心和探究兴趣，引导学生自主地提出探究问题和任务，围绕主题挖掘更多传统武术的文化内涵。

任务解答：在创设的情境中引导学生发挥想象，联系所学过的知识和生活实践，分享相关的知识；激励学生根据兴趣从不同方向探究与主题相关的更多的文化内涵。

成果展示：在探究过程中，有意识地组织学生积累探究成果素材，分析成果、分享收获，让学生学会以生动可视的方式展示成果，建立学生的文化自信。

文化传创：组织学生分小组进行课外拓展探究，并确定好课外拓展探究的方向和内容，探索更多未知的知识；作为中医药文化的传播者，探究以恰当有效的方式传承和发扬优秀传统文化。

（2）第二种设计：融合方式。

模块一：初步统整。通过体育课中太极操的学习和课前查阅资料，整体感知中医药文化；了解传统中医药文化五禽戏及太极操等基本知识和文化内涵，了解五禽戏与太极操的健身价值及在中医文化中的地位。

模块二：深入统整。通过阅读书籍、查阅资料等方式，学习并掌握五禽戏、太极操等传统武术。

模块三：延展统整。通过课后分小组探究，说说学完太极操、五禽戏后的心得体会。

2. 设计要则

（1）第一大要则：目标明确。

课堂教学和探究活动的目标，要符合学生的思维特点、基础积累等实际情况，明确规定每一课的学习任务和可达到的程度。

（2）第二大要则：过程清晰。

课堂教学过程要清晰、有条理，包括主要任务、操作过程都要清晰而明确。

（3）第三大要则：评价见效。

评价要有具体细则。评价方式设计要具有可操作性，通过评价学生能够清楚地知道自己所处的水平和需要努力的方向。

3. 实施要领

（1）日常锤炼。

体育课程的课堂教学要做到：瞄准学习目标，优化学习过程；强化生活联系，注重文化整合；变革学习方式，学会探究学习。

体育课程统整中医药文化的课堂教学要做到：①问题求解：设置真实的背景（创设真实的情境），融入合理的条件，提出问题。②任务解答：提出有层次的任务，融入适宜的策略。③成果展示：准备多样的成果，设计合适的展示方式（强化小组合作学习的意识）。④文化传创：选择文化的支点，融入化育的样态。

（2）定期研讨。

体育科组每两周集中研讨一次，针对在课堂中发现的问题，不断进行改进优化。

定期研讨和研究中医药文化，整合学习的方式和课型，及时改进教学方式。

（二）活动展现

1. 设计方式

（1）第一种设计：班级方式。

在课堂中，通过体育课程统整与中医药文化相关的知识竞赛、动物模仿秀等活动，让学生在实践中加深对中医药文化及传统武术文化的理解。

课堂上，以PPT和视频等为载体，让学生初步了解五禽戏的相关知识，写心得体会，积累中医药常识。

（2）第二种设计：生活方式。

在课余时间，教师要引导学生模仿学习虎、鹿、熊、猿、鹤等动物的神态与动作，引导学生对武术健身有一个初步了解。

2. 设计要则

（1）第一大要则：目标明确。

课堂教学和探究活动的目标，要符合学生的思维特点、基础积累等实际情况，明确规定每一课的学习任务和可达到的程度。

（2）第二大要则：过程清晰。

课堂教学过程要清晰、有条理，包括主要任务、操作过程都要清晰而明确。

（3）第三大要则：评价见效。

评价要有具体细则。评价方式设计要具有可操作性，通过评价让学生能够清楚地知道自己所处的水平和需要努力的方向。

3. 实施要领

（1）日常锤炼。

探究活动以学生为主体，教师及时跟进，给予评价、指导和反馈。

活动从课内延伸到课外，从校内拓展到校外，引导学生进行广域学习与探究。

活动总结按照"小组—班级—年级"方式循序渐进，根据活动方案定期收集活动成果，并进行活动展示与验收。

（2）定期研讨。

每两个星期集中研讨一次，每个学期举行一次系列性的活动。每次活动开展前精心研讨计划，活动后进行总结。

活动过程中及时发现问题，调整计划，积累经验。

（三）环境活化

1. 设计方式

（1）第一种设计：班级方式。

在班级中，通过板报、宣传栏等形式，宣传中医药文化，使学生能浸润在良好的中医药文化环境中。

（2）第二种设计：生活方式。

在日常工作中，学校及体育科组能协作组织如知识问答比赛、绘画比赛等多种活动，让学生能主动地学习中医药文化。

2. 设计要则

（1）第一大要则：目标明确。

依托课程目标和活动性质，环境活化的设计要能够根据不同的探究主题和内容，制作适宜的探究成果，选择最优的活动场所和环境，设计科学的环境展示过程和方式。

（2）第二大要则：过程清晰。

制订展示方案，展示的时间、地点、负责人员等要明确具体，设计合理的展示方式。

（3）第三大要则：评价见效。

制订具体细则评价学生的探究作品质量，评价其是否符合探究主题，且评价准则具有合适的维度和可操作性。

3. 实施要领

（1）日常锤炼。

分学段、分年级、分小组，根据实际情况，科学地开展环境布置和活动展示，活动做到主题鲜明、内容清晰。

发挥集体和个人的创造性，展示出有个性、有特点的作品，以显示出活动的成效和特色。

（2）定期研讨。

根据活动主题和特色，收集前置性的学生成果作品。

科组内每学期开展两次集体研讨，商定合理的展示方式。

部分展示应当具有可持续性和长久性，教师应组织学生布展，分年级分班级组织学生参观展览。

叁 课程统整成效评价

一、评价建议

（一）课堂教学

1. 课堂化评价的标准

以体育课程的"初步学习、深入学习、拓展学习"和中医药文化统整的"问题求解、任务解答、成果展示、文化传创"为评价项目，拟定评价标准，并匹配评价分值，共同构成课堂化评价。其评价量表见表7-1-1。

表7-1-1　体育课程统整中医药文化课堂化评价标准

评价项目	评价标准	分值/分	评分
体育初步学习	能初步掌握五禽戏、太极操的基础知识，通过查阅资料了解相关的基础知识	10	
体育深入学习	能通过合作探究、阅读书籍、查阅资料等方式学习和掌握更多的中医健身文化知识	10	
体育拓展学习	认真学习太极操，深刻理解并积极弘扬中华传统武术文化，培养刻苦学习的精神，坚定顽强拼搏的意志	10	
问题求解	能自主提出有价值的问题，通过自主学习、合作学习等解决问题	15	
任务解答	能够根据任务寻求答案，生成学习成果，体现学习效果	15	
成果展示	能按要求完成任务并保证质量，顺利完成展示	15	
文化传创	能通过写作、演讲、报告等形式传承相关的中医药文化	25	

2. 课堂化评价的操作

积极建构多元互动的立体评价机制，多方面发现和发展学生的潜能。以学生自评占40%、学生互评占30%、教师评价占30%的方式，根据评价标准进行评价。

每一次主题学习后使用评价量表进行评价，教师要积极引导学生学会自评，通过自评提高自信心。学生自评有利于调动学生的积极性，启发学生认识自我、发现自我。

教师要引导学生互评，促进合作，共同发展。教师在引导学生互评时，首先要帮助学生学会用欣赏的眼光看待同伴，从同伴的优点中找到自己的不足，从而激励学生共同发展。

评价表由小组长汇总，总结后反馈给组员，提出合理建议。

（二）活动展现

1. 活动化评价的标准

基于体育课程与中医药文化统整，以活动的前、中、后为评价模块，确定评价项目，拟定评价标准，并匹配评价分值，共同构成活动化评价。其评价量表见表7-1-2。

表7-1-2　体育课程统整中医药文化活动化评价量表

评价模块	评价项目	评价标准	分值/分	评分
活动前	活动准备情况	了解学生活动准备的情况，包括心理准备和材料准备。教师可以让小组长们检查材料准备的情况	20	
活动中	活动中的思考与创新	学生做好活动记录，教师从活动记录中了解学生是否有足够的思考和一定的创新	40	
活动后	有关活动的总结与传播	布置相关的活动总结任务，学生可以通过写作、现场展示、录制视频等形式传播活动内容，弘扬相关的中医药文化	40	

2. 活动化评价的操作

活动前，教师可以准备相关的心理小测试，也可以通过谈话法、观察法去了解学生的心理准备状态。至于材料的准备，可以让学生自行准备，然后互相检查，强化学生的主人翁意识，让学生成为自己学习的主体。根据材料准备情况，学生自主进行评分。

活动中，教师要对学生进行持续的观察，也可以让学生互相观察，填写一张互评表，选出最佳思考者和最佳记录者，让学生更有动力地参与到活动的观察和记录中，做到学有所得。

活动后，需要学生做好总结。以学生自评占40%、学生互评占30%、教师评价占30%的方式，根据评价标准进行评价。

（三）环境活化

1. 环境化评价的标准

基于体育课程与中医药文化统整，以环境的"场域、布局、效能"和作品的"主题、创意、质量"为评价项目，拟定评价标准，并匹配评价分值，共同构成环境化评价。其评价量表见表7-1-3。

表7-1-3　体育课程统整中医药文化环境化评价量表

评价项目	评价标准	分值/分	评分
环境场域	场景布置时是否体现了相应的中医药文化	10	
环境布局	布置方式是否合理，设计是否新颖	10	
环境效能	环境布置是否起到了传播优秀文化的作用	20	
作品主题	作品是否突出探究主题	20	
作品创意	探究作品是否有独特的创意	20	
作品质量	纸质或音像作品是否清晰优质	20	

2. 环境化评价的操作

环境活化有多种形式，如班级文化布置、手抄报、虚拟环境设置等，教师评分时需要辨别环境中是否有相应的中医药文化成分。

通过现场知识问答、介绍中医药文化知识等，考查学生通过一段时间的环境活化后，是否接收到了更丰富的中医药文化知识。

二、成果预期

1. 课堂化成果

文本类：教学视频、教学PPT、探究的问题。

非文本类：学生在课堂上以小组共学的方式将太极操与体育知识相结合，相互分享太极操在体育课堂中的应用，形成乐于传播、乐于分享的中医学习氛围。

2. 活动化成果

文本类：学生融入中华优秀传统文化的深刻体验中，通过身临其境的感受，受到视觉的冲击和身体习练的感知，对太极操产生浓厚兴趣，进一步审视太极操的时代魅力，加以总结概括后创作的手抄报。

非文本类：学生参与练习的视频、照片与音频。

3. 环境化成果

文本类：手抄报、古代名医华佗的相关资料。

非文本类：学习太极文化的体验感，学生通过延伸课外实践活动，前往武术馆实地考察的视频、照片，以多种形式形成学习成果，如文章、视频等，将太极操带入课堂，带入生活；古代名医华佗与五禽戏的图片、班级文化布置的照片等。

◇ 课例三问：《太极操》

本课例基于"体育统整中医药文化课怎么上"，以体育课程二年级上册《太极操》为例，呈现"解决什么问题""如何解决问题""是否解决问题"的"三问成学链"的体育课程实施思路，展现"为什么统整""怎样统整""统整得如何"的体育课程学习样态。

壹 解决什么问题

——从"太极操"走向"中医济世"

一、基于学科的学习

（1）太极操从哪演变而来：当你在进行太极操练习的时候，知道每个动作是由哪种动物的动作演变而来的吗？你能选择一种动物，了解一下该动物会做什么动作吗？

（2）健康生活怎么来保障：我国传统武术中，有各式各样的太极操，门派更是浩如繁星。你知道日常锻炼中哪些太极操动作是通过模仿动物而来的吗？如果没有太极操，我们的日常锻炼会变成怎样？

二、基于统整的学习

（1）你了解的武术是怎样的：当你在尝试模仿某一种动物的动作时，是否思考过这是如何演变成武术或武术的某个动作，从而组合成一套太极操的吗？

（2）模仿动作混搭我能否行：我们都在尝试模仿许多不同动物的动作，有些动作混搭在一起是不利于身体协调的，你是否思考过呢？你知道模仿的动作如何混搭才能更有利于身体健康吗？

贰 如何解决问题

——从"学科"走向"课程统整"

一、《太极操》体育化学习

（一）学习目标

（1）能从问题"太极操从哪演变而来"出发，在探索与模仿的基础上，了解太极操中每个动作的来历，并探索与分享至少一种动物的某个动作，如虎扑、猫伸等，进而理解古人所创作的传统健身操的伟大智慧。

（2）能从问题"健康生活怎么来保障"出发，在探索与研讨的基础上，了解日常生活中的动物的各种动作，分享太极操中动作的来源，并探索与分享"不模仿动物动作，太极操又会以什么为模仿对象呢""没有太极操，日常锻炼会变成怎么样呢"，从而了解动物动作的结构模式，理解动作模仿的重要性，以及模仿动作与生活的密切联系。

（二）学习过程

1. 学习模块一：解决问题"太极操从哪演变而来"

情景导入，引出课题。当你在做太极操时，你是否想过这些动作是从何而来的呢？

任务驱动，展开活动。借助教材文字、图片或视频动画，分小组合作自主探究动物的动作模式，以解决问题"太极操里的动作是模仿哪种动物的，从探究中你明白了什么"。

情景体验，感受文化。尝试模仿图片或视频中动物的动作，体会这个动作包含的文化内涵。

2. 学习模块二：解决问题"健康生活怎么来保障"

（1）探究动物，发掘种类。

播放视频，激趣导入。播放动物世界集锦相关视频，认真思考，畅谈你的心得体会。

（2）观察自然，探究动作。

大自然蕴含珍宝。有的动物能在动物园中看到，有的只有在野外才能看见，一起来探究这些动物的动作模式吧。

（3）再次探究，增进认识。

课外拓展，丰富见识。小组合作讨论，试着模仿日常生活中动物的动作，并且尝试改良动作。

执笔记录。模仿完动物的动作，你联想到什么了吗？自身有什么样的感受？

（4）拓展延伸，加深印象。

看一看：介绍自己所学的太极操及其动作意义。

说一说：体会太极操中蕴含的伟大智慧，在课堂上说说自己的感想或体会。

二、《太极操》统整化学习

统整化学习主要解决的问题是学习模块三："你了解的武术是怎样的""模仿动作混搭我能否行"。

（一）竞赛型统整

1. 学习目标

能从问题"你了解的武术是怎样的""模仿动作混搭我能否行"出发，通过竞赛活动的开展，知道太极操中各个动作对应的动物，发现其中蕴含的中医药文化。

2. 学习过程

基本的学习进程为：问题求解（影像观察，分组讨论）—任务解答（模仿与探究）—成果展示（竞赛问答，反馈成效）—文化传创。

设计的竞赛题参考如下：

---

1. 武术的作用是（   ）。

A. 强身健体，娱乐休闲，修身养性，防身自卫

B. 引人关注

C. 可以凭武力解决问题

2. 武术比赛采用（   ）计分方法。

A. 10分制   B. 100分制   C. 5分制

3. 武术的比赛场地是（   ）。

A. 长12米，宽6米   B. 长14米，宽8米   C. 长9米，宽9米

---

4. 武术的主要器械是（　　）。

A. 刀、枪、剑、棍　　　　B. 暗器　　　　C. 弓箭

5. 简化太极拳有（　　）式。

A. 16　　　　　　　　　B. 30　　　　　C. 24

6. 饭后（　　）再进行运动较为适宜。

A. 半小时　　　　　　　B. 10分钟　　　C. 1小时

7. 运动中和运动后的饮水，应以（　　）为原则。

A. 随意　　　　　　　　B. 少量多次　　C. 多量多次

8. 简化太极拳中唯一用脚跟点地的动作叫作（　　）。

A. 独立　　　　　　　　B. 海底针　　　C. 手挥琵琶

9. 太极拳有多种流派，在河南的是（　　）。

A. 杨式　　　　　　　　B. 陈式　　　　C. 吴式

3. 学习成效

通过观看影像，学生对太极操动作有了一定的了解，课堂上再通过讨论、模仿探究、竞赛等方式展开学习，能够加深学生对太极操动作的了解，也将深入感受到太极操与中医药文化的关联。

（二）发现型统整

1. 学习目标

能从问题"你了解的武术是怎样的""模仿动作混搭我能否行"出发，以个人或小组合作的方式，探索与发现太极操中各个动作所蕴含的中医药文化，找到一种适合自己的运动方式。

2. 学习过程

（1）问题求解。

通过学习太极操，了解其中都模仿了哪些动物，这些动作有什么效用。

（2）任务解答。

发散探究：学生自由分组，每组5~8人，学生从太极操中选择自己感兴趣的2~4个动作，自由练习，探究其中蕴含的中医药文化。

相互分享：交流学习成果，准备实践展演。

（3）成果展示。

各小组开展交流会，交流分享自己在探究中的收获，实践展演。

（4）文化传创。

通过长期的练习与积累，学生能较好地理解太极操的内涵与文化，提高对传统武术学习的兴趣，较为深刻地理解传统武术的健身价值；能熟练掌握太极操的动作要领，并经常运用于日常锻炼中，形成终身运动的健康意识。

3. 学习成效

通过对太极操的学习，让学生了解中医药和中华武术作为优秀的传统文化，既是中华民族的智慧结晶，也是国粹。学生浸润在这些优秀传统文化中，能激发对太极操乃至中医药传统文化更深的探索兴趣，养成对中医药文化积极主动探究的精神。

（三）展演型统整

1. 学习目标

能从问题"你了解的武术是怎样的""模仿动作混搭我能否行"出发，通过太极操的学习，学会调节自身的情绪，平稳气息，提高对自己身体的控制能力，学习利用太极操等进行身体锻炼。

2. 学习过程

（1）问题求解。

学生在学习太极操的过程中，关联中医药文化，产生对太极文化的疑惑，形成共同的统整性学习问题，再分解成若干主题，进行相应的分组。

（2）任务解答。

带着须求解的问题，通过查阅资料、亲身练习等方式，与同学交流自己所了解的太极文化。以自己喜欢的方式梳理学习成果，为展示做好准备。

（3）成果展示。

用交流分享的形式，向同学介绍自己最感兴趣的太极操动作，并开展富有创意的展示活动。

（4）文化传创。

学生通过对太极操的学习，了解中医药和中华传统武术作为优秀的传统文化，既是中华民族的智慧结晶，也是国粹。学生浸润在这些优秀传统文化中，能形成传承和创新中华优秀传统文化的自觉。

3. 学习成效

这一统整课能够有效地提高青少年儿童的身心素质和传统文化素养。学生以小组合作的方式将太极操与中医药文化相结合，共同探究太极操中的中医药文化价值，形成乐于传播、乐于分享的中医药文化学习氛围。学生融入中华优秀传统文化的深刻体验中，通过身临其境的感受，能够对太极操产生浓厚的兴趣，从而进一步审视中医药文化的时代魅力。

叁 是否解决问题

—— "学科素养" 与 "统整素养" 并行

一、聚焦"学科素养"

（一）问题解决的分析框架

在《太极操》的学习过程中，学习模块一和学习模块二提供了详细的学习步骤，不仅注重学习进程中的及时评价，还构建了相应的问题解决框架，来形成"是否解决问题"的评价载体，进而评析体育核心素养在问题解决过程中得到怎样的发展，并提出相应的教学改进建议。这一框架见表7-2-1。

表7-2-1 《太极操》统整课"解问题育素养"体育化学习分析框架

学习问题	学习目标	学习历程	素养评析	改进建议
问题1：太极操从哪演变而来	由问题1而研拟的体育课程学习目标	为达成目标，解决问题1而分解的体育课程学习进程	针对问题1而铺排的学习历程，围绕体育核心素养的培育情况，进行评价与分析	对今后解决问题1的体育课程教学提出相应的改进建议
问题2：健康生活怎么来保障	由问题2而研拟的体育课程学习目标	为达成目标，解决问题2而分解的体育课程学习进程	针对问题2而铺排的学习历程，围绕体育核心素养的培育情况，进行评价与分析	对今后解决问题2的体育课程教学提出相应的改进建议

（二）问题解决的成果分析

运用"《太极操》统整课'解问题育素养'体育化学习分析框架"，针对学习模块一和学习模块二的学习步骤，进行整体性评析以及提出教学改进建议，最终形成表7-2-2的成果分析。

表7-2-2　《太极操》统整课"解问题育素养"体育化学习成果分析

学习问题	学习目标	学习历程	素养评析	改进建议
1. 太极操从哪演变而来	能从问题1出发，在探索与模仿的基础上，了解太极操中每个动作的来历，并探索与分享至少一种动物的某个动作，如虎扑、猫伸等，进而理解古人所创作的这些动作中蕴含的伟大智慧	情景导入，引出课题	学生通过太极操的学习，探索每个动作的来历，思考其中的动作是从何而来的，促进体育核心素养的发展，从而提升自身的发散思维、创造思维等	略
		任务驱动，展开活动	学生借助教材文字、图片或视频动画，分小组合作自主探究动物的动作模式，以解决问题"太极操里的动作是模仿哪种动物的，从探究中你明白了什么"，从而让学生可以了解各种动物的生活习性、活动方式等，还可增进了解通过模仿动物的动作来锻炼身体的方法与知识。此外，学生的自主、合作、探究学习能力可以再次得以提升	
		情景体验，感受文化	学生尝试模仿图片或视频中动物的动作，加强对动作的了解，从而可以提高学生身体的协调性等	

学习问题	学习目标	学习历程	素养评析	改进建议
2.健康生活怎么来保障	能从问题2出发，小组合作探讨"太极操中哪个动作来自哪种动物"，并探索与分享"不模仿动物动作，太极操又会以什么为模仿对象""没有太极操，日常锻炼会变成怎么样"，从而了解太极操的意义，以及与生活的联系	探究动物，发掘种类	通过视频、图片、谈话等，让学生看一看、想一想、说一说，畅谈"学习太极操后的感受"，让学生了解更多关于大自然的知识，促进体育核心素养的发展	略
		观察自然，探究动作	学生从实地考察、现实生活中了解动物，探究这些动物的动作模式	
		再次探究，增进认识	学生在进一步的探究学习中，利用小组合作讨论，试着模仿日常生活中动物的动作，并且尝试改良动作，进一步提升学生的自主、合作、探究学习能力	
		拓展延伸，加深印象	让学生介绍自己所学的太极操及其动作意义，促进体育核心素养的发展	

二、衍生"统整素养"

（一）问题解决的分析框架

为解决基于体育课程统整中医药文化的学习问题，学习模块三提出了相应的解决之道，由此可以构建相应的问题解决框架，来形成"是否解决问题"的评价载体，进而评析统整素养在问题解决过程中得到怎样的发展，并提出相应的教学改进建议。这一框架见表7-2-3。

表7-2-3　体育统整课"解问题育素养"统整化学习分析框架

统整问题	体育课程统整中医药文化的学习问题		
统整路径	竞赛型统整	发现型统整	展演型统整
统整目标	由统整问题出发，基于竞赛型统整路径而研拟的体育课程统整性学习目标	由统整问题出发，基于发现型统整路径而研拟的体育课程统整性学习目标	由统整问题出发，基于展演型统整路径而研拟的体育课程统整性学习目标
统整历程　问题求解	针对竞赛型统整路径，呼应统整问题，提出体育课程统整中医药文化具体的学习问题	针对发现型统整路径，呼应统整问题，提出体育课程统整中医药文化具体的学习问题	针对展演型统整路径，呼应统整问题，提出体育课程统整中医药文化具体的学习问题
统整历程　任务解答	为解决竞赛型学习问题，分解出体育课程统整中医药文化相应的学习任务	为解决发现型学习问题，分解出体育课程统整中医药文化相应的学习任务	为解决展演型学习问题，分解出体育课程统整中医药文化相应的学习任务
统整历程　成果展示	在完成竞赛型学习任务后，以一定方式进行体育课程统整中医药文化的成果展示	在完成发现型学习任务后，以一定方式进行体育课程统整中医药文化的成果展示	在完成展演型学习任务后，以一定方式进行体育课程统整中医药文化的成果展示
统整历程　文化传创	基于体育课程，随着竞赛型统整的问题求解、任务解答、成果展示，传承与创新相应的中医药文化	基于体育课程，随着发现型统整的问题求解、任务解答、成果展示，传承与创新相应的中医药文化	基于体育课程，随着展演型统整的问题求解、任务解答、成果展示，传承与创新相应的中医药文化
素养评析	基于体育课程竞赛型统整路径而铺排的学习历程，围绕统整素养的培育情况进行评价与分析	基于体育课程发现型统整路径而铺排的学习历程，围绕统整素养的培育情况进行评价与分析	基于体育课程展演型统整路径而铺排的学习历程，围绕统整素养的培育情况进行评价与分析
改进建议	对体育课程竞赛型统整教学提出相应的改进建议	对体育课程发现型统整教学提出相应的改进建议	对体育课程展演型统整教学提出相应的改进建议

（二）问题解决的成果分析

立足于体育课程统整化学习，运用"'解问题育素养'统整化学习分析框架"，针对学习模块三的学习步骤进行整体性评析以及提出教学改进建议，最终形成表7-2-4的成果分析。

表7-2-4　《太极操》统整课"解问题育素养"统整化学习成果分析

统整问题	你了解的武术是怎样的？模仿动作混搭我能否行？		
统整路径	竞赛型统整	发现型统整	展演型统整
统整目标	能从问题"你了解的武术是怎样的""模仿动作混搭我能否行"出发，通过竞赛活动的开展，知道太极操中各个动作对应的动物，发现其中蕴含的中医药文化	能从问题"你了解的武术是怎样的""模仿动作混搭我能否行"出发，以个人或小组合作的方式，探索与发现太极操中各个动作所蕴含的中医药文化，找到一种适合自己的运动方式	能从问题"你了解的武术是怎样的""模仿动作混搭我能否行"出发，通过太极操的学习，学会调节自身的情绪，平稳气息，提高对自己身体的控制能力，学习利用太极操等进行身体锻炼
统整历程　问题求解	影像观察，分组讨论，生发问题	通过学习太极操，了解其中都模仿了哪些动物，这些动作有什么效用	学生在学习太极操的过程中，关联中医药文化，产生对太极文化的疑惑，形成共同的统整性学习问题，再分解成若干主题，进行相应的分组
统整历程　任务解答	模仿与探究	发散探究：学生自由分组，每组5~8人，教师设置好每组探究的太极操节数，学生自由练习探究　相互分享：交流学习成果，准备实践展演	让学生带着须求解的问题，通过查阅资料、亲身练习等方式，与同学交流自己所了解的太极文化；以自己喜欢的方式梳理学习成果，为展示做好准备

（续表）

统整路径		竞赛型统整	发现型统整	展演型统整
	成果展示	竞赛问答，反馈成效	各小组开展交流会，交流分享自己在探究中的收获，并轮流展示，实践展演	以交流分享的形式，让学生向同学介绍自己最感兴趣的太极操动作，并展开富有创意的展示活动
	文化传创	通过讨论、模仿探究、竞赛等方式展开学习，能够加深学生对太极操动作的了解，学生也将深入感受太极操与中医药文化的关联	学生能较好地理解太极操的内涵与文化，提高对传统武术学习的兴趣，较为深刻地理解传统武术的健身价值	通过对太极的学习，了解中医药和中华传统武术作为优秀的传统文化，既是中华民族的智慧结晶，也是国粹
	素养评析	学生经历活动前的自主、合作学习，学会发现与提出问题。注重课程与生活、社会实践的关联，学会合作完成自己感兴趣的学习任务，乐于自主参与丰富多彩的活动，如自主探究、制订知识竞赛规则、举办知识竞赛等。经历统整学习后，在认识、体验与践行中促进了正确思想观念和良好道德品质的形成和发展	学生能够从活动前的复习回顾而生发统整性学习问题，学会带着问题去探究、去实践。经过发现型统整的学习，学生增强了对中医药文化的理解与认同，更培养了问题求解、任务解答、成果展示、文化传创的统整素养	学生基于小组学习，将太极操与体育知识相结合，在身临其境的展演活动中，因视觉的冲击和身体的习练，对太极操产生浓厚兴趣，从而乐于进一步审视太极操的时代魅力，乐于传播、分享中医药文化，感受中华优秀传统文化的力量
改进建议		略	略	略

（课例设计：潘嘉明、林润发、刘碧莹、王玉琴、王静、石彬）

后 记

  又是一年冬去春来，时移物换；又是一年奋发踔厉，筑梦前行。在广州市黄埔区委员会、区政府的关怀与教育局的支持下，玉鸣小学中医药文化进校园的创建工作取得了阶段性的成果。在专家的指导下，在全体教师的努力下，《学科课程统整中医药文化》一书得以如期出版。

  2019年，中共中央、国务院颁布的《关于促进中医药传承创新发展的意见》明确提出，把中医药文化贯穿国民教育始终，中小学进一步丰富中医药文化教育。2020年，教育部就《关于进一步深化落实中小学中医文化教育的提案》做出答复，要求将中医药文化教育作为中华优秀传统文化教育的重要内容，结合不同年龄段学生认知发展特点，有机融入中小学道德与法治、语文、数学等相关课程教材和校园文化活动之中。2021年2月，国务院办公厅印发的《关于加快中医药特色发展若干政策措施的通知》指出，加强中医药文化传播，在中华优秀传统文化传承发展工程中增设中医药专项。在国家的大力支持下，中小学推动中医药文化进校园、进课堂、进教材，开展中医药文化传承和创新工程，已经是大势所趋。

  2021年3月，我校正式开展了"中医药文化进玉鸣"的课程建设研讨工作，各科组与中医药文化专家、课程建设专家积极研讨，致力于构建有意义的中医药文化校本课程，通过学科课程统整，结合学科实际，开展各具学科特色的中医药文化课程设计与特色活动，让学生通过学习中医药文化知识，树立中医药求真求源的核心价值观，养成积极健康的生活方式，增强文化认同、文化自信、民族自信，在学生心中播下传承中医药文化和中华传统文化的种子，将中医药文化发扬光大，从而健康快乐地成长！

　　教育教学改革和教师专业发展的内在需要，赋予了教师研究者的角色。作为一所刚创办不久的学校，我校推进中医药文化进校园特色项目，将学科课程与中医药文化相统整，这对年轻的教师队伍来说，是挑战，也是机遇。教师们通过一年的实践探索，在学习中借鉴、吸收、内化、实践、反思、感悟，数易其稿，逐渐形成了具有学科特色的中医药文化课程设计。为此，玉鸣教师团队迈步在奋发向上、琢玉和鸣、久久为功的精神境界之路上，让人十分欣慰。

　　囿于水平，本书存在不足与疏漏，敬请读者批评与指正，我们将把大家的批评、指正、鼓励化为前进的动力。我们将继续充满激情地携手前行，努力做中华优秀传统文化的传承者、弘扬者，共同唱响文化自信的乐章。

李国英

2023年1月28日